LA GRANDE ILLUSION

Pour René Lanny,

en cordial hommage

DU MÊME AUTEUR

RAPPORT SUR L'INFORMATISATION DE LA SOCIÉTÉ, avec Simon Nora, la Documentation française, Le Seuil, 1978.

L'APRÈS-CRISE EST COMMENCÉ, Gallimard, 1982.

L'AVENIR EN FACE, Le Seuil, 1984.

LE SYNDROME FINLANDAIS, Le Seuil, 1986.

LA MACHINE ÉGALITAIRE, Grasset, 1987.

ALAIN MINC

LA GRANDE ILLUSION

BERNARD GRASSET
PARIS

Avant-propos

Arrêtons de tricher. Le mythe de 1992 nous rend aveugles : ses pompes et ses œuvres nous interdisent d'apercevoir une autre Europe en train de se mettre en place. Le continent bascule sous l'influence conjuguée de forces puissantes : la poussée isolationniste américaine, le recentrage allemand, la lancinante pression soviétique. Ni les perspectives de cette Europe-là, ni ses frontières, ni son identité ne correspondent à la Communauté des douze : débarrassée de ses oripeaux, celle-ci représentera-t-elle davantage qu'une immense zone franche?

Arrêtons de tricher. Il n'existe pas de question européenne, il n'existe qu'une question allemande. La peur de céder aux vieux fantasmes français, le refus spontané de toute germanophobie nous conduisent à l'autocensure. L'Allemagne retrouve sa place au centre de l'Europe : ni à l'Ouest, ni à l'Est. Évolution naturelle et légitime qui ne met en jeu ni les vertus démocratiques, ni l'économie de marché de la République fédérale : elle suffit, en revanche, à faire litière du rêve européen classique. Ce mouvement tenait, il y a quelques années, du pressentiment [1]. C'est désormais une certitude : l'après-guerre se termine; une parenthèse se ferme, qui nous avait fait croire à la réalité de l'Europe occidentale.

Arrêtons de tricher. Le temps nous est compté; notre avenir se joue sous nos yeux. Si la République fédérale poursuit

1. Alain Minc, *le Syndrome finlandais*, le Seuil, 1986.

jusqu'à son terme son évolution, l'Europe ira de l'Atlantique
à l'Oural, c'est-à-dire qu'elle n'existera pas et qu'elle sera au
XXIe siècle ce qu'étaient les Balkans au XIXe. A jauger le chemin parcouru en quinze ans, on mesure combien les dernières étapes sont brèves. Peut-on encore infléchir le cours
des choses? La France a quelques cartes à jouer. Elles représentaient hier des jokers; ce sont aujourd'hui des atouts; ils
seront demain hors jeu.

Arrêtons de tricher. Même si l'Europe ressemblait le 1er
janvier 1993 à son image d'Épinal, elle ne serait pas en état
de servir de contrepoids à la dérive du continent. La réalité
sera, de surcroît, bien éloignée du mythe : le grand marché
ne suffira pas à susciter une identité économique, ni l'identité économique une communauté de destin. Le darwinisme
entre entreprises et la concurrence ne tiennent pas lieu de
forceps historiques.

Arrêtons de tricher. Le laisser-aller est une tentation; la
détente en Europe est pleine d'agrément; l'aliénation paraît
si lointaine qu'elle en semble douce. Les évolutions ne
s'accomplissent plus dans le fracas et le drame, elles sont
paisibles, douillettes, « soft », à l'image de nos sociétés.
Moins brutales, elles sont moins visibles; moins visibles, elles
n'en sont pas moins décisives. L'Histoire – n'en déplaise à
Raymond Aron – n'est pas toujours tragique : elle sait aussi
se montrer insidieuse et peut-être est-elle à ce moment-là
encore plus tutélaire.

Arrêtons de tricher. Notre passion de l'Europe présente
tous les symptômes d'un transfert psychanalytique : nous
attendons d'un miracle européen qu'il nous dispense des
efforts obligatoires dans un cadre national. Le nirvâna de
1992 tient lieu de viatique, l'Europe d'accomplissement,
comme si à changer le territoire du jeu on en transformait les
règles! Mais ce fantasme aura le destin de tous les transferts
psychanalytiques : un confort passager et une grande illusion.

Arrêter de tricher, ce n'est pas jouer au prophète de malheur. L'unanimisme européen, la rhétorique naïve, l'enthousiasme peut-être fugitif escamotent un immense débat :
quelle Europe voulons-nous? L'Europe occidentale est-elle
une parenthèse ou une entité viable? L'économie est-elle le
seul levier possible? Utopie, l'Europe avance; réalité, elle
oscille entre deux géographies : une Europe communautaire

qui occupe l'espace du rêve; une Europe continentale qui
subrepticement s'installe. L'une fait plaisir; l'autre s'identifie à un basculement. A ne penser qu'à la première, on choi-
sit par inaction la seconde. La partie n'est pas terminée; il
existe encore des marges de jeu. Mais elles auront dans trois
ou quatre ans disparu. Tout est encore ouvert; rien n'est définitivement perdu mais le cri d'alarme est à la mesure de
l'urgence; l'urgence à la mesure du possible. Réveillons-
nous!

PREMIÈRE PARTIE

De l'Europe occidentale
à l'Europe continentale

1.

Du système atlantique au système continental

L'Europe occidentale ne vient pas du fond des âges. Née avec le rideau de fer, elle risque, comme réalité stratégique, de disparaître avec lui. Le temps appartient-il à l'Europe « tout court » : ni occidentale, ni orientale? Formidable évolution qui va évidemment de pair avec la substitution d'un système de sécurité à un autre. Hier un système de sécurité atlantique; demain, par une étrange résurgence de l'Histoire, la réapparition d'un système de sécurité continental?

Dans les années cinquante et soixante, tout paraissait simple et définitif. La surpuissance militaire américaine assurait une protection absolue à l'Europe occidentale. Le « Ich bin ein Berliner » de Kennedy établissait une équation stratégique évidente : Berlin = Chicago; Londres = New York; Paris = San Francisco. La sécurité était, pour les Européens, complète : en l'occurrence indivisible et automatique. Ce système fonctionnait d'autant plus efficacement que les « marches de l'empire », c'est-à-dire la République fédérale, étaient à l'époque le meilleur élève de la classe atlantique. A rebours de toutes les vieilles règles qui voient les zones frontières être les moins solidaires et les plus instables, l'Allemagne constituait le maillon fort de la chaîne occidentale, au lieu d'en représenter naturellement le maillon faible. Avec une Grande-Bretagne « cinquante et unième État » de l'Union et une Allemagne fédérale viscéralement solidaire, forts de leur supériorité nucléaire, les États-Unis garantissaient sans difficulté la paix à l'alliance atlantique. A l'intérieur d'un espace stratégique aussi sûr, les foucades françaises étaient de peu de poids : gratifiantes pour la France, irritantes pour les États-Unis, indifférentes pour les autres. Indépendance nucléaire, défense tous azimuts, anti-américanisme idéologique : autant de manifestations nationales qui se déroulaient – on l'oublie trop souvent – à l'ombre d'un parapluie nucléaire américain protecteur. Comme, de surcroît, le général de Gaulle se révéla le meilleur des alliés, lorsque la tempête souffla vraiment en 1961 à propos de Berlin ou, l'année suivante, à l'occasion de la crise de Cuba, les velléités françaises ne bouleversèrent guère l'équilibre stratégique aux dépens du monde occidental.

Cette situation correspondait évidemment à un optimum pour l'Occident : elle ne pouvait que se dégrader. Avec la disparition de l'omnipotence nucléaire américaine s'est effacée l'idée même d'une sécurité absolue. La riposte totale – la destruction de l'URSS en représailles au moindre raid sur l'Allemagne – a perdu toute crédibilité le jour où les Soviétiques ont disposé de fusées nucléaires intercontinentales susceptibles de frapper le territoire américain. La sécurité avait désormais pour les États-Unis un prix et celui-ci leur est apparu rapidement léonin. De là un changement bord sur bord de leur doctrine de défense, avec le choix de la « théorie de la riposte graduée » : la substitution au tout ou rien d'une approche nuancée pouvait sembler un progrès ; elle n'avait en réalité d'autre fin que de permettre aux États-Unis de faire échapper leur propre territoire à l'engrenage automatique d'un conflit thermonucléaire. Pris au piège des mots et de la rhétorique de la solidarité, les Européens ont mis dix ans à comprendre que le découplage entre les États-Unis et l'Europe était en germe dans la riposte graduée, c'est-à-dire le refus des premiers de risquer leur anéantissement nucléaire pour la sauvegarde automatique de la seconde.

Le centre du dispositif commençait à s'affaiblir ; la périphérie aussi. Avec les premiers pas de l'Ostpolitik, l'Allemagne mettait fin à son hibernation diplomatique. Elle rétablissait peu à peu des liens et des relations à l'Est qui lui sont consubstantiels et dont l'ablation, artificielle, ne pouvait être que temporaire. Comme un hémiplégique qui récupère progressivement la mobilité sensorielle, la République fédérale est sortie de son engourdissement vis-à-vis de l'Est : avec la RDA d'abord ; avec les anciennes régions allemandes des démocraties populaires ensuite ; avec son ancienne zone d'influence traditionnelle enfin. Orientée exclusivement à l'Ouest pendant vingt ans, elle s'est insensiblement repositionnée au centre de l'Europe : la Mittel Europa, cette vieille notion de l'Europe des nationalités, retrouvait de la sorte une existence latente.

L'évolution s'est faite à pas comptés. Mais à une relation exclusive avec les États-Unis se substituait peu à peu un réseau diplomatique complexe dont l'alliance américaine constituait la dominante et non plus l'armature. L'installation des Pershing a représenté l'ultime manifestation de ce système atlantique, mais elle avait tout d'une victoire à la Pyrrhus. Chacun devinait à l'époque qu'un pouvoir soviétique moins obtus aurait pu l'empêcher. Un peu d'habileté et de sens tactique : le vertige pacifiste occidental aurait joué à plein. La réaffirmation si difficile du couplage entre les États-Unis et l'Europe mesurait a contrario sa fragilité. Il n'a pas fallu attendre longtemps.

L'Histoire connaît de soudaines accélérations. Banalité, certes! Mais pourtant ces moments clefs existent. Nous en vivons un depuis trois ans. L'affaiblissement américain et la dérive allemande cheminaient jusque-là souterrains. Il a suffi, pour qu'ils entrent en résonance, que la pression soviétique prenne une apparence plus avenante. Pour qu'un sourire pèse sur l'Histoire, fallait-il que la situation soit mûre! L'installation des Pershing aura été la dernière manifestation du système de sécurité atlantique; leur démantèlement constitue les prémices du système de sécurité continental qui désormais lui succède. Nous basculons dans un univers différent, même si les philosophies stratégiques n'en portent pas encore la trace. A force de considérer la réalité à travers un compte d'apothicaire de fusées et de têtes nucléaires, elles ignorent le mouvement des sociétés, le poids de l'Histoire, la puissance des irrédentismes. La pensée stratégique est devenue, depuis le nucléaire, un sous-produit de la théorie des jeux davantage que de l'Histoire. Von Neumann a pris l'ascendant sur Clausewitz : nous en payons chaque jour le prix.

Le découplage avec les États-Unis est une réalité, le repositionnement de l'Allemagne au centre de l'Europe un fait, l'incertitude de la doctrine française de défense une évidence. Les Américains sont moins décidés à mourir pour Hambourg que nos pères pour Dantzig; les Allemands redécouvrent que l'identité nationale ne se confond pas, dans leur histoire, avec l'unité étatique; les Français rêvent d'une Europe avec, aux extrémités, deux puissances nucléaires, la France et l'Union soviétique, comme si les vieilles conceptions du « Concert des Nations » avaient encore la moindre valeur. Ainsi se dessine le nouveau système continental. Mais l'Histoire ne revient pas sur ses pas. Le système d'hier supposait l'équilibre des forces entre les grandes puissances européennes; celui d'aujourd'hui postule l'écrasante supériorité de l'un des joueurs. Ce n'est plus un système de sécurité; c'est un instrument latent de domination.

Quand les Soviétiques parlent, avec des accents larmoyants, de « l'Europe, notre maison commune », ils tiennent pour acquis le découplage. Des États-Unis hors jeu, et d'autant plus isolationnistes que le désarmement stratégique progressera. Une Europe centrale de plus en plus perméable, de part et d'autre du rideau de fer. Deux Allemagnes qui ont désormais davantage de liens que de sujets d'affrontement, une fois tenues pour intangibles leurs différences politiques et économiques. Une France qui oscille entre le rôle de trait d'union avec les États-Unis et la tentation de l'isolement stratégique, à l'abri de sa ligne Maginot nucléaire. Des pays périphériques, Espagne et Italie, convaincus que les États-Unis évacueront, au fil du temps, les bases qu'ils occupent chez eux, dès lors qu'elles deviennent sans objet. Une Grande-Bretagne qui, pour garder de la substance à la solidarité avec les États-Unis, ne jouera l'Europe qu'à la carte : choisissant tel aspect, refusant tel autre... Ce ne sont pas des visions cauchemardesques, mais la projection de l'espace stratégique tel qu'il se modèle sous nos yeux. Le chemin à parcourir est plus faible que celui déjà parcouru, et s'il fallait une médiane, la double option zéro pourrait en tenir lieu. La symbolique de cet accord est encore plus lourde que sa réalité militaire. Entérinant la pression des opinions publiques, elle bouscule le jeu bien davantage que le déplacement, d'un côté ou de l'autre, de quelques centaines de fusées.

Le vieux système continental avait, au moins, une vertu : la stabilité. Le nouveau l'aura-t-il aussi? Autrefois, quand une puissance déplaçait un peu trop les lignes de partage, un conflit rapide la ramenait à la raison. Aujourd'hui, la surpuissance de l'un ne peut pousser les autres que dans un seul sens : la docilité. La finlandisation est-elle au bout de cette dérive continentale? Comment appliquer à l'Europe entière un concept qui vaut pour un petit pays, adossé justement à une Europe atlantique? Dos au mur, loin des États-Unis, l'Europe finlandisée le serait infiniment davantage que la petite Finlande. Elle conserverait son économie de marché et son système démocratique, mais elle vivrait en osmose avec l'Est à une distance stratégique croissante des États-Unis, malgré sa proximité culturelle et économique avec eux. Ni la démocratie ni le marché ne seraient en effet en jeu. Depuis des décennies, une fois abandonné le fantasme d'une occupation qui, elle, recréerait instantanément les conditions d'un conflit avec les États-Unis, les Soviétiques ont toujours tenu pour acquis le respect des principes démocratiques et économiques occidentaux. Ce n'est pas pour eux un prix à payer pour l'éloignement vis-à-vis des États-Unis; c'est la garantie de disposer de partenaires efficaces susceptibles de pallier, grâce au capitalisme, les lacunes irrémédiables du socialisme.

Cette Europe a évidemment des couleurs avenantes. On y circule plus librement d'Est en Ouest; on commence à retrouver les mêmes valeurs culturelles; on rend vie à des liens si longtemps niés. Prague n'est plus à quelques kilomètres et en réalité à des années-lumière sociologiques de Vienne, ni Budapest de Munich. L'Union soviétique devra payer le prix, en termes de liberté pour les démocraties populaires, de la résurrection de l'Europe continentale. De là, vis-à-vis de l'opinion publique, l'attrait de ce modèle. Il répond à notre désir naturel de retrouver nos frères de l'Est et de mettre fin à une insupportable hémiplégie : l'Europe reste une, au fin fond de nos souvenirs. Qu'opposer à ce mouvement spontané? Un risque à long terme, une aliénation stratégique, une dépendance insidieuse? Comment empêcher des gouvernements démocratiques, l'œil fixé sur le court terme, de se priver de satisfactions immédiates, en contrepartie d'incertitudes lointaines? Ce ne sont pas les experts qui déterminent la stratégie; ce sont le mouvement et l'humeur des sociétés civiles. Le désarmement fait mouche; la paix aguiche; la détente rassure. Quoi de plus normal! Les concessions paraissent minimes, comme les atteintes à l'honneur. Qui s'en préoccupe? Si la démocratie et l'économie de marché semblent aujourd'hui préservées en Finlande, elles consti-

tuent l'avers aimable de la finlandisation; le revers, moins
souriant, s'incarne par exemple dans l'expulsion immédiate
vers l'Union soviétique des réfugiés pris avant d'avoir pu se
glisser en Suède. Mais les atteintes à la morale s'oublient si
vite!

Ainsi éloignée des États-Unis, l'Europe continentale aura,
de surcroît, bonne conscience. Elle n'éprouvera aucune difficulté à se convaincre que la libéralisation va de pair à l'Est
avec l'osmose des sociétés. Elle sera persuadée qu'elle
influence davantage l'Union soviétique que l'URSS ne
l'influence. La contagion du système démocratique, les
effets irrésistibles d'une libre circulation des hommes et des
capitaux, les échanges commerciaux et culturels, quelques
hirondelles de-ci de-là : la ritournelle ne date pas d'hier sur la
plasticité du système soviétique. Et là, le rêve aura changé
d'ampleur. A quelques symboles de la détente se seront substitués de vrais liens : solides et réciproques.

Car cette évolution est irréversible dans sa dissymétrie
même. Une fois continentale, l'Europe ne redeviendra plus
atlantique; libéralisée, l'Union soviétique peut, elle, toujours
se durcir. Du côté des démocraties joue un cliquet. Qu'il
s'agisse des engagements : les États-Unis ne seront pas prêts
à les reprendre; des budgets militaires : les augmentations
seront chaque jour plus difficiles; des opinions publiques : la
tension aura un prix de plus en plus insupportable; des sociétés civiles : elles supporteront de plus en plus mal l'affrontement. A l'Est, le durcissement ne serait pas non plus indo-
lore. Fallait-il le retrait forcé d'Afghanistan pour nous
rappeler que, même dans des systèmes opaques, l'opinion
publique finit par peser? Mais, à un coût politique élevé,
faire machine arrière demeure toujours possible à l'Est. Il
n'y a d'élections ni pour sanctionner, ni pour empêcher, ni
pour inhiber. C'est cette dissymétrie qui crée l'irréversibi-
lité : du moins à perspective humaine.

Un nouvel âge commence. Il est en train de se mettre en
place : encore souterrain, bientôt perceptible, demain irrésistible. Les yeux braqués sur 1992, nous ne voyons plus l'essentiel. Comme les vrais mouvements de longue durée, ce nouvel ordre exige qu'entrent en résonance plusieurs
phénomènes lourds. C'est aujourd'hui le cas avec la résurgence de l'isolationnisme américain, le repositionnement
allemand, la subtile pression soviétique, complétés, à un
moindre degré, par les inhibitions stratégiques françaises.

2.

Vers un retrait américain

Les États-Unis ne cessent de jouer un rôle historique allant contre leur nature profonde. La doctrine de Monroe n'est pas morte, qui abandonnait le reste du monde à son sort dès lors que celui-ci laissait le continent américain sous leur tutelle. A-t-on oublié l'accumulation de provocations nécessaires pour susciter l'entrée en guerre de 1917? Convaincus de l'isolationnisme américain, les Allemands ne s'étaient-ils pas cru tout permis? Et l'Amérique de 1941? Un combat manichéen en Europe, susceptible de ces raccourcis propres à enflammer le peuple américain sur l'affrontement du bien et du mal; un pays tout entier tourné vers sa côte Est; des élites pétries de culture et de références européennes; un président ostensiblement acquis à la cause des démocraties. Rien n'a suffi face à la dictature de l'opinion publique. Était-elle isolationniste, pour qu'on puisse évoquer l'hypothèse de Roosevelt prévenu de Pearl Harbor et le laissant faire, afin d'être désormais libre de ses mouvements! Le fait n'a jamais été prouvé, mais sa simple suggestion est à elle seule significative.

Les «combattants anti-impérialistes» des années cinquante et soixante n'ont jamais rien compris aux États-Unis. Ils les ont crus expansionnistes par nature et impérialistes par vocation, alors qu'ils avaient affaire à une puissance impériale par accident. Le modèle américain, libertaire et capitaliste, est par nature contagieux, mais il n'est pas impérialiste. Le mimétisme joue plus que les corps d'armée, le dynamisme capitaliste que les armadas navales, l'omniprésence culturelle que les accords de défense. D'où la possibilité pour l'Europe d'être un jour militairement découplée et culturellement accouplée! Certes, l'omnipotence américaine de l'après-guerre a occulté cette réalité profonde. Détenteurs de l' « imperium », les Américains l'ont exercé, et souvent avec dureté, mais cet état ne leur est pas naturel. Ils peuvent vivre sans développer une domination absolue, à la différence de l'Union soviétique. Celle-ci fait corps avec un dessein stratégique : il lui est consubstantiel. Couper les États-Unis de l'Europe, atteindre les mers chaudes, contenir la puissance chinoise : voilà des objectifs clairs, à peine infléchis depuis la Russie impériale, et que l'Union soviétique ne peut abandonner ni en bloc ni en détail! Qui peut définir aussi nettement la vocation stratégique des États-Unis? Défendre le monde libre? C'est un habillage idéologique de la politique de « containment », c'est-à-dire de la résistance à l'expansionnisme soviétique : autant dire qu'il s'agit d'une stratégie « en creux », d'une posture de réaction, et non d'action! Dominer les sources d'énergie? Ce fut surtout la politique des « majors » pétrolières. Multiplier les bases militaires? Il s'est agi davantage de limiter les retraits, voire de les négocier, que d'accroître les implantations... Naïveté, penseront d'aucuns? Et la CIA au Chili? Certes. Et Panamá, Saint-Domingue et les républiques bananières? A coup sûr. Et le soutien à telle ou telle dictature d'Amérique latine? Incontestable. Mais jamais ces actions ne se sont inscrites dans une vision d'ensemble. Où était le dessein? Hormis la volonté de protéger le pré carré américain, résurgence, là aussi, de la doctrine de Monroe, la stratégie était plutôt molle... Surpuissants par les hasards de l'Histoire, les États-Unis rentrent désormais dans le rang et en reviennent de ce fait, *nolens, volens*, au bon vieil isolationnisme. Tout les y pousse.

La fin de la domination militaire

La communauté atlantique n'a jamais été aussi « communautaire » qu'à l'époque de l'avantage nucléaire américain. Dans les années cinquante, l'Europe bénéficiait de la même protection que le Michigan. Attaquer Berlin, c'était attaquer Chicago. Aussi longtemps que les Soviétiques avaient un retard massif sur les Américains, la sécurité était absolue. Quand les premiers ont commencé à maîtriser la bombe A, les seconds en étaient à la bombe H. Quand ils ont atteint à leur tour ce stade, les Américains exerçaient une domination totale sur les lanceurs. De là une doctrine aussi simple que le permet la force brute : les représailles massives. Un coup de main sur Hambourg et l'Union soviétique était immédiatement vitrifiée!

Cette conception primaire supposait évidemment que le territoire américain soit à l'abri et donc qu'aucune fusée soviétique à longue portée ne puisse l'atteindre. Elle allait de pair avec une absolue dissymétrie : les Soviétiques risquaient tout dès lors que les Américains ne risquaient rien.

Avec la maîtrise par l'URSS des fusées stratégiques, les représailles massives se sont avérées hasardeuses. Les États-Unis étaient à leur tour menacés et la sécurité de l'Europe est devenue dès lors plus incertaine. Par un jeu inévitable de bascule, plus les États-Unis étaient soumis à la menace, moins l'Europe avait, de leur part, une garantie absolue. Pendant quelques années, les stratèges américains ont rusé avec la réalité, faisant semblant de croire que leur théorie, bâtie pour des États-Unis invulnérables, pouvait survivre. Il leur a fallu déchanter et aux représailles massives a succédé la « riposte graduée ».

Derrière l'asepsie des mots, le monde s'était métamorphosé et l'Europe avait perdu la sécurité totale. Qu'affirmaient en effet nos théoriciens? La riposte devait être proportionnée à l'attaque et les armes stratégiques américaines n'intervenir qu'en dernier ressort. L'Europe redevenait, de ce fait, un champ potentiel de batailles. Auparavant, à un coup de main sur Berlin ou à un déferlement massif sur la République fédérale répondait la même menace américaine. Désormais, la vieille stratégie classique reprenait ses droits : à chaque attaque sa réplique. Rien n'indiquait, dans ces conditions, à quel moment les Américains monteraient aux extrêmes, ni même s'ils le feraient. Le découplage était en germe dans la riposte graduée. Pendant de longues années, nul ne s'en est aperçu. L'avantage des États-Unis était en effet tel que la menace stratégique demeurait crédible : les Américains risquaient tellement moins que les Soviétiques dans un conflit nucléaire que, du fait de ce déséquilibre, on pouvait les y croire prêts. Mais lorsque les Soviétiques sont parvenus à l'équilibre de la terreur, la riposte graduée a commencé à déraper vers le découplage. Dès 1979, Kissinger, le premier, avouait : ne conseillait-il pas aux Européens de ne pas tenir pour acquis l'engagement de la force nucléaire stratégique américaine en cas de conflit en Europe? Le débat sur les Pershing ne pouvait mieux illustrer l'ambiguïté. Pour les uns, leur installation dotait l'Europe d'armes suffisamment puissantes pour circonscrire la dissuasion au territoire européen. Pour les autres, leur emploi éventuel obligerait les Américains à utiliser leurs armes stratégiques en soutien. Les premiers se situaient dans une perspective de découplage, les seconds dans l'optique d'un couplage forcé! A ce degré d'ambivalence, une stratégie a perdu toute crédibilité : elle n'est plus flexible; elle est devenue contradictoire.

Dernier effort avant le découplage ou première opération après : le débat n'est pas resté longtemps ouvert. L'accord sur les euromissiles a fait disparaître le sujet, et donc ses ambiguïtés. Ni Pershing, ni SS 20 : l'option zéro, puis l'option double zéro, c'est-à-dire celle qui touchait les missiles d'une portée comprise entre mille et cinq mille kilomètres, ont fait basculer l'équilibre stratégique. A supposer une montée progressive aux extrêmes, les États-Unis seraient obligés de passer directement de l'usage des armes tactiques à celui des fusées stratégiques, c'est-à-dire d'un affrontement encore limité à l'apocalypse. Ils ne le feront jamais. Les Soviétiques, eux, gardent la possibilité de limiter le conflit à l'Europe, sans attaquer le territoire américain. C'est cette dissymétrie qui conduit inévitablement à l'isolationnisme nucléaire américain.

Les États-Unis n'ont d'ailleurs jamais trompé le monde sur leurs sentiments profonds. Dès le début de l'affaire des Pershing, ils se sont dits ouverts à l'option zéro. Les fantasmes de guerre des étoiles valent un aveu : s'agissait-il d'autre chose que de mettre le territoire américain à l'abri de tout risque nucléaire? Les faux pas de Reagan à Helsinki, puis la célérité mise à accepter les ouvertures soviétiques en ont apporté la confirmation. Que disparaissent ces fusées susceptibles de nous entraîner à notre corps défendant vers l'apocalypse nucléaire! Tel était l'inconscient américain; tel se manifestait-il à travers les pas de deux de la diplomatie!

L'engagement en faveur de la guerre des étoiles a en effet

moins bousculé le rapport des forces militaires qu'il n'a symbolisé l'évolution des mentalités américaines. Le bouclier spatial n'est ni pour demain, ni pour après-demain, et, toutes illusions disparues, il ne représente qu'un système antifusée amélioré. Jamais son hermétisme ne sera certain au point de permettre, sous sa protection, un pacifisme bucolique, du type de ce qu'invoquait le président Reagan. Mais ce fantasme technologique est une réincarnation, à l'âge thermonucléaire, du bon vieil isolationnisme. Les États-Unis n'ont qu'un rêve : être protégés au XXIe siècle par leur bouclier comme ils l'étaient, au temps de Monroe, par les océans. Quelles contorsions n'a-t-il pas fallu pour prétendre, une fois l'idée lancée, que la même sécurité bienfaisante s'étendrait à l'Europe! Propos de circonstance qui n'ont pas résisté au *b-a ba* technologique! Compte tenu du temps dérisoire nécessaire à des fusées soviétiques pour atteindre l'Europe, un bouclier européen supposerait autant de progrès, vis-à-vis du bouclier américain, que celui-ci vis-à-vis des armes antimissiles actuelles. Proférée du bout des lèvres, et bien tardivement, cette assurance s'est perdue dans les sables.

La situation est désormais claire, fût-elle indicible : les États-Unis essaieront toujours de se donner les moyens d'être à l'abri d'une attaque soviétique; ils sont prêts à contribuer à la défense de l'Europe; ils ne sont pas disposés à se laisser entraîner automatiquement vers l'apocalypse nucléaire pour notre salut. Avec cette grille de lecture, la stratégie américaine apparaît limpide : maintenir, tantôt par un effort budgétaire accru, tantôt par des mesures de désarmement, la crédibilité de leurs forces stratégiques; éliminer tous les types d'armes et toutes les situations qui pourraient les entraîner contre leur gré dans un conflit thermonucléaire; maintenir avec leurs alliés, européens ou japonais, des systèmes de sécurité modulaires qui leur permettent de maximiser la solidarité pour le minimum de risques. Le premier objectif justifie l'effort militaire des années quatre-vingt, le lancement du programme « Star War », puis la recherche de nouveaux accords de désarmement. Le deuxième induit la double option zéro, et peut-être demain la troisième, c'est-à-dire la destruction des armes à très courte portée, quand une dénucléarisation complète de l'Europe centrale n'apparaîtra plus de manière aussi visible comme un abandon. Le troisième exige la recherche d'un équilibre rhétorique, comme ces derniers mois, entre la poursuite du duopole avec l'Union soviétique et la réaffirmation rituelle de la solidarité atlantique.

Mais, en ces matières, le temps n'est pas uniforme, et les processus sont cumulatifs. A chaque impulsion en apparence pacifique des Soviétiques, les États-Unis surréagissent. Les Russes sifflent le refrain du désarmement et les Américains accourent. Aujourd'hui davantage qu'hier. Demain davantage qu'aujourd'hui. Le système de sécurité atlantique n'existe plus : il est incompatible avec le néo-isolationnisme américain. Celui-ci n'est pas l'effet d'une dynamique exclusivement militaire, il tient plus généralement à l'affaiblissement des États-Unis, à leur basculement, autour d'un axe caché Seattle-Dallas, vers l'ouest, et aux mouvements de leur société.

La marche vers l'ouest

Les États-Unis qui volaient au secours des démocraties en 1941 étaient encore le fils aîné de l'Europe. Culture, mentalité, relations économiques, immigration de la première génération, snobisme, voire liens sociaux : tout les attirait vers « nos vieux parapets ». La boussole a désormais changé de sens.

Les minorités d'hier étaient italiennes ou polonaises. Elles sont noires, hispaniques ou jamaïquaines. Naples et Varsovie ne riment plus avec la nostalgie, mais Mexico, Caracas ou Saint-Domingue. Le sud des États-Unis s'hispanise aussi rapidement que les Hispaniques s'américanisent et la démographie est en train d'unir le Mexique à l'Amérique du Nord : les flux d'immigrants, légaux ou illégaux, finissent par créer un étrange espace, ni tout à fait américain, ni vraiment mexicain. Ces Hispaniques-là ne regardent pas vers Madrid; c'est Madrid qui regarde vers eux. Un pays d'immigration est bien davantage marqué par les dernières générations d'immigrants qu'il ne le croit. Les Américains de souche ne connaissent plus de solidarité charnelle; les nouveaux Américains, oui. Que signifie l'Europe pour un Mexicain naturalisé de fraîche date, un Noir d'Atlanta en voie d'embourgeoisement, un Chinois de la diaspora en pleine prospérité à San Francisco? Une zone imprécise sur une carte; une destination pour « tour operators »; quelques cartes postales jaunies? Et il faudrait mourir pour Berlin...?

Les élites n'échappent pas non plus à ce basculement de l'horizon. Les « Wasps [1] » ont perdu leur monopole de pouvoir. Les Géorgiens du président Carter, les Californiens du président Reagan : entourages qui paraîtraient bien exotiques aux Morgenthau et Hopkins des années quarante! Ils ont apporté, avec cet exotisme, une autre vision du monde. Kissinger aura-t-il été le dernier enfant de l'Europe en charge de la politique américaine? Où sont les professeurs de Harvard ou du MIT, encore pétris de culture européenne, dans les cercles les plus influents? Quelle place résiduelle les derniers Wasps parviennent-ils à occuper? Un bourgeois libéral de la côte Est comme George Bush n'a-t-il pas joué au Texan qu'il a été pendant une période de sa vie pour en tirer un meilleur profit électoral? A des États-Unis métamorphosés, une autre élite. A cette autre élite, de nouveaux horizons. A ces nouveaux horizons, un autre système diplomatique et stratégique.

Les États-Unis ont, qu'on le veuille ou non, pivoté sur euxmêmes. Inutile d'invoquer Braudel et les grands anciens pour justifier cette évidence : leur centre de gravité a quitté la côte Est. Même si celle-ci connaît une embellie récente, elle ne retrouvera pas sa situation antérieure de domination. Le cœur économique bat désormais un peu à Chicago, à Atlanta, Dallas ou Houston, et surtout en Californie : chacun le sait. Rythme de croissance et plus encore rythme technologique; fluidité de la société; inventivité; dynamisme : le temps est bien loin qui permettait à New York de regarder le Middle West comme Paris le Limousin! Ce nouvel espace américain ne se transforme pas seulement de l'intérieur; il gagne aussi sur ses marges. Comment ne pas voir, dans les prochaines années, l'imbrication croissante avec le Canada et le Mexique! Si prévalait de ce point de vue un espace homogène, le déficit commercial de cette zone prise comme un ensemble serait la moitié du déficit américain actuel! C'est dire l'ampleur des échanges croisés : le Mexique fournit pétrole, immigrants, et une main-d'œuvre locale aux coûts de Taiwan, et les États-Unis portent, en contrepartie, à bout de bras sa balance des paiements. Quant au Canada, il constitue en fait le cinquante et unième État de l'Union :

1. *Wasp : White Anglo-Saxon Protestant* : élite bourgeoise, cultivée et protestante de la côte Est.

riche en matières premières et offrant l'espace d'une « nouvelle frontière ». De plus en plus imbriquée et cohérente, l'Amérique du Nord verra a fortiori son centre de gravité attiré vers le sud sous le poids croissant de la relation mexicaine, et vers l'ouest au contact, s'il en était encore besoin, de la zone la plus dynamique du Canada. Dans cette Amérique-là, les forces d'attraction seront peu tournées vers l'extérieur : ni vers l'Europe, ni même vers le Japon. C'est, en effet, un pont aux ânes de croire qu'aux liens biologiques avec l'Europe se substituent des relations de même nature avec le Japon. Certes, le commerce réalisé dans le monde pacifique dépasse celui effectué dans la sphère atlantique. Certes, la symbiose économique va croissant entre les deux rives du Pacifique. Certes, des relations complexes se nouent entre entreprises japonaises et américaines : de concurrence, de connivence, d'association. Certes, la relation entre le yen et le dollar est devenue la clef de voûte du système monétaire international. Certes, les États-Unis constituent le vase d'expansion de l'industrie japonaise. Certes, le Japon fait aujourd'hui fantasmer les Américains : de crainte, de jalousie, de révérence. Certes, la moindre velléité d'autonomie diplomatique des Japonais donne des sueurs froides à Washington. Certes, le Japon est à long terme un enjeu sans doute plus important, en termes stratégiques, que l'Europe. Jamais ne s'établiront néanmoins entre les deux rives du Pacifique des relations aussi intimes et affectives qu'entre les États-Unis et l'Europe jusque dans les années soixante. Ni immigration nostalgique, ni communauté culturelle, ni liens quasi charnels : tout cela est inimaginable entre deux mondes qui demeurent, dans leur nature profonde, étrangers l'un à l'autre. De ce point de vue, l' « univers pacifique » de l'an 2000 ne ressemblera pas à la « famille atlantique » de 1950.

Un basculement économique et stratégique vers l'Ouest; un repliement psychologique sur une Amérique du Nord incorporant cette fois-ci le Mexique et le Canada; une relative indifférence au monde du Pacifique. Face à ces trois tendances, l'Europe est hors jeu.

Le prix du déclin économique

Au-delà d'un marxisme de pacotille qui fait de la stratégie un sous-produit de la puissance économique, l'abaissement des États-Unis accélère évidemment l'isolationnisme. Après avoir bénéficié pendant plusieurs décennies de la rente qu'ils ont tirée de la guerre – seul pays vainqueur, sans avoir subi le moindre dommage –, ils ne cessent depuis quinze ans de rentrer dans le rang. Les premiers déficits externes à partir de 1965, l'inconvertibilité du dollar en 1971, l'effondrement monétaire de 1978 et désormais la plus humiliante des situations – être devenus le premier débiteur mondial – : autant de marches à descendre, au rythme du déclin.

L'expansion des années quatre-vingt a constitué le dernier feu d'artifice. Une relance keynésienne d'une violence inouïe sous couvert d' « économie de l'offre »; une monnaie dopée par des taux d'intérêt prohibitifs; un déficit externe et un déficit budgétaire financés par les investisseurs étrangers... Il fallait que les privilèges léonins du dollar soient encore solides pour autoriser de telles aberrations! L'illusion a disparu lorsque, à force de s'endetter, les États-Unis sont devenus débiteurs nets, c'est-à-dire ont commencé à avoir des dettes supérieures à leurs créances. La chute du dollar en a constitué l'illustration.

Mais, de faux-semblant en faux-semblant, les Américains ont réussi à retarder l'heure des échéances. Au moment du krach d'octobre 1987, la réalité semblait avoir imposé sa loi. Il n'en a rien été puisque, au lieu de la récession attendue par contraction de l'épargne, l'expansion s'est poursuivie au prix d'une injection monétaire massive et donc des prémices du retour de l'inflation. Sans thérapeutique, la thrombose menace à nouveau, et cette fois-ci, elle sera sérieuse.

Le déficit commercial, plus de dix milliards de dollars par mois, ne sera pas résorbé par la baisse du dollar. Celui-ci a déjà perdu 50 % de sa valeur et bien évidemment cet effondrement a fini par produire quelques effets : les importations ont diminué en volume et les exportations ont augmenté, même si les chiffres en dollars n'en ont porté qu'une faible trace, compte tenu d'une aussi gigantesque dévaluation. Mais cette inflexion n'est pas à la mesure du problème : il faudrait, à ce rythme, dix ou quinze ans pour rétablir la situation. C'est hors de portée des États-Unis. D'où l'obligation pour eux de subir à leur tour la récession, comme tous les autres pays qui doivent faire face à un déséquilibre externe sans disposer du confort d'une monnaie de réserve. Ils vont découvrir une vérité première dont leurs privilèges les ont dispensés depuis la guerre : seule la récession fait baisser les importations et croître les exportations, au point de rétablir l'équilibre. Les Américains ont trop consommé; ils ont vécu au-dessus de leurs moyens; ils n'ont pas produit suffisamment. Sans doute est-ce de plusieurs pourcents qu'il leur faudra amputer leur niveau de vie.

Cette cure d'austérité ne suffira pas à supprimer le deuxième déséquilibre, en l'occurrence le déficit budgétaire. Financé jusqu'à présent par l'endettement pour 50 % auprès de l'étranger, celui-ci est à la merci de la moindre crise de confiance. Suivant un processus inhérent à l'économie de marché, il faut des taux d'intérêt de plus en plus élevés pour attirer des capitaux de plus en plus rétifs, et cette escalade accélère en contrepartie la récession. Les Américains soldent leurs comptes soit en s'endettant, soit en cédant des actifs, situation à coup sûr précaire!

Inévitable, la récession n'est pour l'instant ni datée, ni précise dans ses modalités. De même que la distribution de crédits à tout va a su éviter la propagation du krach, de même sert-elle à repousser le plus tard possible la sanction. Soit les marchés l'imposeront, soit le gouvernement nouvellement en place en 1989 la suscitera. Dans le premier cas, l'enchaînement est clair : une nouvelle crise des changes; une hausse non maîtrisée des taux; un effondrement de la Bourse, avec pour corollaire une baisse drastique de la consommation; les pouvoirs publics auront, d'une certaine façon, la chance d'être mis devant le fait accompli. Dans la deuxième hypothèse, le nouveau président américain devra prendre la responsabilité de la purge, au nom du raisonnement, toujours difficile à vendre à l'électorat, selon lequel un ralentissement voulu vaut mieux qu'une dépression subie, et donc plus sévère. L'augmentation des impôts aura la double vertu, de ce point de vue, de diminuer le déficit budgétaire et de réduire la consommation, et à travers elle les importations. Dans un pays où la fiscalité est basse, où n'existent ni TVA ni taxe sur l'essence, il suffirait de mettre en place ces prélèvements, fût-ce à dose homéopathique, pour que les choses se remettent en place. Raisonnement technique qui se donne le confort d'ignorer le prix politique à payer!

Mais, de toute façon, récession spontanée ou non, hausse des impôts ou non, les États-Unis devront, de surcroît, limiter les dépenses budgétaires, et le choix se posera, comme au bon vieux temps, entre « le beurre et les canons », l'État-providence et le budget militaire. Cette fois-ci, la crise économique sera en effet d'une autre nature. Il ne s'agira plus de voir le ralentissement succéder à l'expansion pour des raisons d'ordre interne, et en particulier afin de réduire l'inflation; il faudra solder les comptes de quinze ans d'illusions et de la volonté incessante de tricher avec les contraintes.

Une économie durablement en récession limite l'influence d'un État; un budget en contraction réduit ses moyens militaires. Les systèmes totalitaires parviennent à s'affranchir de ces principes en faisant supporter tout nouvel effort à la population; les démocraties n'ont pas – Dieu merci! – de pareils faux-fuyants. Cet enchaînement sera fatal à la puissance américaine. Dans ce pays tout entier tourné vers la consommation, toute crise a un coût collectif qui va au-delà de la simple mécanique des agrégats : pessimisme outrancier, baisse du tonus collectif, frilosité des acteurs, refus du monde extérieur. Quant au budget de la défense, il constituera, comme toujours, le coffre-fort à enfoncer, surtout si une atmosphère de détente fournit un minimum d'alibis. Et dans la liste des engagements à annuler, des dépenses de fonctionnement à réduire, les débours liés à la présence américaine en Europe ne résisteront pas. Les GI's ne s'embarqueront pas à la suite d'un grand débat national sur les relations entre les États-Unis et l'Europe; ils rentreront, par petits paquets, au fur et à mesure de restrictions budgétaires bureaucratiques. Un premier régiment sera rappelé et, afin de réduire l'impact de cette décision, le gouvernement américain organisera un grand cirque médiatique sur le thème : moins d'hommes mais davantage de matériel perfectionné, afin de rendre plus efficace la présence américaine! Puis le symbole effacé et l'émotion contenue à force de rodomontades, un processus irréversible sera en route. Chaque année budgétaire apportera son train de rapatriements.

La présence militaire américaine en Europe s'étiolera au fil des années, jusqu'au jour où la dynamique du désarmement y mettra définitivement fin. Car la pression du déficit sera évidemment l'instrument principal de la détente. D'un côté un pays hyperprospère qui, pour éviter une diminution marginale de son pouvoir d'achat, économisera sur son budget de la défense; de l'autre, un pays pauvre qui s'épuise à financer son effort militaire par des restrictions drastiques imposées à la population. Ils désarmeront de concert. Tant mieux! Mais autant en connaître le prix pour l'Europe : plus les États-Unis réduiront leur système de protection centrale, moins ils seront disposés à le mettre en jeu pour défendre un tiers, japonais ou européen. Le désarmement entérine et aggrave le découplage. Une protection minimale pour un espace domestique, l'Amérique du Nord : telle est la ligne de plus grande pente.

L'irrésistible ascension du pacifisme

L'accroissement des dépenses militaires n'a eu qu'un temps : les débuts de la présidence Reagan. Il fallait à la fois le tonus idéologique de l'homme et l'illusion de l'économie de l'offre pour relancer la machine à contre-courant. L' « empire du mal » comme fantasme, et des recettes budgétaires imaginaires : autant de conditions inattendues pour un effort financier, d'ailleurs de courte durée. Tout porte en effet les États-Unis au pacifisme. La stratégie est le sous-produit d'une société, et non pas des infrastructures économiques : peut-être les derniers marxistes finiront-ils par comprendre cette évidence. Aujourd'hui, les Américains auraient rationnellement le choix entre deux politiques : l'une, d'effort militaire accru, afin d'épuiser les Soviétiques et d'accroître leur influence internationale; l'autre, de détente et de retrait. Ils ont, en théorie, la possibilité de mener les deux, alors que l'Union soviétique ne peut, elle, accélérer. Mais l'option est illusoire : c'est la conviction que la croissance financerait l'effort de défense qui a permis l'effort militaire des années quatre-vingt. Avec pour horizon macro-économique une baisse du pouvoir d'achat, un accroissement des dépenses militaires signifie une réduction encore accrue de la consommation. Autant dire qu'elle est contradictoire avec les aspirations naturelles d'une démocratie.

Aux États-Unis, plus encore qu'ailleurs, l'opinion est rétive devant l'arbitrage entre « le beurre et les canons ». Davantage tournée vers la consommation, au point de vivre à crédit, peu sensible aux risques d'agression externe, sans culture ni tradition militaires, elle n'acceptera pas pour renforcer la main stratégique de son gouvernement de subir plus profondément une récession qui lui sera de toute façon insupportable. La naïveté de l'opinion américaine, son sentiment naturel de puissance, sa conviction d'être à l'abri de toute menace : autant de raisons qui rendent plus difficile encore une volonté stratégique. Comment attendre d'une société paisible et individualiste qu'elle échappe aux bonheurs de la détente? Comment lui demander d'intégrer dans son espace de défense une Europe dont, effectivement, elle s'éloigne? Comment imaginer que les États-Unis résistent à la tentation du désarmement? Comment leur faire grief, en un mot, de leur pacifisme?

3.

L'Allemagne au centre

Les mythes meurent vite. La République fédérale, meilleur allié des États-Unis! L'Allemagne occidentale, meilleur élève de la classe atlantique! Les Allemands, frères de cœur des Américains! Combien d'années avons-nous vécu avec ces images d'Épinal? Qui saurait encore y céder? L'Allemagne bouge, et avec elle l'Europe, dès lors que, demain comme aujourd'hui, aujourd'hui comme hier, la question européenne se ramène inlassablement à la question allemande. Avec l'Ostpolitik dans les années soixante-dix, l'Histoire a repris son cours : souterrainement d'abord; en pointillé à partir de 1980; ostensiblement depuis que l'Union soviétique joue la carte allemande en substituant le charme à la menace, et la « glasnost » à l'agression idéologique. Cette évolution ne résulte ni d'une stratégie en chambre, ni d'une fatalité qui ramènerait inéluctablement l'Allemagne sur ses propres pas. C'est le produit de mille et un facteurs : l'évolution de la société civile, le mouvement de l'économie, la dynamique des forces politiques, le rapprochement naturel avec la RDA, la résurrection, autant à l'Est qu'à l'Ouest, de la Mittel Europa, et, *last but not least*, les ambiguïtés des alliés occidentaux, avec des États-Unis sur le recul et une France prête à tout partager, sauf sa sécurité. L'équation est désormais simple : la République fédérale revient au centre; l'Europe occidentale s'efface devant l'Europe; la solidarité atlantique disparaît au profit d'un système de sécurité continentale.

Longtemps le tabou allemand a conduit à la cécité. Voir l'Allemagne bouger, c'était céder aux fantasmes d'autrefois, se laisser aller à une germanophobie de bas étage, nier le miracle européen. Or la République fédérale est entrée en mouvement sans rien abandonner de ses valeurs démocratiques et de ses principes économiques. La démocratie et l'économie de marché lui sont désormais consubstantielles plus qu'à tout autre et plus, peut-être, qu'à la France. Comment ne pas admirer la tempérance avec laquelle, depuis quarante ans, les Allemands vivent leur partition, c'est-à-dire une hémiplégie nationale? Comment ne pas s'interroger, par goût des comparaisons qui rendent modestes, sur les hypothétiques réactions françaises, si la ligne de démarcation de la guerre s'était perpétuée pendant près d'un demi-siècle? Comment ne pas rendre hommage à la raison qui a toujours dominé les choix politiques allemands, entre une gauche et une droite modérées? Avant Le Pen, nous devions être prudents; depuis Le Pen, il nous faut être déférents face à ceux qui, dans des situations historiques difficiles, n'ont connu ni poussée de fièvre, ni extrême, ni démagogie.

Mais le respect dû à la vitalité démocratique de la République fédérale ne doit être synonyme ni d'aveuglement, ni d'illusions. L'Allemagne s'est mise en mouvement et rien ne l'arrêtera, car elle reprend sa place au cœur de l'Europe, au nom même de l'Europe. Ce n'est pas un hasard si le mythe de 1992 ne rencontre aucun écho outre-Rhin. Le grand marché : les Allemands ont à y gagner, mais moins que de la résurrection des marchés de l'Est. L'Europe des douze : une Europe dont la République fédérale constitue les marches orientales ne peut être, pour un Allemand, qu'un espace infirme. Une Communauté économique européenne en essor : à force de payer pour les autres, l'Allemagne de l'Ouest finit par penser qu'il existe un meilleur usage stratégique de sa générosité budgétaire. Le grand rêve de 1992 ne se fracassera ni sur les archaïsmes des pays du Sud, ni sur le nationalisme résiduel des Français, ni sur l'indifférence anglaise, mais sur l'impossibilité pour la République fédérale de se lier à l'Ouest, au point de perdre toute liberté à l'Est.

La pression de la société

La réalité va à l'encontre des idées reçues. D'un côté une République fédérale sage, productive et équilibrée; de l'autre une France agitée, inefficace et versatile. Les sociétés civiles ne ressemblent plus à ces clichés. Derrière l'allure bourgeoise et douillette des villes allemandes, un chaudron bout. La société française n'est, par comparaison, que « luxe, calme et volupté ». Le fonds de culture « vert », la puissance du mouvement alternatif, la pression écologiste, la haine du nucléaire civil qui débouche, de proche en proche, sur le refus du nucléaire militaire, la montée de l'antiaméricanisme : autant de manifestations de cette effervescence.

La société allemande n'est plus contestée par une minorité, comme en 1968, ou agressée, comme au temps de la Fraction armée rouge, par une poignée de terroristes. Elle vit avec, lovée en son sein, une contre-société. Celle-ci a ses valeurs : la nature, l'écologie, la paix. Elle a sa culture : un étrange melting-pot d'anarchie, de gauchisme, de mythes de la nature, de réflexes pacifistes; le tout sans le moindre ingrédient marxiste. Elle a son expression politique : le temps a fait son œuvre et les députés verts se sont, au fil des années, englués dans le marécage parlementaire; ils sont désormais canalisés par les procédures les plus classiques d'interpellations, de questions et de réponses, et ils détonnent moins par leurs discours que par leur habillement devenu, à lui seul, leur dernier signe d'identité. Elle a, plus profondément, ses quartiers et ses zones réservés. Qui a quitté le centre de Berlin ou le secteur des affaires de Düsseldorf pour pénétrer dans les quartiers alternatifs comprend à tout jamais la schizophrénie allemande. Quelle image donnerait Paris avec, dans le cinquième et le sixième arrondissement, une « contre-ville », habitée non par des exclus mais par d'authentiques marginaux avec leurs contre-écoles, leurs contre-centres de santé, leurs contre-associations, leur contre-fiscalité, voire leur contre-service d'ordre? Une autre ville se recrée dans la ville, dont elle ne partage ni les habitudes, ni les valeurs, ni les rites, ni le style de vie, ni le graphisme, ni les publicités. La culture dominante n'essaie même plus de reconquérir ces enclaves : elle a abandonné, espérant simplement que l'extra-territorialité ne débouche pas sur l'anomie, l'anomie sur la délinquance, la délinquance sur le terrorisme. Mais, à ce stade de développement, la contre-culture déteint elle-même sur le style majoritaire. La presse magazine, la publicité, les vêtements, le mode de vie sont, à leur tour, marqués de telle sorte que, au-delà même du monde alternatif, *stricto sensu*, joue une influence aux antipodes du modèle allemand classique.

Ainsi de l'écologie, qui dépasse de loin le fonds de commerce des seuls verts et des alternatifs. Résurgence du vieux culte germanique de la nature, sous-produit d'une société industrielle confinée sur un espace réduit, substitut idéologique pour un pays sans idéologie, réminiscences de l'hypothétique âme allemande, dérivatif aux grands débats dont l'Allemagne, diminuée depuis la guerre, s'est sentie exclue? Autant de raisons, toutes insuffisantes, pour expliquer le phénomène. A travers la défense de l'environnement, c'est le modèle de société lui-même qui est en jeu. Tout est en effet critiquable, à l'aune de la nature : la croissance, les investissements, la logique de marché, l'attitude des forces sociales, le comportement du patronat, la politique du gouvernement... C'est un levier de contestation qui se périme moins vite que de vieilles analyses de classe, en contradiction visible avec la réalité. La nature, elle, ne fait pas faux bond, comme les forces productives... Étrange société où les affrontements les plus violents avec la police ont eu lieu lors de manifestations contre l'agrandissement de l'aéroport de Francfort! Seul le Japon a connu des mouvements du même type et sur le même sujet : l'extension de l'aéroport de Narita. « Bizarre, bizarre », ce parallélisme! Le cheminement est clair, qui va de l'écologie au refus du nucléaire et de celui-ci au pacifisme. Combien de manifestations contre la construction de centrales atomiques! Combien de marches contre le retraitement des combustibles nucléaires! Combien de meetings pour dénoncer l'atome! Un zeste d'évangélisme, un doigt d'écologie, quelques principes luthériens : les ingrédients sont là, qui font du « Plutôt rouges que morts [1] » une morale collective.

Les fusées sont à l'Est, le pacifisme à l'Ouest, comme l'avait dit, en 1983, François Mitterrand. Que d'arrière-pensées et de fantasmes derrière la levée de boucliers contre l'implantation des Pershing et des Cruise! On aurait pu croire que les Américains étaient en train d'occuper l'Allemagne! L'amour de la nature mène à la haine du nucléaire, celle-ci au pacifisme et celui-là au découplage. Voilà comment une société civile démocratique devient par sa vitalité

---

1. *Mehr rot als tot* : « Plutôt rouges que morts », slogan traditionnel des minoritaires allemands.

même le meilleur allié de l'Union soviétique, le seul pays sans vraie société civile!

L'écologie est, il est vrai, entrée en résonance avec un anti-américanisme venu des profondeurs et inattendu. Lorsque Brejnev est arrivé en visite officielle à Bonn, il a été accueilli par une manifestation anti-Reagan! Et cela, dans un pays sans parti communiste pour organiser un tel mouvement de masse « spontané »! En vingt ans, les Allemands sont passés de la dévotion à l'égard des États-Unis à la circonspection puis à l'hostilité! Des sondages qui faisaient de Brejnev, voire de Tchernenko, des hommes de paix, sans même attendre Gorbatchev, par comparaison avec un Reagan belliqueux; des manifestations innombrables aux confins des bases américaines; un rejet progressif des symboles américains; le retour des références de la Mittel Europa; la disparition des gestes de solidarité collective à l'égard des États-Unis; l'intérêt militant pour le Nicaragua : autant d'indices d'un mouvement d'opinion qui constitue, désormais, la toile de fond des positions stratégiques du gouvernement allemand.

Cette société civile-là se préoccupe de la solidarité atlantique comme d'une guigne. Elle refuse que son territoire soit une « poubelle nucléaire »; elle ne rêve, après l'option double zéro, que d'une dénucléarisation complète; elle se sentirait davantage en sécurité sans bases américaines; elle voit dans la présence américaine un obstacle à la paix et non plus une protection; elle veut une Europe sans frontières ni rideau de fer, où la liberté de circuler tiendrait lieu, à elle seule, de toutes les libertés; elle est prête, en un mot, pour la finlandisation. Mais elle n'a pas le monopole de telles prédispositions...

L'empire économique du milieu

Les responsables économiques allemands sont les seuls en Europe à ne pas se préoccuper de 1992 : ni en guise de terre promise, ni comme substitut à l'enfer. Leur horizon est ailleurs. Certes, un hypothétique grand marché sera naturellement favorable au plus puissant, en l'occurrence à l'Allemagne : il élargira ses positions de force, surtout dans les secteurs, telles la banque et l'assurance, où les frontières nationales sont synonymes d'inhibition. Ainsi la Deutsche

Bank et l'Allianz piaffent-elles d'impatience pour donner leur pleine mesure, comme précédemment Siemens ou Bayer. Mais l'ambition économique va très au-delà des frontières de 1992. Économie de dimension mondiale, l'Allemagne pense, avant tout, en termes de marché international : c'est le seul qui soit à la mesure de ses entreprises. États-Unis, Amérique du Sud, Extrême-Orient : autant de champs d'expansion pour elles, comme pour leurs grandes concurrentes, mais elles ajoutent à cette mappemonde traditionnelle des affaires une zone où elles sont en train de se tailler un monopole, l'Europe de l'Est et l'Union soviétique.

Or, les capacités d'exportation ont une importance plus grande pour l'économie allemande que pour toute autre. Non par la part que les échanges extérieurs assurent du produit national, mais par l'impératif qu'ils représentent à long terme dans un pays sans croissance et à démographie en plein effondrement.

L'Allemagne voit son marché intérieur se dérober : elle connaît une vraie saturation de la demande de la part d'une population repue, ayant consommé tout ce qu'elle pouvait en matière d'automobiles, d'électroménager, de hi-fi... Il s'y ajoute un accroissement de l'épargne, aux dépens de la consommation, venant d'une collectivité vieillissante qui accumule pour ses vieux jours, par crainte de se fier, à juste titre, aux systèmes de retraite par répartition. Sur cette toile de fond s'inscrivent de surcroît les effets ravageurs d'une démographie en pleine déshérence.

Depuis quinze ans, chacun savait qu'un jour la population de l'Allemagne fédérale diminuerait, mais nul ne le croyait. Nous y sommes. Une fécondité de 1,3, la plus basse d'Europe, quand il faut atteindre le chiffre sacré de 2,1 enfants par femme pour que le nombre d'habitants ne diminue pas : avec le décalage inhérent aux cycles démographiques, à la fois lents et inexorables, le déclin a désormais commencé. Toutes choses égales par ailleurs, c'est-à-dire sans immigration massive et sans redressement soudain des naissances, cette population tombera à trente-huit millions d'habitants en 2030. Trente-huit millions! Cela signifie que l'Allemagne aura perdu en non-naissances autant d'habitants qu'elle a eu de morts pendant la Seconde Guerre mondiale. La « grande Allemagne » ne sera plus qu'un pays en peau de chagrin avec des Allemands de moins en moins nombreux et de plus en plus vieux. Le phénomène est ravageur : il surplombe tous les autres, économiques, politiques, culturels, psychologiques... S'il existe encore une infrastructure au sens marxiste du terme, c'est bien la démographie. Son onde de choc bouleverse tout et évidemment, au premier chef, les équations macro-économiques. D'où l'importance vitale des exportations pour compenser une demande intérieure inévitablement en contraction. Pour la République fédérale, dont le marché intérieur va se contracter, la planche de salut n'est plus européenne, avec une Europe des douze condamnée, fût-ce à un moindre degré, au même déclin démographique, mais mondiale. Et dans cette course éperdue aux débouchés, l'Est redevient un objectif majeur.

Culturellement l'Allemagne est mieux placée que quiconque : vis-à-vis du jumeau que constitue la République démocratique; vis-à-vis des démocraties populaires qui étaient toutes situées, avant que ne tombe le rideau de fer, dans la sphère d'influence économique allemande; vis-à-vis enfin de l'Union soviétique qui a maintenu de tout temps les habitudes d'un commerce privilégié avec l'Allemagne, à l'instar de la Russie d'autrefois. Sur un marché mondial où les concurrents sont pléthore, comment ne pas tirer parti d'une telle rente? La République fédérale n'a de cesse de rendre solvables ses clients de l'Est, de les approvisionner et aussi de les transformer en sous-traitants à bas salaires.

Le seul frein aux importations des démocraties populaires étant leur dénuement financier, la République fédérale développe à leur égard, en catimini, un vrai plan Marshall. Sans procédures bureaucratiques d'octroi des subsides; sans remue-ménage sociopolitique, mais avec une redoutable efficacité. L'aide financière à la RDA prend des formes multiples. Les unes peu visibles, tel le principe, intangible depuis des décennies, de la convertibilité du mark de l'Est en mark de l'Ouest sur la base de 1 pour 1, ce qui permet à une monnaie de pacotille de disposer artificiellement du même pouvoir d'achat qu'une des meilleures monnaies du monde. Peu visible aussi, la prise en charge financière des retraités de l'Est, autorisés à immigrer à l'Ouest, que la Sécurité sociale couvre en se substituant au système social de la RDA. Peu visible enfin, le surcroît de pouvoir d'achat déversé à l'Est, à travers la masse innombrable des cadeaux personnels, des dons faits par les associations, les œuvres de charité des Églises et les mille et une organisations qui gravitent autour d'elles. A côté de ces liens jouent d'autres relations plus classiques. Des prêts de l'État fédéral, en premier lieu, financés sur des ressources budgétaires dont bénéficient la RDA, la Pologne et la Hongrie. Des aides à l'exportation ensuite, afin de permettre aux entreprises de vendre à ces clients, à la limite de l'insolvabilité. Des crédits massifs enfin, montés par les banques de la République fédérale au profit des meilleurs débiteurs de l'Est, en l'occurrence l'URSS et la RDA. Ces transferts financiers ne cessent de se développer. La stratégie des banques allemandes peut se décrire, de ce point de vue, sous un jour caricatural : prendre le contrôle, en Europe de l'Ouest, de banques de dépôts et renforcer de la sorte leur collecte d'épargne, pour se donner les moyens d'accroître leurs crédits à l'Europe de l'Est. Elles rejetteraient bien évidemment une telle présentation, expliquant que les dépôts ne sont pas fongibles, ni les prêts indifférenciés. Mais que fait d'autre en réalité la Deutsche Bank lorsqu'elle augmente ses ressources en Italie, en prenant le contrôle de la Banca d'America e d'Italia, et qu'elle réduit ses prêts à l'égard du monde entier à la seule exception des pays de l'Est? Ainsi se met en place, sans tambour ni trompette, une pompe à finances qui tire sur l'épargne de l'Ouest pour financer la consommation de l'Est. A ce jeu-là, les institutions financières allemandes n'ont guère de rivales. Elles lient en outre l'octroi de ces prêts à l'achat de produits allemands, créant des débouchés pour leurs industriels.

Les entreprises de la République fédérale sont en effet aussi implantées à l'Est que leurs collègues banquiers. Nulle, française, anglaise, américaine, ne peut rivaliser avec elles. Hommage rendu sur ces marchés comme sur les autres à la qualité de leurs produits : à coup sûr. Effet de relations ancestrales : sans doute. Proximité culturelle et capacité des technostructures allemandes de s'adapter aux méandres, à la lenteur et aux dysfonctionnements des bureaucraties de l'Est : à l'évidence. Qui fait mieux en Union soviétique que Bayer, Siemens, AEG ou Mannesmann? Les patrons allemands entretiennent avec leurs collègues de l'Est des relations d'une intimité méconnue. Combien d'entre eux passent-ils davantage de temps à Moscou qu'à New York? Combien fréquentent les ministres ou vice-ministres soviétiques dans des chasses hivernales en Carélie? Combien ont leurs entrées au Kremlin, à l'instar de M. Christiaens, ancien patron de la Deutsche Bank et premier étranger à être reçu par M. Gorbatchev après sa prise de fonction?

Le « Drang nach Osten [1] » n'est pas un simple concept stratégique : c'est aussi un fait économique et une réalité sociologique. Les industriels de RFA ne se contentent pas d'écouler leur production à l'Est. Ils sont en train d'y trouver, à portée de leur main, des fournisseurs aux tarifs coréens. C'est le cas, de longue date, avec la RDA qui est considérée – l'oublie-t-on trop souvent – comme un État membre de la CEE. Compte tenu de la libre circulation entre les deux Allemagnes, acceptée dès l'origine du traité de Rome, les produits de la RDA entrent dans l'Europe des douze sans payer de droits de douane. Privilège majeur pour une économie dont les coûts sont en deçà des normes européennes, et dont la productivité, même faible, n'atteint pas la faiblesse indécente des autres pays de l'Est. D'où la tentation lancinante pour les entreprises ouest-allemandes de transférer de la sous-traitance à l'Est. L'identité culturelle facilite les relations, les prix sont compétitifs, la qualité acceptable, et aucun droit de douane ne vient effacer cet avantage concurrentiel. Aujourd'hui, le mouvement de sous-traitance ne se limite pas à la République démocratique. Il se développe en Tchécoslovaquie, en Hongrie et même en Union soviétique. Dès que la « perestroïka » autorisera les investissements étrangers dans des conditions satisfaisantes, avec la possibilité de créer des filiales à 100 %, de maîtriser les flux financiers et de rapatrier les dividendes, le phénomène prendra une ampleur sans pareille. Délocaliser à Kiev de préférence à Singapour, à Bratislava de préférence à Taiwan : quelle tentation et quelle facilité!

C'est un « empire économique du milieu » que la République fédérale met en place, trait d'union entre les deux Europe. L'Est sera bientôt presque aussi indispensable aux économies de l'Ouest qu'elles lui sont vitales. L'Europe occidentale est un gigantesque Hong Kong pour le monde de l'Est : ouverture sur le marché mondial, fournisseur de biens de consommation, producteur de biens technologiques, banquier et associé. Mais l'Est est, de son côté, l' « Hinterland »

---

1. *Drang nach Osten* : la « marche à l'Est », principe clef de la politique prussienne au XIXe siècle.

des économies saturées de l'Ouest : il lui fournit débouchés et sous-traitants. Ainsi s'installe, sur le plan économique, à l'instigation de l'Allemagne, cette « maison commune » entre l'Ouest et l'Est que M. Gorbatchev appelle de ses vœux. L'économie ne gouverne pas à elle seule la stratégie, comme dans les schémas marxistes les plus simplistes, mais l'édification d'une telle « maison commune » accélère encore la substitution du système continental au système atlantique. Tout va décidément dans la même direction.

La montée du neutralisme

Le temps est loin où l'ensemble des forces sociopolitiques de la République fédérale n'avait d'yeux que pour les États-Unis, au point de repousser la construction d'une Europe de philosophie gaulliste par insuffisance d'atlantisme!

Le clivage gauche/droite, SPD/chrétiens-démocrates ne rend pas compte de cette évolution des esprits. Une dynamique est à l'œuvre, qui met en mouvement tous les partis politiques. Le SPD au premier chef, bien sûr : entamant l'Ostpolitik dans les années soixante-dix, il a ouvert la boîte de Pandore. La République fédérale redevenait un pays adulte, prenant en charge ses intérêts stratégiques, échappant enfin au statut infantile et hémiplégique dans lequel les Occidentaux se plaisaient à la maintenir et qui supposait, notamment, l'absence de tout lien avec l'Est. Dénucléarisation de l'Europe du Centre; retrait simultané des forces soviétiques et américaines; priorité au rapprochement inter-allemand sur la construction européenne : autant de thèmes qui rôdaient d'ores et déjà dans les cénacles du SPD et qui anticipaient d'une décennie sur l'évolution stratégique. En fait, la doctrine social-démocrate n'a cessé de s'infléchir, d'un atlantisme exacerbé vers un neutralisme larvé. La gestion d'Helmut Schmidt n'a été qu'un accident, au regard de cette ligne de plus grande pente idéologique; il a freiné cette dérive sans l'empêcher.

Suivant une vieille règle des partis socialistes dont la conquête se fait à gauche, le poids de l'aile progressiste ne cesse depuis dix ans de s'affirmer. Avec un chef de file, Oskar Lafontaine, autrefois héraut de la sortie de l'OTAN, désormais converti à un discours moins provocant; avec chez certains le désir d'une alliance avec les verts, et chez d'autres celui de leur prendre leur fonds de commerce; avec le souvenir de l'Ostpolitik chevillé au corps et la volonté de la ressusciter; avec quelques réminiscences du neutralisme des années cinquante; avec des bouffées d'antiaméricanisme, alimentées à l'occasion par Helmut Schmidt, devenu définitivement sceptique sur l'alliance américaine le jour où Jimmy Carter a renoncé à la bombe à neutrons; avec la volonté de garder sur les autres partis allemands l'avantage d'un lien plus intime avec le monde de l'Est! Voilà un SPD prêt à jouer son rôle dans la recomposition stratégique de l'Europe!

Les libéraux n'échappent pas non plus aux charmes de l'Ostpolitik. Ils l'ont autrefois mise en route avec les sociaux-démocrates et n'ont cessé, après le renversement des alliances en 1982, d'en être les plus fidèles artisans à l'intérieur de leur nouvelle coalition avec les chrétiens-démocrates. Artisans, d'ailleurs, mais aussi acteurs. Qui ignore encore à Bonn que la diplomatie de M. Genscher n'est pas tout à fait celle du chancelier Kohl? Plus prompt à saisir toute opportunité d'une ouverture à l'Est, plus désireux de passer de la double à la triple option zéro, c'est-à-dire à la dénucléarisation de l'Europe centrale, d'autant plus ouvert à l'idée européenne qu'il imagine une Europe indépendante des États-Unis, il est toujours deux pas en avant de son chancelier dans ce mouvement de réorientation stratégique. C'est lui qui a emporté la décision sur la double option zéro; c'est lui qui se fait le chantre de la détente; c'est lui qui joue l'alliance avec la France dans la perspective d'un équilibre continental; c'est lui enfin qui imprime sa marche au rapprochement interallemand. De 1970 à aujourd'hui, les libéraux ont dominé la diplomatie allemande et, d'une coalition gouvernementale à une autre, ils ont assuré la continuité de la stratégie de la République fédérale : au centre, toujours au centre! Mais ce centre-là n'est ni politique, ni sociologique. Il est géographique et stratégique : c'est le cœur de l'Europe continentale. C'est à croire que les libéraux souhaitent voir l'Allemagne jouer à l'intérieur de l'espace européen le rôle de bascule dans lequel ils sont passés maîtres sur l'échiquier politique allemand!

Mais les chrétiens-démocrates ne sont pas non plus manipulés contre leur gré par leurs alliés libéraux. Après avoir annoncé à cor et à cri, avant de reprendre le pouvoir, leur volonté de rentrer dans le giron atlantique, ils ont emboîté le pas à leurs prédécesseurs. D'abord par calcul politique : l'opinion attend désormais son lot d'améliorations quotidiennes dans les relations avec la RDA; elle est prête à payer un prix stratégique élevé pour de menus avantages. Ensuite par une difficulté de plus en plus grande à vivre les relations avec les États-Unis : ainsi du sentiment, après la rencontre de Reykjavík, d'avoir été sur le point d'être lâchés « pour un plat de lentilles ». Enfin, pour ne pas laisser aux cousins bavarois de la CSU le monopole d'un nationalisme qui passe désormais par l'Est. Paradoxe apparent, Franz Josef Strauss a joué, plus que d'autres, la carte orientale : il s'était fait à la fin de sa vie le propagandiste d'un accroissement des crédits à la RDA et le prophète d'un nouveau « Drang nach Osten ». Rien n'était, au fond, plus normal : le nationalisme passe par l'Est et non par l'insertion dans un ensemble atlantique où l'Allemagne est condamnée à une citoyenneté stratégique de second rang. Strauss se voulait un « gaulliste allemand », mais vues à l'aune de l'Allemagne, « la détente, l'entente et la coopération » riment avec la restauration de la Mittel Europa. Dans ce contexte, la fermeté de la République fédérale en 1983 pour accepter l'installation des Pershing et des Cruise a sans doute constitué le chant du cygne de l'atlantisme. Ainsi en 1987 de la facilité avec laquelle elle a accepté la double option zéro. Ainsi de la tentation, chez les chrétiens-démocrates, d'accepter la triple option zéro afin que la République fédérale ne soit plus la « poubelle atomique » de l'Europe. Ainsi, plus récemment, d'une évolution du discours idéologique et de la prééminence donnée, en vue du congrès du parti, au thème de la réunification sur celui de l'unité européenne. Quand ils étaient atlantistes, les chrétiens-démocrates feignaient de croire que l'unité allemande et l'intégration de l'Europe occidentale allaient de pair : c'était imaginer réversible l'orientation communiste de la RDA. Ce fantasme disparu, ils commencent à assumer la contradiction entre ces deux aspirations.

L'évolution des forces politiques suit, en RFA comme ailleurs, les mouvements de la société bien davantage qu'elle ne les précède. Des syndicats dont les réticences atlantiques ont devancé de beaucoup celles du SPD : n'ont-ils pas tissé un ensemble de relations avec l'Est qui supposent une force irrésistible de l'idée de solidarité ouvrière, pour la mettre en pratique de part et d'autre du rideau de fer? Un patronat dont l'Ostpolitik n'a cessé de se développer, sans les réticences de leurs amis chrétiens-démocrates. Et surtout des Églises pour lesquelles la coupure de l'Allemagne n'existe pas, puisqu'elle ne doit moralement pas exister! Des relations pastorales, des liens caritatifs, des manifestations communes, les germes d'une même vision du monde; l'Église évangélique s'est presque réunifiée. Elle a devancé, à un degré souvent ignoré, le rapprochement des deux sociétés civiles. Et, pour accompagner le tout dans ce pays qui adore les pompes culturelles, un fonds historique désormais partagé en commun à l'occasion des commémorations du grand Frédéric, de Luther, ou de l'inauguration de l'Opéra de Dresde par les responsables politiques des deux États, avec côte à côte Honecker et von Weizsäcker au premier rang. *Last but not least*, l'Allemagne se retrouve à l'heure des informations télévisées, puisque, reçue partout à l'Est, la télévision de l'Ouest joue à fond son rôle unificateur. La société finit par imposer sa loi, même à un gouvernement communiste. Celui-ci n'a pu endiguer le bricolage des antennes collectives, la floraison des antennes individuelles, et a même dû câbler les zones d'ombre, telle Dresde, tant la pression de la population était forte pour recevoir la télévision occidentale.

L'Allemagne institutionnelle se reconstitue de part et d'autre de la ligne de démarcation. Avec, sans doute, pour les plus cultivés, le sentiment de reprendre un sillon historique. Un fidèle du roi de Bavière était-il plus proche d'un bureaucrate prussien qu'un cadre de Siemens d'un fonctionnaire de Pankow? La société allemande a été, pendant des siècles, plurielle, diverse, contradictoire : l'est-elle davantage aujourd'hui?

Vers une nation sans État?

Les Français exaspèrent à juste titre les Allemands, quand ils enfourchent le fantasme de la réunification. Ils cèdent en effet à leur tropisme : cartésien, monolithique, étatique. Ils se font peur en imaginant une Allemagne réunifiée, tel un nouveau Reich, cette fois-ci démocratique et fréquentable. Ils croient à une superposition des États, à une fusion des bureaucraties, à une osmose des élites. Ils ne comprennent pas, en un mot, qu'une identité nationale puisse s'exprimer en dehors d'une unité étatique. Travers français s'il en est! L'Allemagne a été une nation avant d'être un État; elle a constitué accidentellement un État; elle est en train de redevenir une nation. La démographie y conduit; la sociologie y pousse; la culture le veut. La nature reprend, d'une certaine façon, ses droits. Quant aux institutions, elles suivront le mouvement, aux aléas de la diplomatie près.

La République démocratique échappe au drame démographique de la RFA. De mesures d'incitation en instruments de coercition, elle a retrouvé une fécondité voisine de celle de la France, dans les 1,8 à 1,9 enfant par femme. Ce n'est pas un miracle : la population est condamnée au vieillissement; le nombre total d'habitants déclinera légèrement après l'an 2000, mais l'implosion, à l'instar de la République fédérale, est exclue. Il existera une nation allemande de soixante millions d'habitants, quarante à l'Ouest, vingt à l'Est. Un réflexe viscéral de survie poussera les Allemands à se rapprocher. Un pays ne se vide pas de sa population sans chercher désespérément une solution; le passé n'a cessé de le montrer. A défaut de conquêtes ou d'annexions, solutions d'hier désormais exclues, les Allemands de l'Ouest emprunteront une voie toute tracée, celle d'une osmose croissante avec l'autre État. Étrange cheminement de l'Histoire : l'Allemagne était devenue folle au moment de son délire eugénique; elle en a payé le prix dans la partition; elle redeviendra elle-même, sous la pression, entre autres, de la démographie.

Sans attendre cette pression naturelle, les sociétés civiles de l'Est et de l'Ouest s'imbriquent et se ressemblent chaque jour davantage. Aujourd'hui, les Allemands de l'Ouest voient leurs familles à l'Est, aussi fréquemment qu'un Parisien ses cousins au sud de la Loire. Dix millions de visites par an d'Ouest en Est; une frontière totalement perméable dans ce sens-là, poreuse dans l'autre; des échanges téléphoniques et épistolaires presque libres; une immigration autorisée d'Est en Ouest; des retraités qui viennent, par dizaines de milliers, finir leurs jours à l'Ouest. Nous vivons prisonniers d'images surannées : les premières visites il y a vingt ans; les martyrs du Mur; Berlin totalement hémiplégique. Un mur du silence masque en quelque sorte la disparition du Mur! Quelle incroyable évolution! Les Allemands de l'Ouest sont pudiques, par peur que des relations trop ostensibles provoquent un choc en retour; les Allemands de l'Est sont, de leur côté, gênés d'afficher une pratique quotidienne en opposition avec leur rhétorique; les Soviétiques regardent de loin et les Occidentaux font semblant de ne pas voir. D'où un déphasage complet par rapport à la réalité. Hier, le contact était l'accident; c'est aujourd'hui la norme. Hier, l'ignorance était la règle; c'est désormais l'exception. D'ailleurs les jeunes Allemands de l'Ouest et de l'Est se ressemblent à nouveau. Habillement, goût de la musique, mode de vie, valeurs, pacifisme : autant de signes d'identité. A force d'avoir tort sur la convergence des sociétés industrielles, de la première à la dix-huitième leçon, Raymond Aron aurait-il raison pour les seuls Allemands? Serait-ce, dans ce cas, le système industriel qui les rapprocherait, ou plus normalement l'Allemagne?

Cette nation commune, en train de se recréer, se fabrique des points de repère identiques. La télévision, nous l'avons vu : les chaînes de l'Ouest sont reçues partout à l'Est et, suivant un dicton populaire, l'Allemagne est chaque soir réunifiée au moment des informations de vingt heures. Quelle schizophrénie en germe à l'Est, entre une vie en société classiquement communiste, un usage sans limites des médias occidentaux, et une information exhaustive en totale contradiction avec les règles du régime! L'*International Herald Tribune* n'est pas disponible dans les kiosques, mais la télévision est accessible : une bureaucratie totalitaire peut préserver ses rites et sa censure; elle ne peut plus imposer à ses citoyens un exil complet par rapport au monde extérieur.

La culture, ensuite. Au-delà du symbole, davantage politique que culturel, qui fait fêter simultanément Luther à l'Ouest et à l'Est – calendrier oblige –, de vrais canaux de communication se mettent en place, dont Berlin constitue la plaque tournante. Hier symbole de l'Allemagne divisée, Berlin devient, en fait, le poumon des relations interallemandes : colloques, séminaires, rencontres, échanges de livres, de manuscrits, et plus généralement osmose intellectuelle. Ce qui est disponible d'un côté en librairie circule chez les autres en samizdat. Les intellectuels de l'Ouest dialoguent artificiellement avec la société officielle de l'Est et librement avec sa société souterraine. Mais, au point d'imbrication désormais atteint entre l'une et l'autre, la distinction n'est pas encore insignifiante; elle n'est déjà plus essentielle.

Les symboles, également. Qui n'a pas vu la presse allemande comptabiliser dans un même total les médailles olympiques des deux États ne comprendra rien à l'Allemagne! Qui n'a pas regardé la météo à la télévision n'a pas en tête la vraie topographie allemande! Qui n'a pas assisté à des rencontres entre Allemands de l'Est et de l'Ouest dans des réunions, dans des colloques ou dans des organisations internationales, ne percevra rien des réflexes entre « pays », comme on dit dans les provinces françaises! Oublierait-on, enfin, la première des communautés, la langue? Déjà, dans les anciennes provinces allemandes de Pologne ou de Tchécoslovaquie, la présence d'une autre langue, en principe dominante, ne parvient pas à effacer la matrice linguistique! Qu'en est-il, a fortiori, quand deux pays s'excommunient dans la même langue, avant de se découvrir, puis de se faire des œillades?

L'aspiration à l'unité a changé en réalité de nature. De la mise en place de sa « Loi fondamentale » jusqu'à son discours rituel dans les organisations internationales, la RFA n'a cessé de proclamer son rêve d'une réunification étatique. Afin de ne pas donner prise à cette ambition, la RDA refusait de son côté l'idée que puisse exister le moindre germe d'une identité nationale allemande. Depuis quinze ans, l'Allemagne de l'Ouest a mis en sourdine son fantasme unitaire au profit de retrouvailles d'allure plus nationale, et l'Est s'est vu entraîné sur ce terrain, idéologiquement moins destructeur, mais pratiquement plus déstabilisant. Aujourd'hui, le mythe étatique est rangé dans le magasin des accessoires idéologiques. Ont en revanche repris place, dans le vocabulaire officiel, les expressions d'identité nationale, de communauté de destin et autres mots complexes à rebond, comme seule la langue allemande sait en fabriquer. Sortant de chez M. Gorbatchev, M. Strauss, ce « gaulliste » allemand, n'avait-il pas lâché le morceau avec sa franchise coutumière, déclarant que son interlocuteur avait reconnu la vraie réalité allemande, celle d'une nation en plusieurs États?

Reléguée au second plan, l'ambition institutionnelle n'a pas totalement disparu. Les hommes politiques de l'Ouest ne renonceront jamais définitivement à leurs rêves, pour laisser les choses aux mains de la société. Rien n'est jamais plus insupportable pour une classe politique que d'imaginer l'essentiel hors de sa portée. Aussi reviendra-t-elle, dès que les circonstances le permettront, à son désir d'inscrire ce mouvement dans des institutions. Non plus étatiques : cette idée a disparu; il n'existe plus de guerre pour créer un État comme toujours il se crée : par le fer; et aucun Bismarck fantomatique ne rôde à l'horizon. Ni même fédérales, voire confédérales : ce serait un insupportable bouleversement pour une Europe de l'Atlantique à l'Oural dont le rapprochement passe, en contrepartie, par le plus extrême statu quo diplomatique. Mais peut-être le mouvement des deux sociétés accouchera-t-il un jour d'institutions *sui generis* : en partie étatiques, en partie non étatiques, incitatives plus que contraignantes, réversibles... Elles s'appliqueraient, au premier chef, à des domaines spécifiques : économie, culture, sport... Cette mue institutionnelle reste aléatoire et secondaire. Aléatoire, car elle suppose que l'évolution des choses trouve une transcription politique. Secondaire, car ce sont désormais les sociétés civiles qui fabriquent à nouveau une nation allemande et non d'hypothétiques constructions technocratiques.

Le retour de la Mittel Europa

L'Europe était triplement hémiplégique : l'Ouest vis-à-vis de l'Est, la République fédérale vis-à-vis de la RDA, l'Allemagne dans son entier vis-à-vis de l'Europe du Centre. La Mittel Europa, de ce point de vue, est de retour : elle reprend vie, parce que l'Allemagne y retrouve sa place. Au XIXᵉ siècle, cette Mittel Europa se superposait à la zone d'influence allemande : stratégique, militaire, politique, économique, culturelle, linguistique, sociale. Rien de tel aujourd'hui : l'Allemagne de l'Est n'exerce aucun pouvoir sur la Pologne, la Tchécoslovaquie ou la Hongrie, ni l'Allemagne de l'Ouest sur l'Autriche. La première parce que les petits États centraux, comme elle-même, sont soumis à l'URSS; la seconde dès lors que, neutre depuis 1955, l'Autriche est hors d'état de la considérer comme sa suzeraine. Restent tous les autres liens.

Ce sont d'abord les relations avec les anciennes provinces allemandes d'avant 1914 et d'avant 1945. Les États socialistes n'ont jamais réussi à éradiquer l'allemand au profit de leurs langues nationales. D'où la permanence du tropisme culturel : à un moindre degré se nouent les mêmes complicités qu'entre l'Allemagne de l'Est et l'Allemagne de l'Ouest. Un flux permanent d'informations, à défaut de la télévision, des livres, des rencontres, et une multiplicité d'aides à la restauration dans ces régions des châteaux, églises et autres symboles de l'Allemagne d'hier. La RFA est facilement généreuse : à défaut de venir directement de l'État, ce qui aurait un sens diplomatique trop aigu, ces subsides sont distribués par les Églises, les œuvres caritatives, des associations culturelles et des institutions en tous genres. Écoutez Rudolf von Thadden, ce grand intellectuel, narrer l'inauguration de l'église restaurée du village dont sa famille était châtelaine en Prusse-Orientale; entendez-le décrire comment, bras dessus, bras dessous avec les autorités locales du parti, il est allé visiter son château; percevez à la fois la vigueur de son attachement à cette terre et le naturel de l'accueil, et vous découvrirez la permanence d'un tissu social que quarante ans de socialisme officiel ne sont pas parvenus à détruire. A cette action spécifiquement culturelle s'ajoute évidemment une aide économique, surtout dans les anciennes régions allemandes de Pologne. Là aussi, les Églises et les institutions caritatives se substituent naturellement aux organisations étatiques, pour agir avec discrétion : le silence est en effet, en ce domaine, la clef de l'efficacité.

L'Europe du Centre s'identifie en fait à une série de cercles concentriques. Un premier cercle à partir des deux Allemagnes; un deuxième qui colle aux frontières de l'Allemagne d'autrefois; un troisième qui couvre les États centraux; un quatrième, le plus lointain et le plus aléatoire, qui englobe les régions occidentales de l'Union soviétique.

Le deuxième et le troisième cercle se renforcent, chaque jour, à travers les relations croissantes entre la République fédérale et les démocraties populaires : Pologne, Tchécoslovaquie, Hongrie, mais aussi Bulgarie et Roumanie. La vie quotidienne parle, comme d'habitude, bien davantage que la diplomatie : ainsi suffit-il de regarder les destinations des vols en partance à l'aéroport de Munich : Bucarest avec la même fréquence que Madrid, Varsovie que Milan, Budapest que Bruxelles. On fait l'aller retour dans une journée, comme n'importe quel cadre français entre Paris et Amsterdam. Derrière l'intensité de ces liaisons se profilent des échanges économiques de plus en plus importants. Les Allemands financent, achètent, développent et aident : ils bâtissent de la sorte, à leurs portes, ce que les Japonais appelaient en d'autres temps et d'autres lieux une « sphère de coprospérité ». Ils ont compris mieux que quiconque l'intérêt d'un plan Marshall réel et clandestin : les subsides et l'influence pour ce qui est de la réalité; la clandestinité pour ne pas perdre le monopole de cette position unique. A cette contribution macro-économique s'ajoute une multiplicité de relations micro-économiques qui peu à peu reprennent leurs droits : entre une grande entreprise allemande née du démantèlement de l'IG Farben et une société d'État tchèque héritière lointaine d'un partenaire d'autrefois; entre des fournisseurs allemands de biens d'équipement et des clients socialistes qui ne conçoivent pas d'autres produits que « made in Germany »; entre les exportateurs de la RFA et les centrales d'achat; entre les banquiers de l'Ouest et leurs collègues hongrois qui ne rêvent que de les imiter...

L'Allemagne de l'Ouest sert aussi de poumon culturel pour tous ces pays. A travers ses propres chaînes de télévision et de radio. A travers Radio Free Europe, seul moyen, pendant une si longue période, d'information de l'Est : mais la roue de l'Histoire tourne vite et les auditeurs des démocraties populaires, en état d'écouter désormais toutes les radios occidentales, sont les premiers à critiquer l'archaïsme et le manichéisme de l'institution. A travers un réseau de maisons d'édition semi officielles, semi alternatives, qui tourne à plein régime pour alimenter l'Est en samizdats. A travers des contacts téléphoniques quasi quotidiens, au point que chaque grand intellectuel allemand donne l'impression d'avoir parlé la veille encore avec Geremek. A travers des colloques et des séminaires organisés à tour de bras, afin de donner un prétexte aux intellectuels de l'Est pour venir respirer un bol d'air frais à l'Ouest. A travers des réseaux, des rencontres, des échanges qui reconstituent peu à peu un univers culturel dont Kundera s'est trop complu à annoncer la disparition éternelle. L'Europe retrouve progressivement la mémoire; elle émerge de son amnésie culturelle et l'Allemagne y est pour beaucoup, sans jamais s'en vanter, à la différence d'une France, comme souvent fanfaronne et inefficace.

Mais la Mittel Europa empiète aussi sur les marches de

l'Empire russe : c'est le quatrième cercle. Oublie-t-on qu'il reste en Union soviétique deux millions de personnes de culture et d'origine allemandes, et que, malgré la dissolution de la République autonome allemande de la Volga par Staline, ces populations ont encore leurs écoles, leurs journaux, leurs radios en langue allemande? Omet-on la Lettonie et les autres pays baltes, si longtemps influencés par le dynamisme de la Prusse-Orientale? A-t-on passé par pertes et profits les liens complexes de l'Ukraine avec l'Europe du Centre, ses pulsions pro-allemandes les plus ambiguës, sa manière de se retourner vers l'Allemagne pour résister à la Russie? Ce n'est pas un hasard si, profitant de la perestroïka, six mille Soviétiques de culture allemande émigrent chaque semaine vers le camp relais de Friedland, en Basse-Saxe, plaque tournante de l'émigration en provenance de l'Est. En réalité, à un degré infinitésimal au regard des liens qu'entretiennent la Hongrie et a fortiori la RDA avec la République fédérale, là aussi un tissu est en train de se recréer.

Certes, cette Mittel Europa est encore loin de ressembler à celle d'avant 1914, mais elle rend à cette Allemagne géographiquement et historiquement tronquée qu'est la RFA une profondeur et une influence qui la font finalement ressembler à une vraie Allemagne!

« Drang nach Osten »

Les relations avec l'Union soviétique constituent évidemment la clef de ce repositionnement de l'Allemagne de l'Ouest. Elles conditionnent le rapprochement avec la RDA et les démocraties populaires; elles influencent, a contrario, les liens avec les États-Unis; elles font insidieusement bouger la conception même que les Allemands ont de l'Europe. C'est à Moscou qu'a commencé, en 1970, l'Ostpolitik; c'est à Moscou que la République démocratique fait bénir son flirt avec la RFA; c'est à Moscou que, au travers des négociations américano-soviétiques, se redessine l'espace stratégique allemand. D'où la prédilection toute particulière des Allemands pour un nouveau « Drang nach Osten ». Un processus s'est enclenché, en 1970, qui a connu des périodes de statu quo mais jamais de retour en arrière, même au moment, de loin le plus tendu des quinze dernières années, qu'a représenté l'installation des Pershing. Autrefois, les Soviétiques adressaient des signaux de mauvaise humeur, en réglant à volonté le débit des relations interallemandes. Ils n'ont plus aujourd'hui une maîtrise aussi facile du phénomène : la RDA a d'abord voulu en faire davantage vis-à-vis de l'Ouest que ne le souhaitaient ses protecteurs, puis, pétrifiée par les perspectives de la perestroïka, en faire beaucoup moins. Bien que sous tutelle, elle n'est plus un simple relais. D'où une situation étrange où les relations germano-soviétiques commencent à vivre à leur rythme propre, tout en continuant à déterminer l'atmosphère de la Mittel Europa.

Quand Willy Brandt a entrepris l'Ostpolitik, il s'adressait à une Union soviétique que la plupart des Allemands assimilaient à l'« empire du mal », suivant un mot cher à Reagan première époque. Le blocus de Berlin, les tensions Est-Ouest, le mur de Berlin, la répression dans les démocraties populaires : autant d'événements mis au passif de l'Union soviétique, alors que les États-Unis incarnaient la démocratie, le plan Marshall, l'opulence et la liberté, toutes valeurs miraculeuses aux yeux des Allemands de l'après-guerre. Aujourd'hui, le manichéisme n'est plus de mise. Les verts, les alternatifs et l'aile gauche du SPD ne sont pas seuls à voir l'Union soviétique avec les yeux de Chimène. Combien d'enquêtes d'opinion ne montrent-elles pas, depuis plusieurs années, une Union soviétique plus pacifique que les États-Unis, plus amicale et plus proche? Incroyable chassé-croisé entre les opinions publiques française et allemande, la seconde découvrant des vertus à l'URSS au moment même où la première perdait toute foi en elle! La République fédérale est ainsi devenue le seul pays d'Europe où l'Union soviétique est perçue de manière positive, alors que paradoxalement elle est encore à la merci de cette dernière. Les manifestations antiaméricaines sont légion; les attentats antiaméricains se font de plus en plus fréquents; l'antiaméricanisme prend la forme désormais rituelle d'une volonté d'isolationnisme culturel ou télévisuel. Mais à l'inverse, de quand datent le dernier mouvement de rue antisoviétique, le dernier attentat, la dernière philippique? L'URSS est *persona grata*, les États-Unis beaucoup moins. Avec cette toile de fond, le gouvernement fédéral a de plus en plus de mal à résister aux sirènes de l'Est. Il a fallu toute la maladresse brutale de Brejnev et Gromyko pour que, dans un ultime sursaut, le gouvernement Kohl accepte les Pershing et les Cruise. Conceptuellement opposé à la double option zéro, il n'a pas résisté longtemps à la pression d'une opinion publique impressionnée par le geste de paix de cette grande puissance pacifique que serait à ses yeux l'URSS! De même la triple option zéro, c'est-à-dire la dénucléarisation de l'Allemagne, répond aux vœux d'une population qui déteste le nucléaire et aime les Soviétiques : le gouvernement fédéral n'aura pas trop de l'aide de tous ses alliés, la France en premier, pour s'y opposer durablement. Nul ne s'est étonné du faible écho suscité en République fédérale par Tchernobyl : le plus antinucléaire des pays européens s'est le moins ému de la première vraie catastrophe atomique! Fallait-il une dose d'affection sans limites à l'égard des Ukrainiens et des Soviétiques! Quelles n'auraient pas été les réactions, si la catastrophe de Three Mile Island s'était produite à mille cinq cents kilomètres de Francfort?

Cette soviétophilie n'est pas l'apanage d'une opinion publique jeune et gauchiste. Personne n'y échappe. Ni les hommes politiques, qui y voient une condition du rapprochement interallemand. Ni les banquiers, qui trouvent en l'URSS le risque le plus sûr et s'apprêtent à lui faire des prêts à long terme gagés sur ses réserves d'or et de matières premières. Ni les industriels, qui aiment ce client, son sérieux, ses habitudes et sa manière de travailler. Ni les intellectuels, historiquement davantage intéressés par la vieille Russie que par l'exotisme américain. Ni les journalistes, les artistes, les écrivains. Ni les réfugiés qui, la rancœur effacée, regardent vers l'Est plus volontiers que vers l'Ouest.

Cet étrange sentiment avait même réussi à s'imposer du temps de Brejnev, Andropov ou Tchernenko, c'est-à-dire face à une Union soviétique gouvernée par des cadavres vivants. Autant dire que le charme du couple Gorbatchev exerce, par comparaison, de vrais ravages! Jusqu'où ira l'Allemagne envoûtée? Quel prix est-elle prête à payer? Que se passerait-il si l'Union soviétique ouvrait réellement la question allemande?

* *****

Aujourd'hui le mur de Berlin protège non plus l'Est de l'Ouest, mais l'Ouest de l'Est. Si demain M. Gorbatchev décidait sa destruction, le scénario serait évident. Quelques dizaines de milliers de réfugiés supplémentaires se précipiteraient en République fédérale, mais non des millions comme dans les années soixante, au moment où Khrouchtchev décidait sa construction. Combien d'entre eux, incapables de suivre les exigences de productivité occidentales, ne préféreraient-ils pas, à l'usage, revenir à l'Est? Pendant ce temps, la dérive allemande s'emballerait; les rêves d'unité se multiplieraient; les fantasmes se succéderaient et la République fédérale, sans crier gare, se finlandiserait : sans tambour ni trompette; sans drame ni traumatisme.

Face à cette dynamique de l'Histoire, l'Occident a été longtemps protégé par l'immobilité diplomatique soviétique. Une diplomatie de mouvement bouscule le jeu, déplacera un jour les symboles, fera bouger les lignes. L'Union soviétique de la perestroïka a les cartes en main.

4.

La ligne Maginot, bis

Dans cette partie, la France est paradoxalement un acteur majeur, bien davantage que ne le permettent sa puissance économique et son influence politique. C'est encore une grande puissance militaire, grâce au miracle de la force de frappe, et donc un vrai joueur. Disproportionné au regard de ses moyens, cet atout perd chaque jour de son importance. Non par obsolescence technologique, mais par absurdité stratégique. Le complexe Maginot a une nouvelle fois frappé. Par une ruse bien classique de l'Histoire, c'est le pourfendeur de la ligne Maginot, en l'occurrence le général de Gaulle, qui sert de caution et de référence à cette nouvelle ligne Maginot, c'est-à-dire la définition d'un sanctuaire national, seul à l'abri, à coup sûr, de notre force nucléaire. Les mêmes effets pervers se manifestent que dans l'entre-deux-guerres : l'illusion de la sécurité suscite le conformisme de la doctrine et celui-ci l'aveuglement face aux mutations en cours. Les vertus d'hier provoquent l'immobilisme d'aujourd'hui et l'immobilisme d'aujourd'hui les risques pour demain. A l'abri de cette illusoire ligne Maginot, la France laisse l'Allemagne dériver : elle n'essaie pas de l'arrimer en proclamant que Hambourg égale Strasbourg, et donc que le sanctuaire commence sur la frontière orientale de l'Allemagne occidentale. La République fédérale aurait ri, il y a vingt ans, de cette protection de pacotille, sûre comme elle l'était de la solidité du parapluie nucléaire américain; elle en aurait rêvé il y a dix ans, quand elle a senti les premiers indices du découplage. En veut-elle encore? Ne craindrait-elle pas de compromettre son retour au centre, et cette équidistance si profitable? Avec une révision stratégique aussi vitale, la France n'est pas sûre d'arrêter le cours de l'Histoire allemande; sans révision stratégique, elle ne l'arrêtera pas. Nous avons trois ou quatre ans pour utiliser cette dernière carte; les jeux, au-delà, seront définitivement faits.

La dissuasion du faible au fort mort-née

La force de frappe doit dissuader l'adversaire d'attaquer la France comme la ligne Maginot devait dissuader l'Allemagne de l'idée même d'une invasion. Les états-majors aiment les instruments de la non-guerre. Au moins peut-on espérer de cette ligne Maginot-là une plus grande efficacité. Mais à trop protéger la France, elle risque de l'isoler d'une Europe fluide et mouvante. N'a-t-on pas entendu certains stratèges expliquer que la France pourrait, de la sorte, rester à l'abri d'un conflit européen, telle une Albanie démocratique?

La doctrine n'a pas changé, depuis vingt ans : c'est la dissuasion du faible au fort. Elle se fonde sur une idée simple : en attaquant le faible, le fort risque des dommages si massifs qu'il renoncera à l'idée de payer la victoire de ce prix. D'où des trocs théoriques du style de la destruction de Leningrad et de Moscou contre la vitrification de la France entière! A ce jeu de l'horreur il n'existe pas de vrai gagnant, et nul ne peut prendre, dès lors, le risque du conflit. Cette doctrine s'est évidemment épanouie à l'époque du nucléaire rustique, c'est-à-dire des armes anticités. Des bombes peu précises pour des objectifs civils : telle était l'arme nucléaire, héritière à sa manière des grands bombardements de la dernière guerre, destinés à terrifier les populations et non à détruire des cibles militaires. Mais le décor a changé et la théorie refuse, comme souvent, de le reconnaître.

Quand la force de frappe est née, nul n'imaginait d'autre conflit que nucléaire et, compte tenu de l'état de la technique, d'autres objectifs que civils. La guerre conventionnelle jouait – hypothétiquement – le rôle des échanges de coups de feu entre sentinelles avancées dans les affrontements en dentelles du XVIIᵉ siècle; le nucléaire tactique existait à peine; la montée aux extrêmes était inévitable. Rien de

tel désormais : les progrès de la quincaillerie militaire ont
bouleversé le jeu. Les armes nucléaires à longue portée sont
plus précises, mieux ciblées, mieux dosées. Elles peuvent
s'attaquer aux seuls objectifs militaires de façon « propre » –
comme disent les militaires dans leur jargon à la fois cynique
et naïf – : quelques fusées soviétiques détruiraient ainsi le
plateau d'Albion sans tuer les bergers des alentours! Les
armes tactiques se sont raffinées, assurant une continuité
complète depuis le nucléaire le plus puissant jusqu'au
conventionnel. Des armes « intelligentes » sont nées dont le
mode d'emploi, bien que non nucléaire, s'apparente aux
armes tactiques. Enfin, avec la bombe à neutrons est apparu
un nucléaire de défense, alors que jusqu'à présent atome
rimait avec apocalypse et attaque. Destiné à détruire les
hommes et à préserver le matériel, cet instrument a certes
provoqué des réactions moralisatrices, comme si mieux
valait, à tout prendre, des bombes susceptibles d'annihiler
indistinctement les combattants, leur environnement et
toutes les contrées avoisinantes!
   Avec pour toile de fond de tels raffinements techniques,
toute une gamme de conflits est envisageable et l'attaque
nucléaire massive paraît, de tous, le plus improbable. La
guerre classique redevenue possible, le conflit atomique
semble, lui, presque impossible. C'est justement sa quasi-
disparition qui rend plausibles de nouveaux affrontements
militaires. Paradoxe insupportable : le nucléaire empêchait
la guerre; son effacement entrouvre à nouveau le risque.
   La situation n'a plus aucun point commun avec les années
soixante. Sans doute le nucléaire stratégique dissuade-t-il du
nucléaire stratégique, à la manière de la ligne Maginot qui
n'a pas dissuadé les Allemands de faire la guerre, mais seulement de l'attaquer de front. L'alternative était hier géographique : c'étaient les Ardennes et la Belgique; elle est
aujourd'hui technique : ce sont les nouvelles armes conventionnelles. Mais une fois le nucléaire mis hors jeu par le
nucléaire, les rapports de forces classiques reprennent leurs
droits. Et, dans ce contexte-là, le faible ne peut plus faire
chanter le fort. Le temps est terminé du troc shakespearien –
vitrification contre vitrification – dans lequel excellait le
général de Gaulle, grognant devant un ambassadeur soviétique menaçant : « Eh bien, monsieur l'Ambassadeur, nous
mourrons ensemble. » Dépassée par l'évolution technique, la

dissuasion du faible au fort exige un surcroît de nietz-schéisme de la part du chef d'État qui la manie. Il lui faut faire croire à sa détermination d'engager l'arme nucléaire dans le fil d'un combat classique, afin d'empêcher que les rapports de forces conventionnelles reprennent leur pri-mauté. Qu'exprimait d'autre François Mitterrand déclarant : « La dissuasion, c'est moi »? Moins la dissuasion dissuade, plus le détenteur du feu nucléaire doit impressionner. A un outil hors d'usage, une détermination hors de proportion!

La force de frappe n'est pas technologiquement dépassée, mais sa doctrine d'emploi l'est. Or, dans ce jeu, le plus conceptuel de tous, puisque dépourvu de preuve expéri-mentale, que représente désormais la stratégie, l'obsoles-cence doctrinale est plus menaçante que l'obsolescence tech-nique. La première se mesure; la seconde s'ignore.

Le sanctuaire existe-t-il?

Une philosophie du tout ou rien, telle que la dissuasion du faible au fort, ne se galvaude évidemment pas. Elle doit s'appliquer à l'essentiel, en l'occurrence en termes straté-giques au sanctuaire national. D'où une définition au départ incroyablement restrictive de la zone de défense nucléaire : le territoire national et lui seul! Ainsi la technique militaire conduisait-elle étrangement de Gaulle jusqu'à l'extrême limite de son nationalisme : la France redevenait une notion purement géographique, les frontières un concept physique, et l'intérêt national s'identifiait exclusivement à la volonté de résister à une invasion. Étrange alchimie qui mélangeait la technique et Maurras, le nucléaire et une conception de la nation venue du fond des âges! Dans un tel bouillon de culture devaient inévitablement naître les pires absurdités doctrinales. Ainsi de la doctrine Ailleret et de la « défense tous azimuts » : le sanctuaire était d'une essence tellement particulière que nul lien, nulle alliance n'existait et qu'il fal-lait le protéger d'une attaque américaine au même titre que d'une agression soviétique! La France était une île straté-gique et la force de frappe devait l'immuniser du monde extérieur. Dans cette optique, la présence de l'Armée rouge à l'entrée du pont de Kiel aurait paru insignifiante dès lors qu'elle se serait gardée de le franchir!

En réalité, la doctrine « tous azimuts » se déployait d'autant plus facilement que la France bénéficiait de la protection nucléaire américaine. La tentation était grande, à l'abri de la surpuissance américaine, de jouer le mimodrame de l'indépendance nationale la plus stricte. Protégée, la France tirait les dividendes de son autonomie apparente. Encore cette attitude supposait-elle une solidarité ultime avec les États-Unis face à un vrai danger : le Général ne l'a d'ailleurs jamais marchandée dans des circonstances graves. Ne fut-il pas le chef d'État le plus solidaire des Américains au moment des crises de Berlin et de Cuba, en 1961 et 1962? Mais si la toile de fond était atlantiste, l'apparence était hypernationaliste.

Cet isolationnisme absurde a évidemment fait long feu : il était contradictoire, même à l'époque du Général, avec son désir de mener une politique mondiale. Comment un pays qui se serait déclaré prêt à se fermer, telle une Albanie démocratique, aurait-il pu prétendre sans hypocrisie à une grande diplomatie? Les épigones pouvaient y croire, non leur maître. D'où la substitution, à l'idée du sanctuaire, de la notion d'intérêt vital. La France se déclare prête à engager ses forces nucléaires stratégiques dès que ses intérêts vitaux sont en jeu. Où commence l'intérêt vital? A Hambourg? En cas de coup de main sur la Grèce? Dans l'hypothèse d'une annexion de Berlin-Ouest? Personne ne le sait et ne doit le savoir. Aussi, afin d'occulter l'imprécision du concept, explique-t-on que le mystère est une composante clef de la dissuasion! Le halo nietzschéen qui imprègne le jeu nucléaire a rendu possible cette pirouette doctrinale : un démiurge décide de la vitrification de son pays, dans des conditions que lui seul connaît! Pouvoir fascinant de l'atome, qui admet l'opacité la plus complète pour l'acte le plus fondamental du président de la République, alors que la démocratie le contraint à une transparence totale sur tout le reste, du futile à l'essentiel!

L'intérêt vital règne ainsi depuis vingt ans sur la stratégie française. Débarrassé des scories de l'époque : chacun sait qu'il suppose un affrontement Est-Ouest. Délesté des naïvetés à la Ailleret : il est lié au destin de l'Allemagne. Précisé sur le plan géographique : il serait en jeu, à un moment donné, lors d'une bataille d'Allemagne! Mais ce bon sens progressif ne suffit pas. De déclarations implicites en remarques générales, l'idée se glisse de liens indissolubles entre la France et l'Allemagne. La France concernée par la « bataille de l'avant » du temps de Valéry Giscard d'Estaing, le réveil des relations militaires franco-allemandes lors du premier septennat de François Mitterrand, l'affirmation par Jacques Chirac que « la bataille d'Allemagne serait la bataille de France » : autant de jalons à la signification imprécise. Que les forces conventionnelles françaises interviennent, en cas d'agression contre la République fédérale : ce serait évident! Que les forces nucléaires tactiques soient utilisées, en guise de dernier avertissement suivant la doctrine officielle : certes! Mais que la France emploie sa force de frappe pour défendre l'Allemagne, et que le sanctuaire englobe son territoire : rien n'est moins sûr! Les stratèges français refusent un engagement atomique sur une frontière précise. Ils rejettent l'automaticité pour protéger la liberté de manœuvre du chef de l'État. Mais pourquoi, dans cette hypothèse, ce qui est bon pour le territoire allemand ne l'est-il pas pour le territoire français? Pourquoi Hambourg pourrait-elle être victime d'une telle flexibilité et non Strasbourg? Au nom d'une conviction qui distingue l'Allemagne, territoire allié, et la France, territoire sacré? Quel destin stratégique pour l'Europe, aussi longtemps que les pays membres ne paraîtront pas aussi sacrés les uns pour les autres que leur propre territoire? Un État ne peut se satisfaire d'une protection aléatoire : ainsi, la République fédérale se saurait-elle hypothétiquement défendue. Dans telle hypothèse : oui; dans telle autre : non. On ne bâtit ni une alliance, ni un rapprochement institutionnel dans le noir. Mal assurée à l'Ouest, du côté français et plus encore du côté américain, l'Allemagne fédérale a raison de garantir sa sécurité dans une politique d'équilibre au centre. Dans cette immense partie, la France a un joker, l'extension de sa garantie nucléaire à l'Allemagne : à force de le sortir sans le jouer, de le laisser voir sans l'assener, de le saisir à moitié, elle finira par le perdre, et le jour où elle le mettra sur la table, la partie risque d'être terminée.

Une fenêtre d'invulnérabilité

Le débat doctrinal suppose que l'outil soit encore en état de fonctionnement. Pour la thèse officielle, la réponse est évidemment oui. Tout marche, tout fonctionne, tout baigne dans l'huile, et notre force de frappe gagne chaque année en crédibilité. Pour les sceptiques, les indices négatifs s'additionnent : les forces aériennes n'ont aucune chance de percer les défenses adverses, le plateau d'Albion est à la merci d'une attaque préventive, et seuls les sous-marins nucléaires conservent leur efficacité, jusqu'au jour inévitable où des « avions renifleurs », cette fois vrais, permettront de les repérer. Sans doute ces sceptiques ont-ils tort à court terme et raison à très long terme. Aujourd'hui, le renforcement des fusées d'Albion, la multiplication des têtes nucléaires sur chaque sous-marin offrent à la France une « fenêtre d'invulnérabilité » : pendant quelques années, l'arme nucléaire sera à son zénith. Mais la partie se joue, technologiquement, vingt ans à l'avance, et de ce point de vue elle va trop vite pour nous, sauf à consacrer au nucléaire l'essentiel des ressources dévolues à la défense et donc à se libérer de l'illusion que, grande puissance, la France peut conserver à la fois une force de frappe, une armée conventionnelle et une capacité d'intervention outre-mer. Des arbitrages aussi drastiques ne se conçoivent que dans un cadre européen, seul à même de permettre un partage des ressources et des tâches à accomplir, mais là aussi, le préalable s'impose d'une clarification de la doctrine nucléaire française. L'Europe militaire ne se divise pas : d'un côté le nucléaire, privilège français dévolu à la défense de la France; de l'autre, le reste susceptible d'être unifié! Il ne faut pas prendre « les enfants du Bon Dieu pour des canards sauvages ». Comment imaginer que nos partenaires puissent accepter une telle hiérarchie des instruments, et donc des risques?

L'Histoire ne repasse jamais les plats. La dérive de l'Allemagne rend le débat urgent; la crédibilité actuelle de la force nucléaire française lui permet encore d'avoir lieu. Demain, il sera trop tard. Mais malheureusement le confort douillet du consensus condamne les Français à la cécité.

Le charme discret du consensus

Les Français sont tellement surpris de leur consensus en matière de défense qu'ils le préservent telle une relique, le regardent, le vénèrent, mais jamais ne le mettent en cause.

Ainsi s'est développé un véritable triptyque indépendance-autonomie-indifférence. L'indépendance comme objectif et comme fierté, l'autonomie comme principe d'action, et l'indifférence aux autres comme conséquence involontaire du tout! Depuis vingt ans, toutes les forces politiques françaises se sont ralliées au nucléaire, dans une course au brevet de meilleur gaulliste : les communistes n'ont pas été les derniers, farouches partisans du tout ou rien et de la doctrine Ailleret. Ce seul fait devrait au moins conduire à s'interroger sur le sentiment profond que les Soviétiques ont à l'égard du nucléaire français. L'indépendance à la française les gêne-t-elle, qui favorise par ailleurs la dérive de l'Allemagne? Aux côtés des communistes se manifeste la frange la plus archaïque et la plus maurrassienne du gaullisme, désireuse elle aussi de voir disparaître les armes tactiques et toute forme de riposte graduée qui s'identifie à un minimum de solidarité atlantique. Tous les autres endossent, à des nuances près, la doctrine officielle, son flou, ses ambiguïtés.

Ce consensus a des vertus. L'absence de pacifisme, en premier lieu : ni l'atome civil, ni l'atome militaire n'ont suscité de vrai rejet et les pouvoirs publics ont bénéficié en ces domaines d'un véritable blanc-seing de l'opinion. La disparition du débat, ensuite, entre nationalistes et internationalistes qui, de Briand à la CED, n'a cessé de secouer la France. La possibilité, enfin, de poursuivre une action de longue haleine à l'abri des querelles politiques. Mais à l'inverse, l'unanimisme est aussi une chape de plomb. Nul ne s'interroge sur le bien-fondé de la doctrine; nul n'ose en contester les prémisses; nul n'a le courage de s'exprimer à voix haute. Comme des fidèles silencieux devant l'autel, les responsables politiques se taisent à l'approche du tabernacle : le consensus. La France disserte, à perte de vue, sur 1992; elle ignore l'Europe stratégique par peur des tabous. Si l'Allemagne dérape, au moins débat-elle : les questions stratégiques remplissent les premières pages des journaux et le décompte des fusées est aussi familier que les scores des matches de football. Chez nous la réflexion stratégique demeure académique, et, cédant à un comportement d'abandon, les classes dirigeantes s'en remettent au démiurge, en l'occurrence le président de la République, pour décréter le bien et le mal, la bonne doctrine et la mauvaise. C'est le syndrome Maginot qui, une fois de plus, nous frappe. Mettre en doute le nucléaire est aujourd'hui un péché aussi grave que de s'interroger autrefois sur les mérites de la « Ligne ». Il n'existe d'ailleurs aucun colonel de Gaulle pour inonder de libelles quasi subversifs les hommes politiques, les fonctionnaires et l'establishment. Peut-être serait-il d'ailleurs encore moins entendu et l'armée moins bonne fille qu'en 1939 pour laisser une telle liberté de militer à l'un de ses brillants sujets...

Les contraintes budgétaires n'ont pas encore servi de juge de paix. Avec un budget militaire comparable à celui des autres pays européens – donc très inférieur aux États-Unis – en pourcentage du produit national, les Français ont réussi jusqu'à présent à maintenir, aux côtés du nucléaire, une énorme armée de terre fondée sur la conscription, des forces conventionnelles en apparence convenables, une marine présentable et des capacités d'intervention outre-mer, auréolées depuis dix ans du coup de main de Kolwezi. Les peintures s'écaillent dans les casernes; les pièces détachées manquent parfois; les chars hoquettent; les avions n'ont pas assez de carburant pour multiplier les missions; certains navires avancent au ralenti; une intervention au Tchad alourdit les comptes budgétaires. Mais l'ensemble fait encore suffisamment bonne figure pour n'appeler, dopé par l'unanimité nationale, aucune remise en cause brutale. Les illusions ne seront pas éternelles; seule la pression des faits et des chiffres obligera un jour à ouvrir à nouveau le débat : peut-être, ce jour-là, le consensus volera-t-il enfin en éclats.

D'ici là, il continuera à servir de paravent aux corporatismes militaires. Comme par hasard, la force nucléaire française inclut trois composantes qui correspondent aux trois armes : mer, terre, air. Comme par hasard, leur commandement suit les hiérarchies de chacune des armées. Comme par hasard, aucun travail technique n'a suggéré de solutions aux dépens de l'une ou l'autre armée. Les deux Grands ont certes les mêmes problèmes avec leurs corporations militaires, qui les ont conduits au principe des trois composantes. Mais la France a-t-elle les moyens de construire une micromaquette à partir de ce que font les superpuissances? Que d'alibis stratégiques, abrités derrière un précepte de bon sens – ne pas mettre tous ses œufs dans le même panier –, pour camoufler la capitulation du pouvoir politique devant les corporatismes militaires! Si l'armée était gérée en France comme ailleurs à l'instar d'une entreprise, comment croire qu'une révolution technologique et stratégique de l'ampleur du nucléaire n'aurait pas bouleversé les structures et l'organisation?

L'immobilisme connaît un triomphe absolu lorsqu'un consensus national et une logique corporatiste se renforcent l'un l'autre, et que les additions peuvent encore être honorées. D'où viendrait, en effet, le mouvement? Des hommes politiques? Ils ont plus à perdre qu'à gagner en se mettant en marge du consensus. Du lobby militaire? Il parvient cahin-caha à préserver ses objectifs; pourquoi bougerait-il? Des technocrates civils? Ils n'ont pas encore en main l'argument irrésistible de la paupérisation. Des médias? Ils ne s'intéressent guère à un sujet si peu mobilisateur. De l'opinion publique? Pourquoi sacrifierait-elle la quiétude psychologique qu'elle s'est fabriquée, à l'abri du consensus? Faut-il donc faire uniquement fond sur le « despotisme éclairé », dès lors que la stratégie relève d'un despotisme démocratique et que le despote est éclairé? En matière stratégique, l'an 2000 est déjà joué; c'est 2010 ou 2020 qui se décident aujourd'hui, c'est-à-dire la défense française, une fois disparue la fenêtre d'invulnérabilité de sa force de frappe. D'où viendront l'imagination et le mouvement pour une échéance aussi lointaine? Les politiques ne pensent pas aussi loin; seules les corporations le font, sûres de leur éternité. Mais pourquoi se prépareraient-elles des lendemains qui déchantent? Le drame du consensus est de rendre myope à court terme, aveugle à long terme.

Une cécité collective

La France croit qu'elle joue mieux ses atouts, en mimant les deux Grands. Ses forces se veulent en effet une réplique réduite des armées des superpuissances. Ainsi, avec dix à vingt ans de retard, l'armée française s'est-elle offerte la bombe A, la bombe H, les armes tactiques, et désormais rêve-t-elle de fusées antimissiles, voire de bouclier spatial. L'imitation commande la technique; la technique prédétermine la stratégie; la stratégie conforte les structures en place : la boucle est fermée. Ainsi les ingénieurs de l'armement ont-ils naturellement produit des armes tactiques à courte portée, les Pluton, avec une capacité d'action de cent quatre-vingts kilomètres, puis les Hadès, de trois cent cinquante kilomètres. Les Grands en possédaient, la technique était là, les crédits le permettaient : autant de raisons qui dispensaient d'une vraie réflexion stratégique. L'outil disponible, les stratèges se sont trouvés bien gênés : comment introduire une arme « nuancée » − faible puissance, petit rayon d'action − dans une dissuasion du faible au fort, c'est-à-dire une stratégie du tout ou rien? Il a fallu inventer le principe de l'« ultime avertissement » pour maintenir la cohérence apparente de la doctrine : le tir tactique, premier tir nucléaire, témoigne de la volonté présidentielle d'aller jusqu'au bout et annonce sa détermination d'engager, si besoin est, les forces stratégiques. Effets pervers du mimétisme : les armes tactiques sont pour les Soviétiques et les Américains des instruments du champ de bataille; elles sont devenues pour les Français un message dès lors que la doctrine de dissuasion refuse le principe même du conflit, et donc l'existence d'une bataille. Avait-on réfléchi avant de décider leur construction? A coup sûr, non : les militaires ne pensent pas davantage à l'usage de leurs armes, guidés comme ils le sont par la prouesse technique, que des ingénieurs aux débouchés commerciaux de leurs productions.

De même la bombe à neutrons est-elle, pour une puissance nucléaire moyenne, un atout. Elle renforce sa défense classique, repousse l'emploi des armes stratégiques, rassure les armées conventionnelles. Relativement peu coûteuse et peu complexe, elle offre certainement le meilleur rendement, en termes de coût/efficacité, pour un pays moyen. Les États-Unis y renoncent-ils, les Français se refusent à la produire en grande série. Les motivations des premiers n'ont pourtant rien de commun avec les intérêts des seconds : d'un côté, ce serait un instrument qui accentuerait l'engagement des forces américaines en Europe au moment où, sur la pointe des pieds, elles sont sur le point de se retirer; de l'autre, ce serait un moyen d'obliger plus sûrement les Français à défendre les Allemands. Qu'à cela ne tienne! Dans une logique corporatiste, la stratégie n'est pas fille de la politique; elle est un sous-produit de la technique.

Quant à la révolution spatiale, elle se glisse difficilement dans la stratégie française. A insister sur la naïveté, chez le président Reagan, de l'idée de guerre des étoiles, on dévalorise aisément le sujet. Certes, jamais un bouclier hermétique n'isolera complètement un territoire; jamais la guerre des étoiles n'aboutira à l'élimination du nucléaire; jamais, s'il existait à titre de protection des États-Unis, un tel système ne protégerait l'Europe. Mais ce constat lucide ne dispense pas de quelques autres évidences.

Première évidence : ayant transféré pour une fois à l'échelle de l'Europe les meilleurs aspects du colbertisme français, les Européens disposent d'un savoir-faire en matière spatiale. Ils ne suivent pourtant pas le chemin qui conduit d'un programme civil à une technologie militaire. Incapacité? Inaptitude? Nenni : l'organisation traditionnelle de l'armée, terre, mer, air, ne met pas de solides corporatismes au service d'une politique spatiale. Les satellites de renseignement se sont fait longtemps attendre, même si leur importance est autrement vitale que l'équipement de divisions blindées surannées. Les armes spatiales antimissiles déplaceraient les lignes budgétaires : à qui les attribuer dès lors qu'en termes corporatistes l'espace n'est pas un prolongement naturel de l'air et que l'armée de l'air n'y a pas droit? Elles ne sont donc pas une priorité. La réalisation de bases spatiales militaires sera essentielle dans vingt ans : elles ne sont pas au cœur du programme français. Ainsi, à l'inverse du mouvement technologique classique, qui fait des usages civils un dérivé du militaire, la politique spatiale européenne ajoute, de temps à autre, une préoccupation militaire à une ambition civile : ni plus, ni moins. Pourtant, outre ses vertus militaires, le spatial a, pour l'Europe, une portée diplomatique majeure : exclue par les traités de 1955 du jeu nucléaire, la République fédérale est libre de sa politique spatiale. Ainsi retrouverait-elle, en ce domaine, la liberté d'allure d'une grande puissance : atout irremplaçable en train de se perdre dans les sables.

Deuxième évidence : le mimétisme des Grands va se heurter à des limites financières. Sauf à accroître le poids des dépenses militaires au détriment de l'éducation ou des programmes sociaux, l'illusion va se dissiper. Les États-Unis et l'Union soviétique commencent à s'essouffler, et la France pourrait continuer de son côté un effort indifférencié au profit du nucléaire et du conventionnel, des armées de terre, mer et air, d'une armée de conscription et d'effectifs professionnels spécialisés... Impossible. Soit un retour de la croissance économique assure des recettes miraculeuses : exclu!

Soit nos partenaires, en particulier l'Allemagne, participent au financement de la force nucléaire, mais dans cette hypothèse, encore faudrait-il qu'elle soit destinée à leur sécurité autant qu'à la nôtre. Soit une hiérarchie s'impose, parmi les priorités, entre l'atome, les forces d'intervention outre-mer, et une armée de terre conventionnelle. C'est à l'évidence de ce côté qu'existent, en principe, de vraies économies. Ainsi d'une logistique et d'une organisation prévues pour la mobilisation, comme en 1914 et en 1940, de dizaines de divisions, alors qu'un éventuel conflit ne laisserait, chacun le sait, aucune place au rappel des réservistes. Ainsi d'un service militaire qui n'apporte à l'armée aucune des compétences requises par la guerre moderne, et dont la seule vertu est de garder hors des statistiques de chômage six cent mille jeunes. Ainsi de la constitution de divisions blindées, comme si les combats de chars représentaient l'affrontement le plus probable en l'an 2000. Ainsi d'un quadrillage du territoire par l'armée de terre, comme si elle avait le moindre risque de combattre aux quatre coins du pays. Ainsi de structures, d'effectifs, de matériels qui répètent le schéma des deux dernières guerres mondiales, comme si le nucléaire n'existait pas. L'armée de terre est à une politique moderne de défense ce que la sidérurgie est à une économie ouverte. Mais, sans compte d'exploitation ni déficits visibles à combler, la restructuration n'est pas pour demain. D'où viendront, dès lors, les économies? Des autres armes, aux personnels moins nombreux, et donc moins aptes au chantage corporatiste. Du nucléaire, dont les programmes sont ralentis sans l'avouer, et les choix faits à l'économie sans le confesser. De l'armée de terre, quand même, par un échelonnement des investissements, à défaut d'une réorganisation salutaire de l'existant. Quand l'État ne sait pas choisir, il rend pauvre de façon indifférenciée. La politique de défense s'étiole de ces alibis perpétuels, de ces faux-fuyants récurrents, de ce refus de trancher. La cécité risque d'être au pouvoir, par peur des corporatismes et du bistouri.

Troisième évidence : l'obsolescence technique menace. Ni à court, ni à moyen terme : la force de frappe française dispose même d'une courte fenêtre d'invulnérabilité, grâce à l'installation de fusées à têtes multiples sur les sous-marins, ce qui développe massivement sa puissance. Mais, à plus longue échéance, le risque est réel. Pour la composante

aérienne, au premier chef, à la merci de systèmes de défense
de plus en plus sophistiqués. Pour les fusées du plateau
d'Albion, ensuite, menacées par les armes antiforces des
Soviétiques. Pour les sous-marins mêmes, qu'on finira bien
par savoir détecter. Les Supergrands connaissent évidemment la même situation mais, pour des raisons statistiques,
l'ampleur de leur panoplie limite le risque. Davantage
d'armes, c'est autant de chances en moins de les imaginer
toutes détruites! La perspective lointaine de l'obsolescence,
fût-elle certaine, ne doit pas conduire à l'inhibition, mais elle
pose le décor. Elle devrait être à la stratégie ce que la mort
est à un écrivain : la limite, mais aussi l'instrument. Démunis
dans vingt ans de nos atouts, nous devons les abattre d'autant
plus fort aujourd'hui et jouer notre force nucléaire de façon
à maximiser ses effets politiques. C'est évidemment l'Allemagne le point de mire, et la défense de l'Europe l'*ultima
ratio*. Quant aux efforts sans cesse remis sur le chantier pour
éviter l'obsolescence, ils supposent des priorités. A force de
ne vouloir être dépassé nulle part, on risque d'être dépassé
partout. Aux experts d'indiquer les domaines où la course
reste ouverte. Aux politiques de les choisir. L'allocation
indifférenciée de moyens de plus en plus insuffisants est à
elle seule une condamnation.

Quatrième évidence, aux allures iconoclastes : la concentration de l'effort militaire sur le nucléaire rendra de plus en
plus difficile l'entretien d'une force d'intervention outre-mer
de qualité. Sans capacité militaire de les défendre, quel sera
l'avenir des départements et plus encore des territoires
d'outre-mer? Soumis à des pressions locales, contestés de
l'intérieur, attaqués au nom des vieilles ritournelles anti-
colonialistes, ils deviendront vite un fardeau inutile pour la
métropole. Grande puissance européenne, la France n'a plus
les moyens d'être une petite puissance coloniale. Puissance
coloniale, elle aura encore moins la possibilité d'être une
grande puissance européenne. Choisir trop tard, c'est ne pas
choisir; et nuire à la double ambition, européenne et mondiale. Au nom de leur stratégie européenne, les pouvoirs
publics devraient se pénétrer de la conviction qu'il leur faudra, un jour lointain, se séparer de l'outre-mer : il n'est
jamais trop tôt pour se préparer à décoloniser, l'expérience
l'a prouvé. Vue à cette aune-là, la marine a évidemment de
moindres besoins. Des garde-côtes pour intercepter des trafi-

quants de drogue; des remorqueurs pour dégager les che-
naux en cas d'accident; quelques navires d'opérette pour les
revues... Rien de plus, rien de moins, et l'essentiel des
moyens serait concentré sur les sous-marins nucléaires. La
Polynésie contre la défense européenne : telle est caricatu-
ralement l'alternative.

Cinquième évidence : les forces conventionnelles terrestres
n'ont, pour la France, qu'une fonction de sonnette d'alarme
avant l'emploi des armes nucléaires. Si le nucléaire tactique
constitue l'ultime avertissement, l'emploi des armes classiques est une première mise en garde. Tout concourt à la
réapparition du risque de conflits conventionnels, sans
recours au nucléaire : la transformation des armements,
l'évolution des doctrines, le changement des mentalités. La
France n'a pas les moyens de s'engager sur ce terrain et de se
doter d'une armée classique hors de pair, sauf à arrêter son
effort nucléaire. Aux autres qui ne sont pas dotés d'armes
atomiques de se donner de vrais moyens conventionnels,
l'Allemagne au premier chef. A la France de maintenir des
forces de qualité en Allemagne et de se bâtir une première
réserve dans l'Est, qui assurent le couplage avec le nucléaire,
au nom du même principe qui voyait les GI's en République
fédérale garants d'une intervention américaine. Pour le surcroît, la dépense est inutile. A force de sanctifier notre force
de frappe, il faudra un jour en tirer les conséquences et lui
subordonner toutes les autres missions de l'armée. Le
nucléaire s'est greffé sur une défense traditionnelle et routi-
nière. Il serait temps, après un quart de siècle, de remettre
l'armée sur ses pieds – comme d'autres la dialectique – : le
nucléaire comme fondement, le reste comme servant, et le
superflu par-dessus bord.

Sixième évidence : chaque grande puissance a besoin d'un
aggiornamento en matière de défense. Les Soviétiques, parce
qu'ils perdent sans cela tout espoir d'améliorer l'économie
civile. Les Américains, parce qu'ils doivent enfin solder le
déficit des finances publiques. Les Français, surtout, parce
que eux risquent de sortir, contre leur gré, du jeu s'ils ne hié-
rarchisent ni leurs objectifs, ni leurs moyens. D'où une
urgence plus grande, une contrainte plus forte. Or, les
conversations sur le désarmement entrepris par les deux
Grands distillent une anxiété et une tentation, l'une et l'autre
abusives. Anxiété de voir la force de frappe mise, **contre**

notre volonté, au pot des réductions de l'arsenal occidental :
la fermeté tient lieu de réponse; nul ne peut engager la
France de force. Les États-Unis n'en ont ni les moyens, ni la
volonté; l'Union soviétique encore moins. Tentation d'imaginer la crédibilité de notre stratégie s'accroître au fur et à
mesure de la diminution des armements des deux Grands,
par un effet de vases communicants. Ainsi convaincus que
notre dissuasion se renforce, les politiques seront encore
moins désireux d'entamer des arbitrages douloureux, des
coupes sombres brutales, et un lancinant combat contre les
pesanteurs intellectuelles et les corporatismes bureaucratiques. Si désarmement relatif il y a, il offre au contraire une
formidable opportunité pour la France. Mener cet aggiornamento n'est plus une obligation de survie, face à un environnement de plus en plus contraignant; c'est un moyen
d'accroître la crédibilité de la force de frappe, et donc sa
valeur stratégique.

Septième évidence, *last but not least* : la force de frappe
n'est pas un instrument militaire; c'est un outil stratégique et
diplomatique. C'est vrai, en temps de paix, de toute arme, et
a fortiori du nucléaire. Celui-ci n'est-il pas ontologiquement
un moyen de non-guerre? Ne se conçoit-il pas exclusivement
pour empêcher la guerre? D'ailleurs comment pourrait-il
être un moyen de guerre, dès lors que le conflit nucléaire est
par nature impensable? L'impensable ne se programme pas :
n'oublie-t-on pas trop souvent cette vérité d'évidence, dans
cette « bataille navale » pour adultes à quoi ressemble la stratégie nucléaire? Dans ces conditions, il est impératif de survaloriser la doctrine d'emploi de la force de frappe, afin
d'obtenir les meilleures retombées politiques. D'où la tentation de jouer aux limites, c'est-à-dire d'aller peut-être même
au-delà de ce que la crédibilité technique autorise, alors que
la philosophie française de la dissuasion se situe en deçà, en
se limitant explicitement à une conception trop restrictive
des intérêts vitaux. C'est le propre des vrais stratèges : faire
bouger les lignes de force avec de rares cartes en main. Imagine-t-on un de Gaulle au meilleur de sa forme, comme du
temps où il faisait reculer Roosevelt par ses grognements de
mauvaise humeur, décidé à utiliser la force de frappe tel un
moyen politique de faire l'Europe? Le bluff s'ajouterait au
psychodrame; le psychodrame à l'invocation; l'invocation au
cynisme. Quelle superbe carte pour un joueur habitué à

gagner des parties sans atout! Aujourd'hui, jouer au-delà des limites, ce serait assumer le seul objectif qui vaille : la force de frappe française comme allumette pour obliger les Américains au couplage!

Finlandisation ou allumette?

La force de frappe française a deux destins possibles. Accélérer la finlandisation de l'Europe, la dérive de l'Allemagne et l'édification de cette « maison commune » chère aux Soviétiques dès lors qu'elle sera coupée des États-Unis. Constituer l'allumette, dans un conflit en Europe, qui obligerait les Américains à intervenir, sauf à les imaginer devenus une puissance régionale indifférente à l'emploi d'armes nucléaires stratégiques quelque part dans le monde. Cette alternative n'est pas fantasmagorique. Elle se lit, à livre ouvert, dans le double discours que l'Union soviétique tient à la France. D'une part, un clin d'œil de puissance nucléaire à puissance nucléaire, une flatterie du style « nous sommes les seuls acteurs nucléaires, vous et nous, en Europe » : ce message s'adresse évidemment à la France du sanctuaire national. Aveu, s'il en était besoin, de l'intérêt des Soviétiques pour cette doctrine-là, dès lors que, voulant l'influence sans la guerre, ils ne susciteront jamais la dissuasion du faible au fort. D'autre part, une volonté de compter les forces françaises au titre de l'arsenal occidental, hier et en vain comme forces nucléaires intermédiaires, aujourd'hui comme forces nucléaires stratégiques, afin de conduire les États-Unis à multiplier les pressions sur la France pour qu'elle réduise son armement atomique, parallèlement à leur propre effort de désarmement. Faute d'un tel parallélisme, les Américains seraient obligés de prendre sur leurs propres contingents la réduction initialement dévolue à la France. Dans ce schéma-là, les Soviétiques partent d'un postulat simple : les forces françaises peuvent servir de forces nucléaires avancées de l'Occident et assurer, par leur mise en jeu, le couplage avec les forces stratégiques américaines. Du temps où le Kremlin était gouverné par des morts vivants, le double message ressemblait, sans finesse, à une carotte et à un bâton. La carotte de l'amitié, pour pousser les Français à persévérer dans le mythe du sanctuaire national. Le bâton du décompte, pour les dissuader de jouer les garants en second de l'alliance atlantique. Avec Gorbatchev, le discours est plus ambivalent : il a évidemment perdu de son manichéisme cynique. Mais, malgré des figures de rhétorique plus sophistiquées, la double lecture, elle, demeure. Ne constitue-t-elle pas la meilleure définition de nos options, au nom du vieux principe militaire qui permet de lire notre choix stratégique, dans l'analyse que fait de nos propres moyens l'adversaire?

Ainsi la stratégie de l'allumette donne-t-elle à la France les attributs d'une puissance mondiale, alors que la sanctuarisation est une posture de puissance régionale. Quels sont aujourd'hui les enjeux? Le sentiment dominait, jusqu'à Gorbatchev, que les Soviétiques recherchaient à long terme la victoire sans la guerre, ou au pire la victoire avec une guerre classique, en dessous du seuil nucléaire. Aujourd'hui ils visent sans doute l'influence sans la guerre. Difficile aussi longtemps que tout conflit risquait de déboucher immédiatement sur un affrontement nucléaire, cette stratégie gagne en crédibilité au rythme d'une évolution technique qui rend de plus en plus plausible le retour des conflits conventionnels. Tout ce qui élimine désormais le « poker atomique » favorise les Soviétiques; philosophie du tout ou rien, la dissuasion à la française laisse ouvert le champ des affrontements partiels, des coups de main, des batailles conventionnelles, et surtout des menaces virtuelles : elle ne les freine ni ne les bloque. D'où la prédilection que lui vouent les Soviétiques! Ainsi se profile à l'horizon, si nous persévérons dans la stratégie du sanctuaire national, un double risque : celui d'une France isolationniste et d'une Allemagne recentrée. Elles constituent, l'une et l'autre, l'avers et le revers d'une même réalité. Ainsi se mettrait en place, au nom du gaullisme, une réalité à rebours des fondements sur lesquels de Gaulle avait bâti sa conception de la force nucléaire. Oublie-t-on que prévalaient à l'époque trois principes? Toute guerre débouchait presque immédiatement sur un affrontement nucléaire; la supériorité américaine garantissait le couplage; naturellement protégée, la France pouvait utiliser sa force de frappe comme un instrument d'autonomie politique. Dans ce contexte, la sanctuarisation avait une « rentabilité politique » qu'aucune autre doctrine n'aurait offerte. Une stratégie plus atlantiste aurait ressemblé à la philosophie britannique de défense : la Grande-Bretagne a-t-elle, à cette époque, tiré le moindre avantage politique de la possession de l'arme nucléaire ? Supplétifs des États-Unis, les Britanniques ont connu cette situation bizarre où la puissance militaire ne sécrétait aucune influence politique. Rien de commun avec la France, qui a survalorisé une force de frappe pourtant plus faible à l'époque que son équivalent britannique : quel talent pour faire semblant d'oublier que nous étions protégés et pour finir, sans doute, par l'oublier !

Aujourd'hui prisonnière de ses relations avec les États-Unis, la Grande-Bretagne est une fois de plus pieds et poings liés. Mettre sa force nucléaire au service de l'Europe rétablirait un couplage avec les États-Unis sur lequel elle aurait besoin de leur accord préalable ! Pourquoi ceux-ci accepteraient-ils que l'emploi des armes atomiques britanniques entraîne automatiquement leur engagement nucléaire, alors qu'ils se sont refusés à donner cette assurance pour leurs propres forces intermédiaires ?

La France, elle, a en revanche les moyens du couplage forcé. Elle a en main l'allumette qui pourrait embraser la planète, puisqu'elle pourrait obliger les Américains à intervenir. Elle possède donc un joker. A elle de l'utiliser. Ceci suppose qu'à un contexte différent corresponde une doctrine différente. C'est d'ailleurs le propre d'une stratégie de mouvement. De Gaulle aurait peut-être conduit à la hussarde une telle volte-face, au lieu du mouvement à pas comptés entamé depuis plus de quinze ans. La philosophie du couplage forcé repose sur trois principes.

La force de frappe oblige, en premier lieu, les Américains à intervenir avec leurs forces stratégiques. Ils ne peuvent devenir une Suisse géante étrangère à un conflit thermonucléaire majeur en Europe. Malgré le retour de l'isolationnisme et le basculement des intérêts vers le Sud et l'Ouest, l'Europe vaut encore une messe. On peut imaginer les États-Unis en retrait à l'occasion d'un conflit classique sur le territoire allemand, quitte à sacrifier les GI's... et leur honneur. On ne peut les voir spectateurs d'un affrontement nucléaire apocalyptique où s'échangeraient des territoires vitrifiés. Les dégâts secondaires, les nuages irradiés, les conséquences imprévisibles, l'impensable en un mot, en feraient un acteur forcé : ils ne pourraient rester au balcon, pendant un tel cataclysme. D'où, contrairement à la doctrine classique, la capacité pour la France de compter, contre vents et marées, sur son grand allié. Ce serait d'ailleurs, poussé au paroxysme par le nucléaire, le retour d'un vieux principe historique : la paix conduit les États-Unis à l'isolationnisme; la guerre les ramène, contre leur gré, à l'interventionnisme.

Mais l'allumette, aux mains des Français, ne vaut pas pour la seule défense du territoire national. Une France autonome et absente d'un conflit européen se serait mise dans la seule hypothèse où l'allumette ne flamberait pas. Son propre isolationnisme serait le gage de l'isolationnisme d'autrui, et en particulier des Américains. A établir des frontières entre la guerre classique et la guerre nucléaire, entre le territoire de ses alliés et le sien, elle créerait les principes mêmes qui se retourneraient dans une telle hypothèse contre elle. Le couplage ne se divise pas. Les Français disposent de l'allumette en la mettant en jeu au profit de l'Europe occidentale entière : celle-ci constitue leur espace nucléaire, et non le seul hexagone.

Employer la force de frappe comme une allumette pour coupler Europe et États-Unis pousse obligatoirement à déplacer notre frontière nucléaire du Rhin à l'Elbe. L'espace franco-allemand devient une seule réalité, en termes militaires. Non seulement dans l'hypothèse d'une bataille conventionnelle, comme l'avait indiqué le gouvernement Chirac. Non seulement pour la mise à feu des armes nucléaires tactiques, comme le laisse entendre la doctrine française depuis une dizaine d'années. Non seulement pour le cas où nos intérêts vitaux se seraient, sans crier gare, déplacés aussi vers l'Est. Mais dans tous les cas de figure : sans restrictions ni conditions. Ce ne serait pas une percée conceptuelle : chacun le pense, nul ne le dit. Mais l'explicitation stratégique n'est jamais neutre : une fois énoncée, une règle n'est plus réversible. Pourquoi aujourd'hui la taire? Afin de ménager un minimum de souplesse dans la manœuvre au président de la République, dit-on... Qui peut le plus peut le moins. Dessiner une ligne de défense n'a jamais signifié se faire tuer sur ce lambeau de territoire : le retrait est toujours possible, le recul justifié, la diversion reconnue. L'Histoire est pleine de ces frontières militaires intangibles et si souvent changées. Qu'en est-il, a fortiori, des lignes jamais définies? Elles sont encore plus aléatoires : militairement incertaines, et stratégiquement nulles. A établir de la sorte sa frontière nucléaire, que risque la France?

Rien : la flexibilité demeure. A rejeter cette notion, que gagne-t-elle? Rien : elle crée le vertige stratégique qui pousse l'Allemagne au centre. Avec l'Elbe pour frontière, la révolution n'est pas seulement nucléaire. Tout est en jeu : la fusion des forces conventionnelles, le partage des armements, la répartition des tâches, l'unité de commandement. Que de gammes et de réflexions autour de ces évidences! La plus achevée, le plan Schmidt, envisage une spécialisation naturelle, le nucléaire à la France, le conventionnel à l'Allemagne, une contribution financière de la République fédérale à la modernisation de la force de frappe, et enfin le commandement intégré pour la France dès lors qu'est en jeu l'emploi de l'arme ultime : le nucléaire en effet ne se délègue ni ne se partage. A la politique des petits pas, réactivation de l'Union de l'Europe occidentale, instauration du Conseil franco-allemand de défense, manœuvres communes, efforts balbutiants pour standardiser les équipements, doit s'ajouter un acte hautement politique : assumer la défense de l'allié comme la sienne propre. L'Europe ne peut plus attendre : les avancées militaires franco-allemandes retardent sur le rythme auquel l'Allemagne dérive et les États-Unis s'isolent. Il est minuit moins cinq...

* ***

La France a le choix et sa décision, pour une fois, la dépasse. D'un côté la pérennité de la vulgate gaulliste, le culte du sanctuaire national, une vision étriquée de l' « intérêt vital », une concupiscence naïve à traiter avec l'Union soviétique de puissance nucléaire à puissance nucléaire, un refus de la solidarité nucléaire, une incompréhension de l'évolution allemande, la ligne de plus grande pente des corporatismes militaires, le refus d'arbitrages budgétaires drastiques, en un mot les pesanteurs en action : une ligne Maginot bis. De l'autre, la perception à long terme de l'obsolescence technique, la volonté de valoriser l'atout nucléaire, l'acceptation d'une hiérarchie des moyens et des priorités, la tentation de constituer le dernier maillon atlantique, la politique de l'allumette, la frontière nucléaire sur l'Elbe, l'imbrication militaire croissante avec la République fédérale. D'un côté, un conservatisme qui accélère le passage d'un équilibre atlantique à un déséquilibre continental. De l'autre, une tentative désespérée, un pari de Pascal stratégique pour bloquer cette évolution. D'un côté, la seule position toujours perdante : l'immobilité. De l'autre, la seule stratégie qui vaille pour une puissance moyenne : le mouvement. L'alternative n'est évidemment pas aussi manichéenne : la France s'est d'ores et déjà affranchie du concept de sanctuaire national; elle n'ira jamais jusqu'à une communauté complète de destin stratégique avec la République fédérale. Mais une inflexion brutale vers la stratégie de l'allumette peut être le grain de sable qui fait déraper l'Histoire, au moment où celle-ci penche naturellement vers une Europe stratégique, de l'Atlantique à l'Oural, qui, sous couvert d'amitié et de réciprocité, laissera poindre une influence soviétique, lointaine et aimable, distante et attentive, polie et possessive. A moins, certes, que le grain de sable ne vienne involontairement de l'Est...

5.

A l'Est, du nouveau?

La complexité a changé de camp. L'Occident, sophistiqué et mouvant, était imprévisible, l'Union soviétique dictatoriale, simple et éternelle. Ses objectifs semblaient intangibles : héritée de la vieille Russie, la volonté d'atteindre les mers chaudes; né du schisme chinois, le fantasme d'une politique de « containment » à l'Est; mélange, enfin, d'une ancienne aspiration russe et d'une ambition bolchevique, l'obsession de séparer l'Europe occidentale des États-Unis. Chacun semblait vivre, jusqu'à présent, dans un espace-temps différent. A l'Ouest, une démocratie vibrionnante, une opinion publique possessive, la dictature de l'immédiat : la plus chaude des sociétés, au sens où Lévi-Strauss les distinguait des sociétés froides. A l'Est, une omniprésence bureaucratique, une tyrannie idéologique, une immobilité institutionnelle : en un mot, la plus froide des sociétés. Dans cet univers-là, le temps était devenu une variable clef de la stratégie. Il était à l'âge nucléaire ce que l'espace était à l'âge conventionnel : une profondeur, une pesanteur, une fatalité. A long terme, l'Union soviétique pouvait paraître gagnante avec la même évidence que de voir, dans le passé, ses steppes et son immensité protéger la Russie de Napoléon, puis elle-même des armées hitlériennes. Tout paraissait joué : le retrait inéluctable des GI's, le pivotement de l'Allemagne sur elle-même n'étaient-ils pas programmés par la lancinante pression soviétique?

Advienne Gorbatchev, et le pire n'est plus sûr. La sainteté n'a évidemment pas frappé l'Union soviétique, et ses ambitions n'ont pas été reléguées au magasin des accessoires. Mais l'aléa et le risque sont passés de l'autre côté. Malgré ses tiraillements internes et une dérive des continents dans le domaine stratégique qui éloigne l'Amérique de l'Europe, l'Occident semble désormais le plus stable des deux acteurs. Ses dissensions sont connues, leur rythme maîtrisé, les à-coups interdits. Des forces sont à l'œuvre, aux États-Unis et en Allemagne; des opinions publiques se sont mises en mouvement; des consensus stratégiques sont remis en cause. Le dérapage semble contrôlé, la direction évidente, les échéances perceptibles. L'Occident est lisible. Le monde soviétique, lui, ne l'est plus. Les sceptiques se font de plus en plus rares, qui continuent de proclamer que rien ne se passe en Union soviétique. Les naïfs, eux, sont de plus en plus nombreux à rêver que le monde communiste a viré bord sur bord et à le voir en grande puissance pacifique, avec la même juvénilité que leurs prédécesseurs signant l'appel de Stockholm. Les stratèges sont désorientés, qui ne se font pas à une diplomatie de mouvement de la part des plus grands experts en immobilité. L'Union soviétique est en un mot devenue imprévisible.

Jusqu'où ira la perestroïka? Quel mouvement entraînera les démocraties populaires? L'évolution intérieure bouleversera-t-elle la stratégie? Les dérapages stratégiques seront-ils, au contraire, le prétexte d'un retour en arrière? Autant d'interrogations qui conditionnent, évidemment, l'évolution de l'Europe et le passage d'un équilibre atlantique à un déséquilibre continental : elles n'appellent de réponses qu'en forme de scénarios. Brossés à grands traits, ceux-ci sont au nombre de trois. La poursuite, en premier, de la libéralisation dans l'ordre : les ambitions de l'URSS se perpétuent et la dérive occidentale s'accélère à force de se laisser prendre à des changements en trompe l'œil. Le retour à l'ordre ancien, en deuxième, à la suite d'un accident incontrôlable : sa brutalité pèserait sur l'atmosphère en Occident, et la dérive stratégique s'en trouverait ralentie, même si rien ne peut plus en inverser le cours. L'accélération, en dernier, d'une ouverture créant une dynamique incontrôlée : une nouvelle Europe se dessinerait vraiment de l'Atlantique à l'Oural; elle n'aurait plus rien d'un protectorat civilisé; l'ordre serait plus que jamais continental et non plus atlantique, mais les facteurs de déséquilibre au profit des Soviétiques se seraient mués en authentiques forces d'équilibre. Au jeu des scénarios très typés répond le goût du pronostic. De notre côté, nous jouerons notre mise sur le « rouge » : les aléas soviétiques infléchissent le rythme de la dérive continentale; ils ne la remettent pas en cause.

Hier, tout était simple...

Depuis 1945, la politique de l'Union soviétique répondait vis-à-vis de l'Europe à un objectif exclusif : lui imposer sa domination, en l'incluant dans un système de sécurité contrôlé par Moscou et en organisant les échanges économiques en fonction de leurs intérêts de puissance hégémonique. D'où une obsession : pousser les États-Unis hors d'Europe. D'où, en revanche, des positions fluctuantes sur l'unité européenne : de l'hostilité, aussi longtemps que celle-ci semblait aller de pair avec un renforcement de l'alliance américaine, à la sympathie, dès que se profilent les prémices d'un « gaullisme européen » et peut-être d'une bouffée de neutralisme. D'où une tentation permanente de tourner l'Allemagne par la France, la France par l'Allemagne, afin d'être toujours en phase avec le plus anti-américain du moment. D'où la flatterie permanente pour toutes les velléités d'indépendance à l'égard des États-Unis : de l'accord de Gaulle-Staline de 1945 à « la détente, l'entente, la coopération » de 1966; de l'Ostpolitik de 1970 aux appels du pied à la République fédérale ces dernières années. D'où, enfin, une utilisation habile des échanges économiques à travers une distribution guère innocente des grands contrats.

Les Soviétiques n'ont sans doute jamais eu l'intention de parvenir à leurs fins par la guerre. Au début parce qu'ils étaient en position d'infériorité; ultérieurement parce que la parité stratégique génère, à trop jouer avec le feu, d'immenses risques; récemment parce qu'ils n'ont plus besoin d'aller jusqu'au conflit... La force est essentielle pour maintenir la discipline dans les démocraties populaires; l'ombre de la force suffit en revanche à tétaniser les démocraties occidentales. L'Union soviétique a toujours su qu'une supériorité militaire théorique suffisait à gagner la partie, les divisions et les inhibitions de l'alliance atlantique se chargeant, dans ce contexte, du reste... La guerre devient dès lors inutile, puisque ses conséquences peuvent être anticipées à blanc, sauf le risque minime de voir les Européens de l'Ouest prétendre résister, dans un sursaut tardif, aux pressions de Moscou.

Contrairement aux Français, les Soviétiques ne se sont pas laissé hypnotiser par la conception la plus radicale de la dissuasion nucléaire, c'est-à-dire la plus théorique. Ils prennent la guerre au sérieux et, si elle devait avoir lieu, ils entendent la gagner. Ils savent aussi qu'en s'y préparant, ils augmentent du même coup les chances d'une modification de la situation en leur faveur. Aussi ont-ils bâti à cette fin l'idée dans leur jargon de « statu quo dynamique », expression parlante s'il en est : être le plus fort et ne pas bouger suffisent à assurer la victoire. L'immobilité est à cette stratégie ce que le vide a été aux vieilles tactiques russes de survie. Ce pari sur la puissance immobile colle parfaitement à l'objectif : dominer sans occuper. Si l'Union soviétique rêvait de transformer les pays d'Europe occidentale en pays frères et satellites, elle ne pourrait faire l'économie ni de la conquête, ni de l'occupation. Mais avec pour points de mire la domination sans l'occupation et l'influence sans l'annexion, l'ombre portée de la force suffit.

La menace insidieuse exige, pour jouer à plein, un avantage conventionnel massif et une dénucléarisation du continent européen. La pensée militaire soviétique semble avoir sur le premier point beaucoup évolué : elle ne se contente plus d'aligner des divisions, des chars, des avions, en nombre incomparablement supérieur à ceux des Occidentaux; elle les intègre dans une stratégie de mouvement fondée sur la surprise, la rapidité d'exécution et l'encerclement : celle-ci suppose la capacité d'imposer sur tel ou tel maillon clef un rapport de forces de cinq à un. Le risque est grand, dans cette approche, de voir les armes nucléaires tactiques occidentales désorganiser des plans de bataille sophistiqués et constituer de la sorte une grave menace pour les Soviétiques. Le temps n'est plus à des affrontements frontaux massifs et statiques, susceptibles d'aggraver, par leur durée même, l'éventualité d'une montée aux extrêmes nucléaires. Ainsi s'ajoute pour l'URSS à une volonté stratégique la nécessité tactique d'obtenir la dénucléarisation de l'Europe. La première option zéro favorisait le découplage; la deuxième le garantit; la triple option zéro effacerait tout risque nucléaire du champ de bataille conventionnel. Espace nucléaire, l'Europe occidentale peut être défendue; espace conventionnel, elle est défaite sans combattre.

Les Soviétiques n'ont eu de cesse d'obtenir le retrait des forces à moyenne portée américaines d'Europe occidentale. Seule leur maladresse a abouti en 1983 à l'effet inverse, avec l'implantation des Pershing et des Cruise. Les gérontes qui régnaient alors au Kremlin voulaient bloquer cette installation par le simple effet de leurs propos menaçants. Leurs successeurs, eux, ont compris qu'il fallait habiller une concession vers laquelle tendaient naturellement les États-Unis d'une contrepartie cosmétique. Il n'en a pas fallu davantage et la double option zéro a reçu un accueil enthousiaste, comme si l'on pouvait mettre sur le même plan un retrait américain, à maints égards irréversible, et un recul soviétique, à tout moment réversible.

Le piège a parfaitement fonctionné, M. Gorbatchev obtenant par la finesse et le mouvement ce que ses prédécesseurs n'avaient pu gagner par leur vulgarité brutale. Reste maintenant à parachever la manœuvre avec la triple option zéro, c'est-à-dire l'élimination des armes nucléaires tactiques à courte portée. Les Occidentaux mesurent encore aujourd'hui l'état de déshérence militaire dans lequel, dans cette hypothèse, ils tomberaient. Mais, comme par hasard, la triple option zéro aboutirait à dénucléariser l'Allemagne fédérale, alors qu'elle est aujourd'hui la seule sous la menace des armes nucléaires à courte portée encore en place en Europe. Le pacifisme allemand s'est mis à nouveau en campagne, qui place en position défensive les hommes politiques de la République fédérale, peu portés pour l'instant à valider cette évolution. Le vertige devrait en effet saisir tout esprit raisonnable à la perspective d'une Europe occidentale dénucléarisée, à la seule exception d'une force de frappe française empêtrée dans une doctrine de plus en plus inadaptée. Mais la partie risque de se reproduire sur la triple option zéro, qui avait vu sur la double option se renforcer mutuellement les propositions soviétiques de désarmement et la pression des pacifistes occidentaux.

La stratégie soviétique se lit, depuis trente ans, à livre ouvert. Avec ses objectifs, ses obsessions, ses maladresses de forme et aussi ses limites. Ne fantasmons pas sur l'intelligence de l'adversaire : il mène une action simple, avec des moyens et une philosophie simplistes. Les volte-face n'étaient pas jusqu'à présent son fort. Ainsi de sa manière de jouer, mezza voce, la carte allemande. Moscou a certes compris, depuis quinze ans, qu'à multiplier les adhérences à l'Est de la République fédérale elle accélère le découplage avec les États-Unis. Mais malgré l'avantage qu'elle retire à chaque fois que la République fédérale se veut moins occidentale et plus allemande, elle n'a jamais osé ouvrir la question allemande. Réminiscence du passé, rémanence du danger, réticence à remettre en cause les traités de l'après-guerre, crainte d'un dérapage en RDA, peur de la contagion dans les démocraties populaires : autant d'inhibitions qui accompagnent la pusillanimité diplomatique soviétique. Il faut remonter à 1953 et à l'étrange note adressée par Staline pour voir se profiler le marchandage si évident entre la réunification, ou du moins un rapprochement interallemand, et la neutralisation. Depuis, l'URSS a toujours voulu forcer l'évolution sans bouleverser la donne de l'aprèsguerre. Rien n'est désormais certain : de même qu'il a obtenu le retrait des Pershing et des Cruise, en reprenant au bond l'idée avancée à tort par Reagan de la double option zéro, Gorbatchev pourrait bousculer les vieilles conventions sur la coupure en deux de l'Allemagne. C'est l'une des questions qui montrent combien l'incertitude a changé de camp.

L'Union soviétique avait fait, jusqu'à présent, du temps la dimension clef de sa stratégie. A rapport de forces donné ou en voie d'amélioration, le temps était en effet un atout majeur. C'était un moyen pour l'URSS de faire de ses faiblesses internes un avantage stratégique. Société immobile, elle en supportait les inconvénients : une productivité médiocre, une inefficacité économique, une innovation languissante. Acteur international immobile, elle en tirait avantage : l'énervement des Occidentaux, leur instabilité, leurs états d'âme venaient s'empaler sur l'extraordinaire fixité soviétique. Le mouvement constitue un aléa : sans doute permet-il d'obtenir de façon accélérée certains avantages, mais, à l'inverse, ne risque-t-il pas de priver Moscou de l'avancée régulière et irrésistible qu'elle réussissait par le seul effet du temps? Cette évolution ne résulte pas d'un choix fait ex abrupto par les Soviétiques : une fois leur société en plein réchauffement, ils ne peuvent plus tabler sur les effets naturellement positifs de l'immobilité. A société froide, posture stratégique immobile; à société chaude, innovation stratégique naturelle. Les armes de Gorbatchev ne seront donc jamais celles de Brejnev; mais les objectifs seraient-ils pour autant différents?

On peut au contraire plaider que le gorbatchévisme va comme un gant aux aspirations soviétiques les plus classiques. D'un côté, la mise sous tutelle se fait plus facilement au profit d'un pouvoir sympathique. De l'autre, les transformations économiques internes ne peuvent qu'élargir les liens avec l'Occident. Enfin, une Union soviétique avenante est plus à même de pousser les États-Unis au découplage par le seul effet du dialogue des Supergrands et des éventuels accords de désarmement. La bonhomie américaine, la naïveté de l'opinion publique, le prurit pacifiste s'accrochent au premier sourire venu de Moscou. D'où un pressentiment en guise de pronostic : si la perestroïka réussit sans drame ni décomposition de l'empire, Gorbatchev gagnera par surcroît son pari stratégique à l'Ouest. Mais à l'inverse, peut-on tabler sur la victoire de la perestroïka? L'expression a-t-elle même un sens?

L'incertitude a changé de camp...

Le scepticisme ne peut plus tenir lieu d'analyse, face aux bruits qui viennent de l'Est. D'où le désarroi des soviétologues en tous genres. Depuis l'avènement de Brejnev, ils s'étaient bâti une philosophie en trois principes. Premier principe : le système est condamné à l'immobilité, dès lors qu'il ne pourrait en sortir qu'à ses dépens. Deuxième principe : des explosions ne sont possibles qu'à la lisière de l'empire, dans les démocraties populaires ou sur les marches musulmanes sous la pression islamique. Troisième principe : la réponse ne peut être dans cette hypothèse que le durcissement à l'initiative soit du parti, soit de l'armée. Les spécialistes ne se partagent que sur un point de ce scénario : les uns croient que le parti reste la force dominante, alors que les autres l'imaginent soumis aux desiderata de l'appareil militaire. Pendant vingt ans, le modèle explicatif a parfaitement collé à une Union soviétique vouée au mieux au statu quo, au pire à un totalitarisme aggravé, chaque secousse provoquant

le cas échéant une rigueur supplémentaire. Il est difficile
dans ces conditions pour les soviétologues de comprendre des
impulsions parties du sommet! L'initiative ne vient pas d'un
accident à la base, mais de l'empereur; le mouvement ne se
constate pas, il se décrète; le changement ne s'improvise pas,
il s'ordonne; le libéralisme ne s'immisce pas, c'est un mot
d'ordre! Ce cas de figure était le moins probable; il est donc
le plus insaisissable. Qui aurait cru que le meilleur produit
du système – au point de s'emparer jeune du pouvoir –
deviendrait son principal contestataire? La vieille explication
par les charmes du despotisme éclairé ne suffit plus : jeune,
le despote serait éclairé; vieux, il reprendra tous les attributs
de l'absolutisme. Gorbatchev semble aujourd'hui jouer plus
gros. Pourquoi? Par principe démocratique? Il faudrait
croire aux vertus sans limites de la Providence pour imaginer
un tel paradoxe. Par machiavélisme? Peut-être : seule la
perestroïka est un prétexte suffisant pour renouveler de fond
en comble un appareil bureaucratique et assurer sa dévotion
au nouveau maître. Par lucidité? Le système serait à ce point
menacé à long terme que seul son chef connaîtrait l'étendue
du désastre. Par des perspectives historiques? Gorbatchev
aurait suffisamment de temps devant lui pour se payer dans
une première étape les affres du réformisme avant d'en tirer,
dans une seconde période, les dividendes. Qui dit d'ailleurs
que le héros en sait davantage?

Pour la première fois depuis 1956, du nouveau se manifeste désormais à l'Est. Quelle extraordinaire inversion des
perspectives! L'Occident semblait pendant des décennies sur
la défensive; le capitalisme acculé; le marché contesté; la
démocratie menacée; les tensions sociales chaque jour plus
fortes. Le vent de l'Histoire ne soufflait que dans une seule
direction, et le communisme avait le vent en poupe : sa zone
d'influence grandissait à vue d'œil; sa puissance militaire
rejoignait celle de l'Occident; son rayonnement idéologique
continuait à s'exercer au cœur des démocraties... Qui aurait
imaginé, au début des années soixante-dix, la démocratie en
plein essor, le capitalisme transformé en système de valeurs,
le marché devenu à lui seul une morale, les partis communistes en voie d'extinction, le marxisme se survivant dans sa
vertu première de théorie explicative d'une économie libérale? L'avenir a changé de côté; les doutes sont passés sur
l'autre bord. Face à l'Union soviétique, en plein culte de la

glasnost, que d'incertitudes, qui constituent autant de clefs des futurs rapports de forces!

Première incertitude : la perestroïka s'épuisera-t-elle d'elle-même? Un mouvement de société consomme, à l'instar d'une machine, de l'énergie. Celle-ci vient aujourd'hui d'en haut : du chef et, dans son sillage, d'une élite réformatrice. Ce n'est pas ainsi que les sociétés se transforment durablement. Ce type de zèle réformateur s'essouffle toujours. Fatigue des responsables, douceur de l'immobilité, confort du conservatisme : le réformisme vit ce que vivent les roses... L'espace d'un été ou quelques années. Aux premières réformes de permettre à la société de prendre le relais. A des lois venues d'en haut de créer ces conditions du mouvement perpétuel qui ont pour noms la démocratie et le marché. A des règles ex nihilo de mettre en place des structures souples et mobiles. Le cheminement est bien connu, dès lors qu'il s'agit de passer d'une dictature de droite à la démocratie : il ne reste rien à l'arrivée des structures totalitaires; elles fondent dans la démocratie comme un sucre dans l'eau. Mais la perestroïka a des allures de gageure : le parti unique doit se perpétuer, le léninisme servir d'alibi, la technostructure conserver ses privilèges. Cet itinéraire-là n'a pas de précédent. Comment Gorbatchev sortira-t-il d'une alternative évidente? Soit le réformisme s'efface et le système, à peine ravalé, se perpétue en l'état; soit la dynamique de la société a pris un essor tel qu'aucune des réalités qui la nient ne pourra y résister : ni l'idéologie, ni le parti unique, ni l'accaparement du pouvoir par une élite héréditaire. La demi-démocratie, le totalitarisme partiel, la bureaucratie à éclipses ne se conçoivent ni ne s'énoncent clairement. Ce ne sont pas des réalités stables. Sauf à imaginer que l'Histoire ait encore d'immenses capacités d'invention, le gorbatchévisme finira par tomber d'un côté ou de l'autre, et pari pour pari, ce devrait être du côté du statu quo, même si quelques ouvertures subsistent et constituent d'indéniables progrès : de rares libertés octroyées sont toujours bonnes à prendre.

Deuxième incertitude : les démocraties populaires survivront-elles à la perestroïka? Leurs sociétés civiles ayant résisté au rouleau compresseur, leurs attentes sont d'une autre nature. Les quelques germes de liberté sont négligeables, qui représentent pour les Soviétiques un immense progrès : il s'agit pour les pays satellites non de reconstituer les bases d'une société, mais de retrouver la démocratie. A l'instar des dictatures de droite, tels l'Espagne franquiste ou le Portugal salazariste, le régime a dû s'accommoder d'une vie sociale souterraine et riche, si développée que la restauration démocratique est le seul pas à franchir. Vues par l'homme de la rue, à Varsovie ou à Budapest, les prémices libérales en Union soviétique sont des balbutiements : il leur en faut bien davantage. D'où l'extrême difficulté pour les Soviétiques de contrôler la perestroïka dans les démocraties populaires. Ne pas l'exporter vers les pays satellites est inconcevable : ce serait l'explosion garantie. La transcrire, mesure pour mesure, à partir du modèle soviétique est inopérant : ce serait alimenter une immense déception, avec pour corollaire le risque, à nouveau, d'explosion. Laisser le phénomène s'emballer au gré des pressions locales pourrait rapidement mettre en cause la nature du régime : qu'attendent d'autre les Polonais ou les Hongrois? Déjà difficile à imaginer en Union soviétique, la libéralisation contrôlée semble hors de portée dans les pays satellites. Le dilemme paraît insoluble : dans son propre pays M. Gorbatchev a toujours la possibilité de revenir d'un réformisme débridé à un conservatisme éclairé et de l'imposer à la société. Mais chez ses féaux? L'immobilité suppose une main de fer plus lourde qu'aujourd'hui : elle exige des moyens, une pression militaire, une brutalité incompatibles avec l'image que l'URSS veut désormais donner d'elle-même. La mobilité ouvre la boîte de Pandore. En 1956, en 1968, en 1980, l'Histoire s'est déjà répétée. Le moindre mouvement débouche sur les seules aspirations inacceptables pour Moscou : le passage au pluralisme, l'émancipation stratégique. A quand le nouvel épisode? Face à la révolte hongroise, un pouvoir soviétique réformiste a privilégié la protection de l'empire sur l'image de démocratisation. Les priorités auraient-elles changé? La libéralisation aurait-elle pris le pas sur l'impératif stratégique? La perestroïka s'accommoderait-elle de la dérobade d'une démocratie populaire? La détente internationale serait-elle le substitut à la perpétuation *perinde ac cadaver* du glacis? Questions légitimes mais improbables : la bonne foi exige de les poser; le réalisme stratégique se charge des réponses. Si, comme tout le laisse penser, M. Gorbatchev est obligé de faire la police chez ses alliés, au cas où un mouvement incontrôlable s'y développerait, il y perdra sa propre liberté d'action sur le plan intérieur. Tsar libéral à domicile, et autocratique à l'extérieur : la situation ne serait pas nouvelle, mais elle n'est guère plausible entre des sociétés qui communiquent. Le temps n'est plus où l'éloignement permettait de telles schizophrénies. Le réformisme de Moscou risque de sombrer dans les rues de Budapest ou de Cracovie.

Troisième incertitude : le mouvement finira-t-il par mettre en cause la stratégie? Ses apparences ou son discours : à coup sûr. Sa réalité : en principe non, si le pouvoir conserve la maîtrise du processus. Mais si celle-ci lui échappe, comment imaginer une stratégie sous cocon, à l'abri de l'atmosphère ambiante? Dans les démocraties, la stratégie internationale est sous la tutelle de l'opinion publique, de même que l'effort de défense. A réinventer une opinion publique, les Soviétiques se mettent en situation d'en subir les foudres. N'a-t-elle pas d'ores et déjà imposé le retrait d'Afghanistan, à l'instar, en plus discret, de l'opinion américaine au moment de la guerre du Viêt-nam? N'exige-t-elle pas des progrès économiques, contradictoires avec un budget militaire qui phagocyte l'essentiel de l'effort national? Ne souhaite-t-elle pas le désarmement avec l'égoïsme naturel des consommateurs? Le pouvoir devra, au minimum, habiller sa politique traditionnelle d'un discours plus seyant, autant vis-à-vis des médias occidentaux que de sa propre opinion : les ritournelles et autres variations sur l'Europe, notre maison commune, ont-elles un autre usage? Mais il risque de devoir au maximum composer avec sa propre société, au point de remettre en cause tel ou tel axe de son action internationale. Cette simple éventualité peut s'avérer d'ailleurs un obstacle majeur à la perestroïka. Les militaires accepteront-ils que se poursuive un aggiornamento dont ils risquent de devenir les premières victimes, si s'affaisse la stratégie de finlandisation de l'Europe à l'Ouest et d'accession aux mers chaudes à l'Est? La démocratisation peut compromettre la stratégie, le risque de dérapage stratégique suffit à compromettre la démocratisation.

Plus l'Union soviétique rêve de croissance économique, plus elle a besoin d'une Europe centrale et occidentale qui lui serve de fournisseur de produits comme de technologie. Plus elle recherche une Europe sous un protectorat discret, plus elle se donne les moyens de son décollage économique.

Plus elle s'imbrique à son propre profit avec l'Occident, plus elle peut y exercer son magistère stratégique. En théorie, la perestroïka irait plus facilement de pair avec la finlandisation de l'Europe occidentale que le totalitarisme imbécile des dernières décennies. Les principes ne s'ajustent certes pas comme dans un jeu de dominos. M. Gorbatchev essaie à l'évidence de jouer sur ce registre, mais il n'est pas sûr d'améliorer pour autant sa position. Vis-à-vis de l'Occident, il renforce sa main, obtenant plus aisément par le sourire ce que ses prédécesseurs recherchaient par la menace. Vis-à-vis de ses objectifs internes, il ne trouve pas aussi facilement la même martingale.

Face à des incertitudes aussi abyssales, tout paraît ouvert. Quel sentiment extraordinaire pour nous d'assister enfin à un phénomène imprévisible! Notre Histoire ennuyait, paraît-il, les bons esprits par sa banalité. Qu'ils se réjouissent! Le spectacle commence et le public peut imaginer plusieurs fins : au moins trois...

Le scénario du despotisme éclairé

Pour les Européens, c'est peut-être l'hypothèse la plus dramatique. M. Gorbatchev réussit dans ce scénario à poursuivre sur longue période son exercice de voltige. Côté tradition : l'essentiel serait préservé. Le système soviétique demeure inchangé dans ses grandes lignes : un parti unique, une « idéologie cache-misère », un monopole du pouvoir et, sur le plan stratégique, la poursuite du découplage entre l'Europe et les États-Unis, un modus vivendi entre grandes puissances, et la permanence du condominium soviéto-américain.

Côté novation : la société soviétique bénéficie de tolérances libérales, toutes octroyées et donc toutes révocables; les mécanismes économiques font leur place à quelques degrés de liberté dans la fixation des prix et des salaires; des baux de longue période servent de faux-semblants à la suppression de la collectivisation des terres et, à l'instar de la Chine, des prix agricoles presque libres donnent un coup de fouet à la production; l'économie immergée s'engouffre dans les brèches ainsi ouvertes et sert, plus que jamais, de soupape à l'improductivité du système officiel; des accords de désarmement permettent de basculer quelques points du produit national de l'économie de guerre à l'économie de consommation; le recrutement des élites fait une part un peu plus grande à la compétence, aux dépens de la fidélité; les jeunes technocrates se substituent aux gérontes du parti; enfin, la politique étrangère cherche davantage l'apaisement que l'affrontement, la solution des conflits que leur exacerbation. Ainsi se dessine, en quelque sorte, une Hongrie aux proportions de l'Union soviétique, avec une nouvelle rhétorique et un léninisme fin de siècle qui sacrifient aux exigences verbales de l'époque, sans rien concéder sur l'essentiel.

Cette Union soviétique-là a, à coup sûr, partie gagnée vis-à-vis de l'Europe occidentale : les Européens, Allemands en tête, trouveront dans ces novations autant d'alibis à un « Drang nach Osten » nouvelle manière. L'encouragement au processus de rénovation : ce sera la raison principale pour aller au-devant des desiderata de l'Union soviétique avec quelques germes de mauvaise conscience, de façon à imputer à d'éventuelles réticences occidentales les retards de la perestroïka. La recherche de débouchés : cette gigantesque Hongrie s'endettera à l'Ouest pour y acheter des produits de grande consommation destinés à la population, des biens d'équipement afin de satisfaire la technostructure industrielle, des technologies de pointe de façon à répondre aux desiderata des militaires. Pour des économies occidentales à la recherche de marchés solvables, ce sera pain bénit. Le goût inné de l'apaisement dans les démocraties : il prendra appui sur le comportement soviétique, prudent et coopératif. Le désir viscéral de réduire les dépenses militaires : il s'accrochera aux accords de désarmement et à la conviction qu'il est vain de surarmer, face à un adversaire lui aussi économe de ses moyens. La dérive naturelle de l'Allemagne fédérale : elle pourra prendre son essor, face à une Union soviétique qui fera d'elle un interlocuteur privilégié, entrebâillant l'hypothèse d'un règlement interallemand pour la repousser, l'ouvrir, la refermer au gré des nécessités tactiques. La tendance spontanée, en dernier lieu, de l'Europe Occidentale à chercher sa sécurité dans de bonnes relations avec l'Est : elle se déploiera à loisir vis-à-vis de démocraties populaires de moins en moins opaques et d'une URSS de moins en moins menaçante.

De tels comportements ont une dynamique propre. Ils

trouvent évidemment un prétexte dans chaque nouveau pas pour aller plus loin. L'extrapolation est aisée, quand on voit l'évolution de l'Occident depuis les débuts de l'Ostpolitik, avec pour vis-à-vis une Union soviétique rébarbative et cacochyme. Avec un interlocuteur charmeur et mobile, jusqu'où les choses n'iront-elles pas? En trois ans, Gorbatchev a marqué à l'égard de l'Ouest autant de points que ses prédécesseurs en trente. Qu'en sera-t-il en l'an 2000, dès lors que le scénario du despotisme éclairé lui assure les moyens d'une pression déguisée et aimable? Le protectorat est au bout, point d'orgue d'une évolution qui met en résonance le retrait américain, les pulsions allemandes, l'immobilité française et un système soviétique suffisamment souple pour donner le change, suffisamment conservateur pour sauvegarder l'essentiel.

Ce protectorat-là n'aura aucune des outrances classiques. Ni présence militaire, bien sûr : l'ombre portée des divisions suffit, qui rappelle le déséquilibre des forces. Ni tutelle diplomatique, évidemment : les ambassadeurs soviétiques ne joueront pas aux commissaires du peuple déguisés. Ni phraséologie dominatrice : le discours résonnera d'hymnes à la paix et à la coopération. Ni relations économiques autoritaires : les créanciers et les fournisseurs seront à l'Ouest. Ni pressions communistes locales : les partis occidentaux risquent même d'être les victimes de cette nouvelle détente, méprisés par Moscou, rejetés par les opinions occidentales, condamnés à pourrir sur place. Mais l'aliénation, elle, s'épanouira. Le premier regard sera désormais pour Moscou, et non pour Washington : le moindre froncement de sourcils affolera, la moindre nuance décontenancera. Varsovie sera plus proche que Tokyo, Budapest que Montréal et, pour les Allemands, Leningrad que Madrid, Kiev qu'Athènes. Rien de plus naturel, certes, que de voir l'Histoire retrouver de la sorte ses marques. Le jeu restera déséquilibré entre le despotisme éclairé et la démocratie. Le premier peut reprendre ce qu'il a octroyé, la seconde difficilement. Le premier conserve des arrière-pensées de grande puissance; la seconde est naturellement crédule. Le premier a une stratégie; la seconde suit sa pente. Le premier conserve l'avantage de dernier ressort, la puissance militaire; la seconde, une fois sa garde baissée, ne sait plus la redresser. Le premier joue à long terme; la seconde recherche le confort immédiat. Le scénario du despotisme éclairé à Moscou constitue le meilleur encouragement à l'implosion de l'Occident. Avec lui, le système de sécurité atlantique est mort, et le déséquilibre continental est sûr de se substituer, sans crier gare, à l'ordre ancien. L'Europe occidentale s'effacera au rythme même de sa propre crédulité, au profit de l'Europe continentale.

Le scénario de la restauration

Le limogeage de Khrouchtchev serait-il un précédent? Le point d'aboutissement du réformisme serait-il, en Union soviétique, une inévitable restauration? Gorbatchev, le premier, mesure sans doute le risque, ce qui le conduit à se mettre, à marches forcées, à l'abri d'un coup d'État à l'intérieur du parti communiste. Mais la restauration elle-même est à multiples facettes : du plus rude, une reprise en main militaire du régime, au plus classique, un pronunciamiento d'appareil, ou, mieux encore, au plus doux, le retour en arrière à l'initiative de Gorbatchev lui-même.

Inimaginable autrefois au nom de la soumission de l'armée au parti, la militarisation n'est plus, depuis le coup polonais de 1981, une hypothèse d'école. Quand la société civile entre en transe, le parti ne résiste pas; quand le parti s'effrite, il n'existe plus qu'une seule institution, l'armée. Le risque semble moins, pour l'Union soviétique, un soulèvement de la société – elle sort à peine des limbes – qu'un accident incontrôlable dans une démocratie populaire. L'enchaînement est facile à imaginer : la société d'une des démocraties populaires les plus avancées, la Hongrie par exemple, finit par céder à l'impatience de vivre une perestroïka à la mesure de ses désirs. Soulèvement populaire, subversion institutionnelle du système, prise en masse du parti lui-même : que d'hypothèses pour arriver à la limite du tolérable pour les Soviétiques! Celle-ci coïncide, comme toujours, avec le risque de retrait du pacte de Varsovie et le basculement dans le neutralisme, avec en arrière-plan l'attrait de l'Occident : c'est une situation inacceptable pour les militaires soviétiques. Ils y perdent leurs lignes de communication, leur front avancé et, pire, leur crédibilité. Soit ils imposeront au pouvoir civil une remise en ordre; soit ils se substitueront à lui pour le faire. Cette alternative formelle n'est pas insignifiante vis-à-vis de l'Occident. Dans le premier cas, les Européens pourront se mentir à eux-mêmes et, au-delà des protestations et des émotions, geler en l'état les relations avec l'Est, afin de préserver l'existant et de reprendre, une fois revenus des temps meilleurs, la marche en avant. Dans la deuxième hypothèse, le choc sera trop fort, les sentiments trop exacerbés dès lors que la remise au pas du pays satellite aventureux se ferait dans un bain de sang. La répression émeut encore. Le coup d'arrêt serait brutal aux relations Est-Ouest, et si l'accident survenait en RDA, le traumatisme serait immense en République fédérale. Il faudrait des années pour reprendre le fil. En réalité, la dérive allemande s'arrêterait net et l'Europe occidentale retrouverait le chemin des États-Unis pour assurer sa protection... si ces derniers y consentent encore.

A côté de cette restauration en forme de pronunciamiento, le coup d'État bureaucratique ressemble à une bluette. Le précédent de 1964 indique la marche à suivre : un réflexe de défense de l'appareil, un complot discret, une révocation en marge de la légalité, une retraite douillette pour le proscrit, et la mise en place d'une nouvelle équipe qui promettra d'une main le retour au léninisme, et de l'autre essaiera de reprendre en douceur les libertés octroyées. C'est à l'évidence contre ce danger, pour lui le plus immédiat, que Gorbatchev essaie de se prémunir : s'attribuer une légitimité d'État, n'est-ce pas se mettre à l'abri d'une contestation à l'intérieur du parti dont la légitimité devient hiérarchiquement seconde? Dans ce scénario-là, l'émotion serait grande en Occident; elle ne suffirait pas à submerger les mouvements profonds de l'Histoire. Des années seraient perdues : ce serait une occasion pour ceux qui essaieraient à toute force de remettre sur ses rails l'identité européenne. Mais à défaut d'initiatives vigoureuses, la dérive finirait par reprendre son cours. Moins rapide, à cause du choc psychologique. Moins confiante, avec la disparition de leaders habiles à manier l'opinion occidentale. Moins profonde, compte tenu d'inévitables inhibitions. Moins enthousiaste, du fait d'une résurgence de l'antisoviétisme le plus traditionnel. Mais l'accident n'aura pas été en mesure d'inverser le cours des choses.

Il le sera encore moins si, *last but not least*, Gorbatchev est lui-même l'artisan de la restauration. Les difficultés ren-

contrées, les résistances insurmontables, l'impossibilité de
soulever économiquement les montagnes, les risques de dérapage dans les démocraties populaires, ou plus banalement la
lassitude, les charmes du conservatisme, la tentation du pouvoir pour le pouvoir : autant de raisons d'un coup de barre.
M. Gorbatchev ne serait pas le premier réformateur à siffler
lui-même la fin de la récréation ! Cette restauration-là ne
serait pas un événement daté : elle se serait progressivement
insinuée dans la pratique du pouvoir. Quelques pas en
arrière, quelques écarts de côté, des libertés aussi vite
octroyées, aussi vite reprises, quelques mises au silence spectaculaires, des usages qui reviennent d'eux-mêmes, des cen-
seurs qui retrouvent leur zèle, des policiers qui retrouvent
leurs anciennes habitudes, des juges qui cèdent à leurs vieux
réflexes, des agents secrets qui réapprennent à remplir les
hôpitaux psychiatriques, des bureaucrates qui poussent un
soupir de soulagement, des apparatchiks qui se sentent à
nouveau en sécurité : la restauration prend de multiples
visages. Elle est, sous cette forme, insidieuse et irrésistible.
Gorbatchev défera avec habileté ce qu'il avait fait avec courage : le retour, de ce point de vue, coûte moins cher que
l'aller. Mais au passage, que de dividendes accumulés sur
l'Ouest ! Nous nous refuserons évidemment à voir les faits.
Que d'excuses et d'alibis n'inventerons-nous pas pour justifier ces pas en arrière ! Ils nous paraîtront rhétoriques, provisoires, indistincts : notre cécité sera, comme il se doit, à la
mesure de notre désir de perestroïka. Ainsi l'Occident sera-
t-il capable d'améliorer sur sa lancée les relations avec
l'URSS alors que la glaciation aura depuis belle lurette
repris ! Gorbatchev a emmagasiné un crédit moral en Occident qu'il lui faudra maints efforts pour dilapider. Pénétré
de nos modes de pensée, manipulateur de nos faiblesses, il
saura habiller la restauration d'atours suffisants pour sauvegarder la fascination occidentale. La perestroïka sera éteinte
depuis longtemps qu'elle nous éblouira encore, tel un astre
mort. Dur à l'intérieur, séduisant à l'extérieur, rigide partout : le régime soviétique atteindra-t-il cette perfection qui
lui permettrait de gagner sur autrui sans perdre à domicile ?
Il est, de ce point de vue, plus rentable de commencer libéral
pour finir réactionnaire que de parcourir le chemin inverse.
Les créances sont avantageusement comptabilisées, alors
que dans l'autre cas il faut les surpayer en gestes de bonne

volonté et preuves en tous genres. Machiavélique, Gorbatchev ne s'y serait pas pris autrement : l'Occident, crédule, ne constitue-t-il pas le meilleur public ? Si le scénario à la Machiavel est en effet plausible, l'hypothèse de l'arroseur arrosé l'est au moins autant : le secrétaire général du PC pourrait aussi avoir lancé un mouvement dont il perdra la maîtrise.

Le scénario de la « révolution tranquille »

Le pire n'est jamais sûr. Et si Gorbatchev avait allumé une mèche qui fera exploser le carcan totalitaire ? Si se glissaient en Union soviétique la liberté d'expression, l'autonomie des entités économiques, l'apparition de courants au sein du parti en guise de substituts au pluralisme ? Si les démocraties populaires allaient encore plus loin, sans que le Grand Frère soit en état de s'y opposer ? Si l'adhésion au pacte de Varsovie devenait un rite sans signification ? Si le fragile équilibre atteint, à l'automne de 1980, entre la société et le parti en Pologne se reproduisait ? Si la RDA se laissait entraîner par le mimétisme interallemand jusqu'à emprunter à la République fédérale quelques valeurs démocratiques ? Si, entraînés par la poussée de leur société, les Soviétiques acceptaient de vrais accords de désarmement conventionnel, c'est-à-dire dissymétriques à leurs dépens ? Si la circulation des biens d'Ouest en Est rejaillissait sur la circulation des personnes ? Si l'Europe, en un mot, se mettait à ressembler à ce qu'elle devrait être ? Le scénario a, à l'évidence, des allures de miracle, mais au jeu des hypothèses nul n'a le droit de l'éliminer. Il faudrait que se perpétuent et se solidifient des équilibres en apparence instables : entre la permanence d'un parti unique et les exigences du pluralisme, entre l'ouverture économique et le maintien de régulations centrales, entre une Russie affaiblie et des provinces périphériques en mal d'autonomie, entre une technocratie réformiste et un appareil militaire rétif, entre une Union soviétique à la liberté balbutiante et des démocraties populaires en mouvement vers le pluralisme, entre une solidarité socialiste de façade et des pays satellites en voie de neutralisation. Si un seul de ces équilibres s'effaçait, le charme serait rompu et l'Est basculerait dans un autre scénario, plus sombre et plus classique. Autant de conditions qui constituent autant de risques. Mais, en statistique, l'improbable finit parfois par triompher : la transition démocratique espagnole peut le rappeler qui, en son temps, paraissait aussi aléatoire qu'une révolution tranquille à l'Est.

Dans cet univers hypothétique, la dérive occidentale prendrait une tout autre signification. Le rapprochement interallemand accélérerait les changements à l'Est; le découplage avec les États-Unis laisserait se constituer un équilibre stratégique entre l'Est et l'Ouest, qui ne ressemblerait pas pour une fois à un marché de dupes; l'ouverture économique de l'Est constituerait un champ naturel d'expansion pour les pays de la CEE en mal de débouchés sûrs; la Mittel Europa retrouverait l'identité culturelle qui l'a fondée dans le passé, au moins autant que les intérêts stratégiques; l'Europe occidentale céderait cette fois-ci avantageusement la place à la vraie Europe, celle d'hier, de l'Atlantique jusqu'aux confins occidentaux de la Russie. Ainsi la libéralisation de l'Est et la dérive de l'Ouest se renforceraient l'une l'autre : la première s'adosserait à une Europe occidentale qui servirait de modèle, aux yeux de l'Est, en matière de pluralisme et d'efficacité; la seconde se justifierait chaque jour davantage par l'influence même qu'elle exercerait sur l'Est. Aux scénarios si évidents d'une Europe occidentale en voie de finlandisation répondrait celui d'une Europe continentale en train de retrouver son équilibre.

C'est à l'évidence cette perspective optimiste qu'ont à l'esprit les nouveaux thuriféraires « de la détente, de l'entente et de la coopération », dont au premier chef Hans Dietrich Genscher. Chaque geste amical vis-à-vis de l'Est alimente la révolution tranquille à Moscou; chaque raideur la compromet. Extraordinaire renversement de perspective! Nos sémillants stratèges se sentent comptables de la libéralisation en Union soviétique, et finiraient par se sentir responsables de son échec si, par malheur, elle tournait court. Tout au rêve d'une nouvelle Europe, ils veulent en payer le prix par anticipation, afin de prouver le mouvement en marchant. D'où le caractère ambivalent du scénario de la « révolution tranquille ». C'est, en premier lieu, une hypothèse dont on n'a pas le droit de faire fi, ne serait-ce que pour ses vertus, de loin les plus attirantes. C'est aussi une vision théorique qui conditionne dès aujourd'hui l'action de nombreux responsables. C'est enfin une utopie qui sert à habiller des évolutions moins paradisiaques : elle permet de justifier écarts, faux pas, retours en arrière. Comme instrument apologétique, elle exige la méfiance. Comme scénario plus souriant, elle s'identifie à un rêve.

L'irrésistible dérive

Le scénario du paradis sur terre s'élimine de lui-même. Son accomplissement vient par surcroît et n'exige ni tactique ni stratégie. Ce sont les autres hypothèses qui constituent la toile de fond sur laquelle s'inscrit le destin de l'Europe. L'apparition du « nouveau à l'Est » introduit un peu d'incertitude dans un cheminement qui, sinon, n'en comporterait guère. L'isolationnisme américain est un fait chaque jour plus incontestable; la dynamique allemande est évidente, même si mille arrière-pensées souvent justifiées conduisent à la minorer. L'évolution soviétique est devenue, elle, aléatoire, par une étrange ironie de l'Histoire. Mais ces incertitudes ne suffisent pas à inverser le cours des choses. Au contraire. Dans la plupart des hypothèses – despotisme éclairé, restauration à l'amiable –, la perestroïka joue même un rôle d'accélérateur : l'Occident bouge sur l'essentiel, l'Orient sur l'accessoire. D'autres configurations peuvent certes freiner le mouvement : une remise au pas brutale, une répression visible, mais le temps finira par faire son œuvre. En réalité, l'évolution occidentale se fait par paliers. Une fois un nouveau stade atteint dans les relations Est-Ouest, le retour en arrière est encore plus difficile. Seul un traumatisme à chaque fois plus violent serait en mesure d'inverser les réactions européennes. D'où l'importance majeure des apparences et des symboles : une restauration discrète ne change rien; une restauration arrogante ralentit; un pronunciamiento bouleverse; un affrontement sanglant inverse le cours des choses. Pour un Occident humaniste et féru de symboles, le martyrologue de la liberté est seul de nature à effacer les tentations naturelles de rapprochement avec l'Est. Les Soviétiques nous connaissent bien : ils feront tout pour éviter de telles extrémités, si nuisibles à leurs intérêts. C'est par cynisme bien compris de grande puissance et non par réflexe éthique qu'ils s'efforceront de demeurer, si la situation se tend, dans les bornes de la décence.

Au jeu des probabilités, les réponses prennent la forme, selon l'usage, d'une courbe de Gauss. A un extrême, avec un espoir de gain réduit, la révolution tranquille entraînant l'enchaînement automatique de la dérive occidentale et du « libéralisme oriental ». A l'autre extrême, avec une probabilité modeste mais sans doute moins faible, une explosion incontrôlée à l'Est, avec son cortège de répressions violentes et la militarisation, affichée ou clandestine, du régime : l'Occident risque de reculer de plusieurs décennies dans sa démarche pour recoller le puzzle européen. Entre les deux s'étale la zone de plus grande probabilité : un clair-obscur sur l'évolution réelle de l'Union soviétique, un dosage complexe entre la continuité et la novation, une alchimie mouvante dans le temps, susceptibles d'accélérer la dérive de l'Ouest quand la perestroïka semble prendre l'ascendant, de la freiner lorsqu'elle est trop visiblement malmenée, de ne pas l'entraver dès lors que le durcissement ne se veut pas provocateur. L'Occident s'était mis en mouvement depuis quinze ans, avec pour interlocuteurs les cadavres vivants du Kremlin. Un Gorbatchev, même durci, fera toujours aussi bien qu'eux. Si son rythme est imprécis, la démarche, elle, est certaine : inventant la forme stratégique – et non plus géologique – de la dérive des continents, l'Europe bascule et se repositionne.

**

Les critiques seront nombreux pour nier ces tendances lourdes. Au nom de l'imprévisibilité de l'Histoire, ils nous serviront mille et un exemples. Sous couvert d'optimisme de la volonté, ils refuseront de voir les indices et les inflexions de comportement. Par respect des équilibres de l'instant, ils vanteront l'éternité du statu quo. Par peur de mettre à bas les colonnes du temple atlantique, ils s'acharneront à proclamer l'indéfectible solidarité américaine. Par déférence pour les tables de la loi gaulliste, ils exonéreront la France de la moindre responsabilité. Par crainte de céder à un anti-germanisme de mauvais aloi, ils s'acharneront à voir l'Allemagne de l'an 2000 avec les lunettes de 1950. Cette pudibonderie collective est un produit bien français. Il suffit de lire la presse américaine pour comprendre que le découplage constitue, d'ores et déjà, une pierre angulaire du comportement des États-Unis, et de se nourrir des journaux allemands pour voir que l'Est et le Centre comptent désormais autant que l'Ouest. Comment d'ailleurs ne pas rappeler à ces philosophes de pacotille que l'Histoire se dessine de longue main : la séparation avec l'Alsace-Lorraine ne portait-elle pas en germe la Première Guerre mondiale, et le traité de Versailles la Seconde?

Voilà la toile de fond, le décor sur lequel se meut l'Europe : son repositionnement vient de loin; son rééquilibrage géopolitique aussi. Ce sont les mouvements dominants. La démarche stratégique n'est pas – n'en déplaise au vieux Marx – un sous-produit de l'économie. Les nations ont leur propre dynamique et les jeux du marché ne sont pas en état de les entraver. La carte de l'Europe se redessine telle que l'Histoire l'a faite et le mythe de 1992 n'y changera rien. Au moment où l'Europe occidentale, accident de l'après-guerre, s'efface devant l'Europe continentale, 1992 est devenu l'alpha et l'oméga de l'action publique. Admirable projet, sans le moindre effet sur la dérive du continent. Ils ne se situent pas dans la même perspective, dans la même épaisseur historique, dans la même réalité. Vu à l'aune des tendances lourdes, le grand marché est un épiphénomène. Est-il la réponse à des évolutions aussi fondamentales? Est-il une réalité ou un leurre? Existe-t-il d'ailleurs?

DEUXIÈME PARTIE

1992 ou le leurre

1.

Priorité au marché!

Incarnation de l'économie de marché, 1992 se profile à l'horizon au moment où l'Europe occidentale, qui fait corps avec ce système économique, commence à perdre son identité stratégique. Ainsi déchirée par des tensions contradictoires, l'Europe existe-t-elle au-delà de la rhétorique? Trois cercles se dessinent aujourd'hui, de moins en moins concentriques : l'un stratégique, à l'allure de plus en plus continentale; le deuxième économique, que 1992 borne aux frontières de la Communauté économique européenne; le troisième, sociétal et culturel, qui s'identifie à l'Occident, Amérique du Nord comprise, mord sur les autres continents, et dont l'Europe n'est qu'un canton important. C'est cet écartement progressif des trois cercles qui condamne l'illusion sympathique selon laquelle faire 1992, c'est faire l'Europe.

Les vertus de 1992 ne s'effacent pas au nom de ce constat; elles perdent un peu de leur éclat. Aujourd'hui, les Européens se croient en train de faire l'Histoire, d'ici 1992, avec la même conviction qui les conduisait à se sentir condamnés il y a quelques années. Grâce à la trouvaille admirable de Jacques Delors, et à l'action de quelques hommes d'État, François Mitterrand, Helmut Kohl au premier chef, l'Europe est redevenue une idée neuve en Europe. Miracle de la volonté? Mirage des médias? Mystère de l'opinion publique? Retournement d'autant plus étonnant qu'il se fonde sur deux ambiguïtés : d'une part 1992 ne répond pas à la dérive stratégique du continent, mouvement plus souterrain, plus insidieux, plus puissant; de l'autre, objectif politique, 1992 représente paradoxalement la victoire par K-O de la société sur la politique. Dans un geste qui les honore, les politiques viennent en effet d'abdiquer triomphalement devant la société : telle est la signification de la démarche qui conduit au grand marché. Le changement qui a permis de remettre en marche la machine européenne traduit une révolution méthodologique : les États se dessaisissent au profit du marché; ils renoncent à l'action volontaire; ils abandonnent leur vieille tendance naturelle à construire, bâtir, normer; ils font confiance au désordre, convaincus qu'à l'arrivée il établira mieux qu'eux un nouvel ordre! Derrière cette humilité inattendue se glissent autant d'espoirs sincères que d'arrière-pensées accidentelles : le tri se fera de lui-même. Mais dans un monde qui dévalorise chaque jour davantage la politique, hommage lui soit rendu! Elle a encore la force de fonder un mythe et le courage de se mettre hors jeu pour que ce mythe devienne réalité, même si celle-ci ne suffit pas à ralentir des pesanteurs autrement puissantes.

Un mythe vertueux

Nous manquions de mythes. En voilà un! Après la révolution dans un seul pays, le tiers-mondisme, le socialisme conquérant, le libéralisme ressuscité, aux rêves plus ou moins éphémères, nous voici dotés d'un mythe parfait : l'Europe de 1992! Nul danger, cette fois-ci, de voir le goulag démentir le vœu, le communisme réel ternir le slogan, la nullité économique faire litière de l'appropriation collective des moyens de production, Pinochet servir de caution à la réforme friedmanienne [1]! L'Europe est un mythe à l'image de nous-mêmes : « clean », mesuré, raisonnable, à faibles risques, à émotions contenues... Mobile et rassurant : que souhaiter de plus! Étrange destin pour ce qui constitue au fond l'accomplissement bien tardif du traité de Rome! Le grand marché était inscrit dans le texte fondateur de 1956; il s'est fait longtemps attendre; il se présente avec vingt-cinq ans de retard, et l'émotion n'a plus de bornes! Derrière l'achève-

1. En référence à la politique économique ultralibérale du gouvernement Pinochet, mise en route par les émules de Milton Friedman.

ment d'un processus économique se dessine une figure mythologique de l'Europe.

La transfiguration ne se fait pas chez tous les États membres avec le même enthousiasme. Du côté des plus actifs : l'Espagne, la France, l'Italie. Du côté des plus sceptiques : la Grande-Bretagne – noblesse oblige – et la République fédérale – dérive oblige. Pour les Espagnols, 1992 a les vertus d'une nouvelle frontière : elle les contraint à entrer dans le monde moderne, à marches forcées; une société avide d'efforts, après la longue hibernation franquiste, ne pouvait trouver mieux. Européens de toute éternité, ayant par réflexe quasi inné le sens de l'innovation, les Italiens ont tout à gagner, également, au grand marché : ils l'ont anticipé, quand il n'existait pas, pour en profiter à plein dès qu'il se profile à l'horizon. La « furia francese » est évidemment plus inattendue, venant de l'élève le plus indocile, pendant des années, de la classe européenne : la France aurait-elle trouvé là un synonyme souriant de modernisation et de productivité, afin de faire les choses sans les dire, de préserver à la fois le discours et l'essentiel? Étrange tout de même. La Grande-Bretagne n'est-elle pas aussi peu enthousiaste qu'hier, décidée à pratiquer vis-à-vis de 1992 ce cynisme qui lui réussit si bien, mettant ses réticences en bandoulière pour obtenir davantage qu'elle ne devrait et, les avantages empochés, rejetant tout ce qui lui déplaît? Ainsi Mme Thatcher obtiendra-t-elle pour la City les effets de l'intégration financière sans même offrir la contrepartie minimale que constituerait l'adhésion de la livre sterling au système monétaire européen. Reste que le pays où 1992 semble le moins à l'honneur est la République fédérale : certitudes d'une économie dont l'horizon mondial dépasse le marché européen? Craintes d'être entraînée dans une unification économique que le premier de la classe devra financer au prix fort? Volonté de ne pas obérer, par des adhérences trop fortes, le repositionnement stratégique? C'est à croire que pour l'opinion allemande 1992 est soit un fait acquis, soit un non-événement. Quant aux petits pays, ils adhèrent tous avec enthousiasme : les plus riches, Hollande ou Danemark, parce qu'ils sont convaincus de tirer à plus grande échelle leur épingle du jeu; les plus pauvres, Portugal ou Grèce, parce qu'ils y gagneront les aides ou les subsides nécessaires à une mutation accélérée. Aux nuances près, 1992 a envahi les esprits européens et ce n'est pas la moindre vertu du mythe.

Le fait, dans cette atmosphère, commence à précéder le droit. Patrons ou syndicalistes, gestionnaires de monopoles, responsables de banques ou d'assurances, bureaucrates, professionnels qui avaient échappé aux foudres du rapport Rueff-Armand : tous pensent désormais en Européens; tous affirment leurs stratégies d'attaque ou de défense avec, pour perspective, le grand marché; tous sont convaincus que le glas a cette fois-ci sonné pour les protections et les rentes en tous genres; tous essaient d'anticiper à défaut de subir. Révolution mentale s'il en est, dans un continent qui avait subi les chocs pétroliers comme des coups du sort, la montée des concurrents lointains comme une fatalité, l'atonie économique comme un destin. Les Européens sont cette fois-ci, toutes proportions gardées, dans le même état d'esprit que les Japonais trouvant dans la hausse du prix du pétrole hier, du yen aujourd'hui, le prétexte d'un nouvel effort. Le sursaut psychologique aura-t-il un effet macro-économique supérieur à celui qu'entraînent les seules conséquences mécaniques de l'élargissement du marché? 1992 est un leurre. Avec ses avantages : il induit un comportement. Avec ses défauts : vainement approché, il ne peut que décevoir. Mais de ce coup de baguette magique qui réveille malgré tout la belle au bois dormant, les Européens ne rendront jamais suffisamment grâce à leurs hommes politiques et à Jacques Delors.

Leurre, 1992 est aussi un artifice. C'est un instrument de modernisation, un moyen de mobilisation sans traumatisme, un outil rhétorique bienvenu. Les socialistes français le savent mieux que d'autres, qui ont pu réaliser de la sorte leur Bad Godesberg sans adopter des mots aussi désagréables à leurs oreilles que « laisser faire », « laisser passer », « marché » ou autres ritournelles libérales. Le vocabulaire est sauf, la réalité transformée : que souhaite d'autre un appareil politique responsable? Des chantiers navals à fermer? Il fallait hier argumenter, dévider les prix de revient, avouer les subventions. Ne suffit-il pas désormais d'afficher 1992? Un oligopole bancaire à dominer? Que de vains combats depuis vingt ans; le mirage européen donne désormais tous les droits. Des professions fermées, aux rentes insolentes? Elles narguaient, depuis un demi-siècle, tous les gouvernements successifs : leur laisse-t-on désormais d'autre choix que d'évoluer par anticipation ou de mourir par aveuglement? Se moderniser face aux Japonais ou aux Coréens était une contrainte désagréable; le faire face à ses voisins devient presque un agrément. Pas de congrès professionnels qui ne mettent 1992 à l'ordre du jour; pas d'entreprises qui ne raisonnent en termes de grand marché; pas de bureaucraties qui ne se sentent menacées. L'Europe, substitut à la modernisation, recèle certes quelques ambiguïtés. D'aucuns imaginent l'effort requis par la première limité dans le temps, alors que la seconde est indéfinie : aussi croient-ils choisir le coup de collier de préférence à la tension perpétuelle. Ils risquent, le moment venu, de découvrir à leur grande déception que l'un est le simple prélude de l'autre. S'adapter au grand marché, c'est une première étape pour s'adapter au monde.

1992 est, du même mouvement, devenu une incantation à la croissance. Celle-ci avait disparu de l'horizon et la stagnation s'y était substituée. Rigueur, baisse du pouvoir d'achat, réductions d'effectifs : la ritournelle semblait sans fin, chaque sacrifice en appelant un nouveau. La croissance zéro pour avenir, l'austérité pour mode de vie : telle était, il y a quelques années, l'opinion dominante, une fois disparus l'irréalisme et la naïveté des années soixante-dix. Du grand marché, les mêmes attendent désormais le retour de l'expansion, à l'instar de leurs pères qui voyaient dans la reconstruction le levier du développement. Sans doute le grand marché ne mérite-t-il ni excès d'honneur, ni indignité : il n'assurera pas de nouvelles « trente glorieuses ». Mais au-delà de ses effets mécaniques, il aura eu l'immense mérite de nous débarrasser de nos inhibitions : l'économie n'est pas un univers borné; elle est la vie même avec ses hauts et ses bas.

Observateurs minutieux de notre atmosphère, les Américains ont pu proclamer l'avènement – dans leur jargon – de l' « europtimisme » aux lieux et places de l' « europessimisme » ou de l' « eurosclérose »; les signes du déclin auraient changé de continent : à eux l'inquiétude, à nous la confiance; à eux le recul, à nous le progrès! Ces sautes d'humeur sont à des économies-mondes ce que les sondages sont à l'opinion publique... A quand un nouveau basculement qui nous verra, une fois de plus, broyer du noir! Sans doute cette bouffée d'optimisme est-elle passagère : les tendances lourdes de l'économie, les effets à long terme d'une démographie en déshérence ne promettent pas des lendemains de fête. Mais, après quinze ans d'inquiétude et de sentiment

d'un inexorable déclin, 1992 aura réappris aux Européens la
confiance au même titre que le goût de la croissance. Dans
une société façonnée davantage par les mentalités, n'en
déplaise aux marxistes s'il en existe encore, que par les
infrastructures, c'est pain bénit.

Les chefs d'État avaient cru en 1985 à Fontainebleau
prendre une décision économique : le grand marché; et une
inflexion politique : le vote à la majorité qualifiée. Ils ont en
fait fondé un mythe. Travaillée par son inconscient, la
société européenne devait sans doute ressentir le besoin
d'une force de rappel, au moment où le sol commençait à se
dérober sous ses pas et où les évolutions stratégiques à
l'œuvre devenaient lisibles. La logique aurait voulu qu'à une
dérive stratégique réponde une initiative dans le domaine de
la défense. Il en est allé autrement : c'est à l'économie qu'on
a étrangement demandé un supplément d'âme européenne.
Ainsi 1992 sert-il de réponse à une question autre, mais cette
perspective a, au passage, développé des sentiments collectifs qu'une réponse appropriée, donc militaire, n'aurait
jamais suscités. La mobilisation n'est plus l'apanage de la
défense; c'est celui de l'économie. L'enthousiasme n'est plus
belliqueux; il est commercial. L'énergie n'est plus militaire;
elle est industrielle. L'Elbe ligne de défense nucléaire de
l'Europe aurait engendré au pire des craintes, au mieux
l'indifférence. Le grand marché, lui, galvanise les énergies et
réveille les sociétés. Rien n'est plus normal, dès lors qu'elles
ont érigé au panthéon des valeurs l'individualisme, le goût
du profit, le sens du marché. A une société de marché, idéologie de marché. A idéologie de marché, enthousiasme de
marché. Mais faire d'un projet économique l'instrument de
l'unité de l'Europe signifie, en revanche, une paradoxale victoire du marxisme.

La paradoxale victoire du marxisme

1992 est l'enfant légitime de la CEE, cette Communauté
économique européenne dont, à force de répéter les initiales,
on oublie la signification. Depuis trente ans, l'Europe s'identifie à l'économie et si, de temps à autre, elle se manifeste
sur des terrains différents, c'est toujours à travers leur
dimension économique. De là une tyrannie du fait acquis qui

s'impose à toute ambition européenne. Détenteurs de la légitimité, les institutions bruxelloises se chargent de protéger ce pré carré : vue du Berlaymont, l'Europe ne peut se faire qu'à travers le filtre de l'économie, et les initiatives doivent toutes s'y inscrire, faute de quoi elles sont condamnées : leur manqueront les subventions et les aides sans lesquelles elles ne seront que des idées creuses. L'Europe aurait pu commencer à exister par d'autres voies; on l'oublie désormais trop souvent. Une voie politique, à travers un embryon d'organisation qui aurait créé les germes d'une confédération : depuis l'échec du plan Fouchet en 1962, l'Europe politique n'a connu d'autre moteur que le bon vouloir et la concertation, l'un et l'autre fugitifs et aléatoires. Une voie militaire, si la Communauté économique de défense n'avait, en tournant court, traumatisé les esprits pour plusieurs décennies. Une voie culturelle à l'occasion d'initiatives transnationales. Une voie pédagogique, par la convergence des programmes et l'enseignement, dans tous les États membres, d'une même histoire de l'Europe. Une voie juridique enfin par un début d'harmonisation du droit civil et du droit pénal, et la mise en place d'un espace judiciaire européen. Le cheminement a été différent : ce n'est ni un procès, ni un regret. Encore faudrait-il que les problèmes ne soient pas traités sous un angle exclusivement économique. Par exemple, l'objectif majeur de faire naître un citoyen européen, qui vivrait une double appartenance vis-à-vis de l'Europe et de son pays d'origine. La ligne de plus grande pente, inévitablement économique, conduit au principe de libre circulation des personnes et de libre installation des professions. Mais une approche d'origine juridique aurait cherché à faire prévaloir les mêmes droits et les mêmes devoirs du citoyen dans tous les États membres, au point de rendre indifférent le territoire de juridiction. L'une ne vaut pas mieux que l'autre et, dans une Europe de rêve, les deux seraient nécessaires. Mais par la force des habitudes et le poids des institutions en place, il n'existe de construction qu'économique, avec la conviction chevillée au corps, chez les gestionnaires de l'Europe, que si l'économie va, tout va, et que le reste suivra bien par surcroît.

Cette priorité au tout-économique fait de 1992 un objectif ambigu. Ce n'est, à la lettre, que l'achèvement tardif du traité de Rome avec l'établissement d'un grand marché de

plus en plus vaste et de plus en plus homogène : pour les produits manufacturés, la disparition des barrières non tarifaires devrait achever le processus dont le démantèlement
des droits de douane avait constitué la première manifestation; pour les services seraient enfin franchies les étapes que
l'industrie avait traversées il y a vingt ans. Ni plus, ni moins.
Mais en réalité la dynamique de 1992 empiète, sous couvert
d'économie, sur d'autres enjeux. Ainsi de l'équivalence automatique des diplômes universitaires. Ainsi du libre droit
d'installation à l'intérieur de la Communauté. Ainsi de la
concurrence entre professionnels de toutes les disciplines.
Progrès importants vers la citoyenneté unique, mais qui
l'assimile exclusivement à une citoyenneté économique. D'où
un « homo europeanus » bizarre, qui représente le plus marxiste des êtres : ce sont ses droits économiques qui font de lui
un Européen, et non sa culture, son enracinement et son droit
de vote. Quel étrange paradoxe : un médecin grec peut s'installer à Lyon, concurrencer en toute liberté ses confrères
français, mais ce n'est pas demain qu'il pourra élire le
conseil municipal et moins encore le député! S'il veut divorcer de son épouse grecque, venue avec lui, il devra retourner
devant les tribunaux athéniens, mais non devant le juge lyonnais qui, en revanche, le punirait s'il faisait dans son métier
une faute professionnelle! Absurde! L'Europe avance ainsi à
cloche-pied et les Européens deviendront, avec le grand marché, schizophrènes : économiquement, ce seront des citoyens
européens; politiquement, légalement, ce seront des ressortissants de l'un des États membres. Seul un prosélytisme
européen bien naïf peut faire croire que de l'économie naîtra
naturellement une collectivité.

Derrière un fait – l'Europe est l'apanage de l'économie –
commence à se glisser subrepticement une idéologie : elle
postule qu'une société civile européenne est en train de se
constituer. La logomachie de 1992 y conduit; l'enthousiasme
l'exige; le zèle proeuropéen le veut. Quelle illusion! Quel
retour inattendu au marxisme de la part de ceux qui se
livrent à l'entreprise la plus libérale de l'Histoire : la réalisation d'un marché parfait de trois cents millions de consommateurs! Quel paradoxe! Philosophique, puisqu'il assimile le
fonctionnement d'une société au jeu du marché. Sociologique, puisqu'il fait abstraction des irrédentismes sociaux.
Historique, dès lors qu'il fait l'impasse sur les pesanteurs et

les adhérences. Politique, car il nie à la société politique une force équivalente à celle de la société économique. Les Européens les plus lucides ne sont pas dupes de cette ambiguïté : ils ne cèdent pas à la tentation de croire qu'une Europe économiquement unie sera l'Europe, mais ils font néanmoins le pari selon lequel la dynamique économique sera forte au point de mettre en mouvement le reste, et que cahin-caha tout suivra. C'est faire fi, entre autres, du basculement stratégique du continent : celui-ci s'accommode fort bien du grand marché. Pourquoi la libre circulation des produits et des individus entre les douze mettrait-elle fin à un mouvement souterrain dont l'origine est tout autre, de même que les tenants et les aboutissants? Les unifications se sont toujours faites à l'initiative des États, et au besoin par le glaive et par l'épée. Ce n'est pas le « Zoll Verein » qui a bâti de lui-même l'Allemagne : Bismarck n'a pas lésiné sur les autres moyens... Glaive et épée ont, Dieu merci, disparu, mais la volonté des États reste, elle, la pierre angulaire de toute unification. Le marché n'en tiendra pas lieu.

Ce sont là des évidences, mais le mythe sympathique de 1992 a fini par les faire oublier. Les Européens sont en train de croire qu'ils font l'Europe. Le réveil risque d'être brutal, le jour où ils mettront en balance les avantages et les coûts du grand marché. Sans doute, pour tout esprit rationnel, les premiers excèdent-ils de beaucoup les seconds, mais ce calcul économique n'est pas à la mesure du fol espoir qui laisse aujourd'hui entendre que l'unité économique fera l'unité de la société, que l'unité de la société suscitera l'unité politique, que l'unité politique entraînera l'unité militaire, et que l'Europe se sera ainsi établie sans drame ni tension. 1992 adviendra, mais cette Europe-là ne se fera pas, car cette unité n'est plus désormais possible. A nos « libéraux-marxistes » de toucher à nouveau terre : ils ont mêlé, par une étrange alchimie, le fantasme libéral du marché et le credo marxiste du primat de l'économie. C'est trop! Le rêve européen pourrait ne pas s'en remettre.

Un coup de génie technocratique

Quel sursaut, de la part d'une bureaucratie enlisée! La machine bruxelloise incarnait il y a quatre ou cinq ans le pire d'une technocratie. Gérant des procédures figées, prisonnière de règles intangibles, consommatrice de crédits importants, incapable de tout effort de productivité, elle était devenue à elle-même sa propre finalité, et l'Europe était bien loin, qui ne lui servait même plus de cache-misère idéologique. Ainsi poussé jusqu'au paroxysme, sans contrepoids, le modèle technocratique bruxellois semblait le point oméga, l'ultime aboutissement vers lequel tendait toute administration. Et voilà cette institution maladivement conservatrice qui réinvente le mouvement! Une telle impulsion n'est pas venue des profondeurs de l'organisation; elle est à mettre au crédit des politiques qui la dirigent, mais l'appareil a suivi et a accepté un bouleversement de ses approches traditionnelles, aussi traumatisant pour lui que la révolution copernicienne pour l'Église de l'époque.

Depuis trente ans, les institutions communautaires fonctionnaient sur un principe intangible : l'harmonisation des règles précède la libération des échanges. Rien de plus naturel, de la part d'une organisation élevée au lait de la technocratie parisienne : l'efficacité ne se confond-elle pas, à ses yeux et de toute éternité, avec l'édiction de règles parfaites, tirées au cordeau, susceptibles de quadriller la société comme un jardin à la française? Au nom de cette philosophie s'étaient édifiés la CECA, la Communauté, la politique agricole commune et autres acquis européens. Les droits de douane s'étaient effacés sans difficulté excessive, sous les coups de boutoir d'une bureaucratie passée maître dans l'art de réglementer pour tuer les règlements des autres. Mais face aux barrières non tarifaires, aux irrédentismes fiscaux, aux particularismes juridiques, la machine s'était complètement encrassée. Le démantèlement des mille cinq cents normes françaises, des sept mille normes britanniques, des vingt-cinq mille normes allemandes – étalon s'il en est du protectionnisme clandestin pratiqué par les uns et les autres – était hors de portée de toute administration. Les droits de douane étaient affichés et peu nombreux; les protections non tarifaires invisibles et protéiformes. Pour les premiers, le marteau-pilon technocratique suffisait; pour les secondes il était devenu inutilisable. Les impôts résistaient encore mieux qui, à l'instauration de la TVA près, appartenaient au pré carré régalien des États. Quant aux mécanismes juridiques, ils ne se rapprochaient pas d'un millimètre, à l'image de la société de droit européen, urgence aux yeux du moindre industriel et dont le projet dormait sur la table du Conseil des ministres depuis 1973. Les plus zélés des eurocrates avaient fini par baisser les bras. Le Marché commun était condamné à l'inachèvement, la Communauté à la gestion du quotidien et l'Europe à des crises récurrentes, réglées sans gloire.

Mais les institutions finissent, elles aussi, par avoir peur de leur propre mort. L'Église catholique invente Jean-Paul II, *le Monde* se ressaisit sur le bord du précipice et la Communauté économique européenne renonce à son principe fondateur : le primat de l'harmonisation sur la libération. Depuis 1985, le jeu est inversé terme pour terme : la libération prime sur l'harmonisation. Au nom d'un principe révolutionnaire pour la construction européenne, un produit qui satisfait la législation de son pays d'origine satisfait automatiquement la législation européenne, c'est-à-dire la législation des autres États membres. Ce qui est valable chez l'un des douze est valable chez les onze autres. A cette aune-là, les barrières non tarifaires sont toutes condamnées. La loi de pureté de la bière allemande en vigueur depuis le Moyen Age est désormais morte, qui interdisait la pénétration des bières françaises : reconnues en France, elles le sont automatiquement en Allemagne. Les standards nationaux ont fait long feu, qui fixaient là la largeur des essieux, ici la distance du fauteuil du conducteur à son volant, afin de cadenasser le marché du poids lourd. Les normes sanitaires sont condamnées, qui protégeaient le marché britannique grâce à des exigences plus ubuesques les unes que les autres. Cette révolution tient de l'œuf de Colomb. Encore fallait-il l'inventer : aux yeux de l'Histoire, Jacques Delors en restera le père. Encore fallait-il l'accepter : la reconnaissance, coûteuse pour une technocratie, de son impuissance et son courage d'abdiquer devant le marché ont été décisifs. Encore fallait-il la sublimer : c'est l'idée, elle aussi génialement simple, de la date butoir. Encore fallait-il au départ la vouloir. C'est l'honneur des chefs d'État et de gouvernement de la Communauté, et en particulier de ceux, tel François Mitterrand, peu portés à encenser naturellement le marché, qui ont accepté ce détour pour rendre souffle à l'Europe.

Certes cette révolution copernicienne n'a pas mis Bruxelles au chômage. La technocratie européenne l'aurait, sinon, rejetée. Il reste place pour un travail complémentaire d'harmonisation. Mais grâce à l'Acte unique, qui a substitué le vote à la majorité qualifiée à l'unanimité, les trois cents directives [1] encore nécessaires arrivent désormais à l'heure. Chaque année apporte son lot de textes sans traumatisme ni contretemps.

Avec la phi'osophie antérieure, la réalisation du grand marché était un travail de Pénélope; avec le principe d'équivalence, c'est presque chose faite. Avec le préalable de l'harmonisation, tout progrès était soumis au veto de la moindre administration nationale. Avec le primat de la libération, les bureaucraties sont désormais hors jeu; le marché décide. Avec l'approche réglementaire, l'Europe superposait normes et interdits, nationaux et communautaires. Avec l'approche libérale, l'empilement de textes ne sert plus à rien. Certes, aujourd'hui n'apparaissent que les vertus du nouveau dispositif : dynamisme, efficacité, simplicité. C'est en 1992 que nous connaîtrons le prix à payer : une sélection darwinienne dont nos économies encoconnées ont perdu l'habitude. Le choc sera au-delà de l'imagination. Tant mieux, dès lors qu'on se situe du côté de ceux qui considèrent tout tremblement comme salutaire! Mais était-ce le cas de la bureaucratie bruxelloise quand elle a changé son fusil d'épaule? S'était-elle convertie à une « Weltanschauung » peu en rapport avec ses traditions et son fonctionnement? Se serait-elle métamorphosée à ce point? Certes non! Mais l'instinct de survie l'a poussée à une initiative dont elle n'a mesuré ni l'ampleur ni l'effet. Les hommes politiques qui l'ont accompagnée n'ont sans doute pas vu davantage la bombe qu'ils étaient en train de mettre à feu. Cécité des plus classiques et des plus admirables : c'est une sorte de nuit du 4 août et les politiques et les fonctionnaires y tiendraient le rôle des aristocrates. Ils se sont démis de leurs privilèges et de leurs attributs, au profit non d'un tiers mais du marché. C'est de leur part un sacrifice, mais c'est aussi une abdication.

Une abdication politique

La primauté du règlement sur la libération ne tombait pas du ciel. Elle était, dans les années cinquante, à l'image de

---

1. *Directives* : décisions prises par le Conseil des ministres de la Communauté sur proposition de la Commission.

l'action que politiques et fonctionnaires menaient chez eux. La CECA et le commissariat général au Plan participaient de la même démarche « constructiviste », comme disait Hayek. A l'État de fixer les règles générales; aux acteurs économiques de s'y conformer. C'était l'époque de la croissance indéfinie, des investissements publics massifs et de la technocratie triomphante. Forte de ses succès nationaux et de ses fonctionnaires bâtisseurs, la France n'avait eu aucune difficulté à imposer son modèle à une Europe des six où le seul contrepoids possible, la République fédérale, était à la fois pétrifié par son passé et fasciné par la mythologie gaulliste. Il fallait une foi chevillée au corps à l'égard de ce type d'action pour mettre en route la politique agricole commune, ce fruit imprévisible du byzantinisme administratif... Cette approche « constructiviste » ne faisait pas la joie des seuls fonctionnaires européens et nationaux : elle perpétuait aussi le rôle des politiques. Eux seuls pouvaient lever les difficultés de principe, régler les conflits, trancher les nœuds gordiens. Le théâtre bruxellois ne leur était pas désagréable avec ses séances de nuit, ses déclarations à l'aube, ses visages émaciés par la fatigue, ses fausses sorties, ses réconciliations tonitruantes, code et rituel d'une pièce dont les hommes politiques tenaient les premiers rôles avec les opinions publiques des États membres pour spectateurs. Mais d'enlisements en difficultés, il n'était plus possible de maintenir la machine européenne en l'état; tout progrès était devenu hors de portée.

D'où le coup de tonnerre du grand marché, l'inversion des termes, la priorité donnée à la libération sur l'harmonisation. Mais cette révolution dans les méthodes est, encore une fois, une abdication du monde politique : celui-ci s'en remet au marché pour réaliser dans les faits ce que lui n'est plus en état de décréter. Un tel comportement n'est pas nouveau. Ce n'est pas la première fois que, impuissante à avancer sur son propre terrain, la classe politique européenne se tourne vers l'économie pour donner un deuxième souffle à l'Europe. Après l'échec de la Communauté économique de défense, elle mettait en route le traité de Rome et le Marché commun, convaincue qu'une fois sur les rails cette construction-là avancerait d'elle-même, sans qu'il faille à chaque étape des choix d'État techniquement complexes et politiquement coûteux. De même, en 1962, après l'échec du plan

Fouchet pour bâtir une hypothétique confédération politique, l'économie était-elle revenue au premier plan avec
l'accélération du Marché commun et les premiers pas de la
politique agricole commune. Mais ce déplacement du terrain
n'avait jamais entraîné une *diminutio capitis* politique
puisque, au nom du « constructivisme » technocratique à la
française, les administrations nationales devaient se mettre
d'accord à l'unanimité à chaque étape.

Le retrait est aujourd'hui d'une autre nature. C'est un
transfert de l'État à la société, du législateur aux agents
économiques, et plus généralement du principe d'ordre au
principe de désordre.

De l'État à la société, c'est l'évidence : une fois légitimés
sur la base des règles nationales en vigueur, les échanges
vont se donner libre cours, remodelant le système économique et à travers lui la société. Restructuration d'entreprises; disparition de professions; mobilité des individus;
brassage des produits, des techniques et des hommes : autant
de bouleversements qui n'ont guère de précédents. Lorsque
chacune des sociétés européennes s'est constituée, aux XVIIIᵉ
et XIXᵉ siècles, parallèlement à l'instauration de l'économie
de marché, elle n'a cessé d'être maternée par un État omniprésent et vigilant : le bismarckisme était tout sauf un pari
sur le mouvement spontané de la société allemande.
Aujourd'hui aucune institution ne pourrait materner de la
même manière la société européenne : ni les États, désormais
pieds et poings liés face à des mutations sur lesquelles ils
n'ont plus prise; ni la Communauté européenne, démunie,
sauf exception, de vrais pouvoirs régaliens; ni la Cour de justice, qui corrige a posteriori et ne joue que sur les marges.

Du législateur aux consommateurs et aux entreprises? Le
principe de l'harmonisation laissé de côté, le consommateur
européen deviendra le seul juge de paix. A lui de choisir
entre des produits aux caractéristiques différentes, soumis à
des normes hétérogènes. Dans l'équilibre entre la qualité et
le prix, propre à tout achat, la priorité revient implicitement
au prix, seul facteur de discrimination incontestable. Sans
doute la démarche des consommateurs finit-elle toujours par
manifester une exigence de qualité, mais dans un premier
temps la concurrence se fera sur les prix. A la standardisation se substitue une infinité d'ajustements micro-
économiques. Derrière cet effacement brutal des normes se

glissent une conviction et un pari. La conviction que l'Europe des douze est suffisamment homogène pour que les règles valables dans le pays le moins sévère constituent néanmoins un minimum acceptable. Le pari que dans une économie prospère les consommateurs réussissent à exercer une vraie pression sur les producteurs. Ceci suppose, au passage, une interdiction encore plus rigoureuse qu'aujourd'hui des monopoles et des ententes, faute de quoi la libération sans condition des échanges se ferait aux dépens des acheteurs. Parallèlement au consommateur, la balle passe dans les mains des entreprises. C'est de leur concurrence seule que naîtra l'optimum économique, et non d'un équilibre subtil entre les règles et le marché tel qu'il s'est développé depuis la guerre. Il y a en germe dans le grand marché une concurrence d'une brutalité et d'une violence sans précédent : les théoriciens du marché pur et parfait n'auraient pas rêvé un tel champ d'expérimentation en Europe. C'est au fond la philosophie américaine qui est en train de prévaloir, mais poussée jusqu'au paroxysme : des normes nationales existent encore aux États-Unis; elles ne dépendent pas des États au point de susciter l'alignement sur la règle la plus libérale en vigueur. Mais à ce détail (!) près, la CEE fait un pari à l'américaine sur le grand marché comme moteur économique, la concurrence comme régulateur, le respect du droit comme *ultima ratio*.

Transfert, enfin, du principe d'ordre au principe de désordre : à une Europe économique dessinée par les technocrates succède le fouillis de la vie. Au respect des règles valables pour tous se substitue le libre jeu des initiatives. A une économie conçue répond une économie vécue. Derrière ce virement bord à bord pointe moins une vision idéologique qu'une conviction méthodologique. Un choix idéologique se serait identifié à un discours à la Reagan ou à la Thatcher sur le marché, source du bien, et la réglementation, source du mal. La dérégulation sans précédent – puisque à l'échelle d'un continent – qui est en route ne part pas de tels a priori. Mais implicitement elle fait sienne la conviction contemporaine qu'il n'existe pas d'ordre sans désordre initial, pas de mouvement sans déséquilibre. Faut-il que les théories scientifiques contemporaines aient imprégné notre mode de pensée pour que de telles hérésies hier soient devenues de vraies évidences aujourd'hui. Les conceptions contemporaines de la complexité rôdent, qui nous ont enseigné le feed-back, l'effet retour et la régulation par le désordre apparent. Les thèses de la physique ne sont pas loin, qui nous rappellent combien l'ordre n'est qu'un désordre stable. Les idées les plus récentes de la biologie ne sont pas non plus sans influence, qui ont établi ce que la « logique du vivant » doit au « hasard et à la nécessité »[1]. Ainsi, d'une vulgate scientifique à l'autre, d'un raccourci à un autre, d'une banalisation abusive à une autre, s'est peu à peu établie une philosophie à la portée de tous, qui a basculé définitivement les postulats de l'ordre et du désordre. Les pères du grand marché seraient, pour certains, bien étonnés de se voir ainsi chargés sans le vouloir d'une vision scientifique du monde, mais ils cèdent, comme nous tous, à l'air ambiant, et celui-ci a bien changé. La planification était à l'économie ce que le déterminisme était à la science; le pari sur le marché est à l'action économique ce que l'aléa est désormais à la pensée scientifique. Le désordre créateur a pris le pas sur l'ordre conservateur : dans l'art depuis longtemps, dans la science plus récemment, dans la société et l'économie aujourd'hui.

Si le choix du grand marché avait été formulé en ces termes, sans doute n'aurait-il jamais eu lieu. Les risques seraient apparus trop immenses, les chances trop lointaines puisque, dans une logique de désordre, les premiers se manifestent avant que les secondes aient triomphé. Et la conception du temps que font leur les hommes politiques pondère différemment le futur immédiat et le futur lointain. Un peu d'hypocrisie, un zeste d'inconscience, une ration de courage, une dose de vision historique : c'est l'alchimie qui a permis aux politiques d'abdiquer leurs responsabilités européennes dans les mains de la société civile. Ils ont d'ailleurs poussé l'enthousiasme jusqu'à changer le mode même de fonctionnement de la Communauté pour que rien ne puisse entraver la marche vers 1992. Ils ont admis sans drame, ni affrontement théorique, le principe de la majorité qualifiée, limitant l'exigence d'unanimité à des cas rarissimes. Ainsi disparaissait le plus vieux serpent de mer des débats européens, celui qui avait conduit de Gaulle à pratiquer la politique de la chaise vide, celui qui servait de test discriminant

---

1. Pour reprendre les titres des deux livres, l'un de François Jacob, l'autre de Jacques Monod, qui ont les premiers diffusé ces nouvelles idées.

entre les partisans de l'Europe supranationale et les thuriféraires de l'Europe des nations, celui qui permettait en France
de discerner le sceau authentique du gaullisme. Ainsi les responsables européens ont-ils poussé le dessaisissement jusqu'à
son terme : non seulement le politique a cédé le pas à l'économie, mais en plus il s'est délibérément coupé toute voie de
repli, s'interdisant l'ultime recours du veto. Voilà une abdication en forme de triomphe! Seul le pouvoir politique pouvait de la sorte faire reculer le pouvoir administratif; seul il
pouvait donner ce coup de bistouri qui le réhabilite, à l'instar
des grandes lois fondatrices d'autrefois sur le libre-échange;
seul il a le droit de faire tourner la table du jeu. Il vient de
nous le rappeler.

Un pari

Les pères du grand marché se divisent en plusieurs catégories. Les uns, François Mitterrand et Jacques Delors en tête,
pensent que le renforcement des politiques communes doit
aller de pair avec la réalisation du grand marché, sous peine
de bâtir un espace darwinien qui engendrera d'immenses inégalités. Ils sont d'ailleurs dans le droit fil de la philosophie
originelle de l'Europe, faisant aller d'un même pas les progrès des échanges et les actions d'accompagnement. Les
autres croient aux vertus du marché pour le marché,
convaincus que de la purge naîtra le bien-être. Les derniers
enfin sont sans doute persuadés que le désordre finit par
appeler l'ordre et que la dynamique du marché suscitera le
moment venu des contre-feux : juridictions régulatrices, lois
sociales, mécanismes de péréquation. Jusqu'à présent les
partisans de l'Europe volontariste n'ont pas eu gain de cause.
Eurêka, programmes Esprit ou autres, accroissement de certains fonds communautaires : autant d'initiatives significa-
tives, sans commune mesure avec le tremblement de terre
qui s'annonce!

L'ordre après le désordre n'est pas une certitude.
L'exemple du système monétaire international est là pour en
témoigner. Là aussi le marché maximal, à un moment donné,
l'a emporté : non pas par une décision délibérée, mais parce
que les digues institutionnelles ont été submergées par la
masse croissante des capitaux flottants. L'illusion a alors

prévalu que des changes flottants naîtraient des ajustements automatiques de balance des paiements, d'inflation et de parité. La réalité n'a pas été évidemment aussi irénique : des surexcédents se sont substitués aux excédents, des hyper-dévaluations aux dévaluations, avant que ne se manifestent les premiers effets correcteurs. Aujourd'hui Mme Thatcher est seule à prêcher la liberté des changes à tout va, le refus de mécanismes de rééquilibrage, le rejet de toute concerta-tion; même les États-Unis ont dû admettre la nécessité de certains correctifs. Mais de cette déception internationale, rien n'est né en dehors du système monétaire européen : ni accords de stabilisation substantiels, ni instance régulatrice, ni étalon. Il est plus facile de sortir de l'ordre que d'y entrer. Le grand marché connaîtra-t-il le même sort?

Le marché et le droit sont – on l'oublie trop souvent – l'avers et le revers d'une même réalité. La concurrence sans règle du jeu est une jungle; le corset réglementaire sans espace de liberté conduit à l'inefficacité. Truismes, certes, mais truismes trop souvent négligés. La France, plus que d'autres, est rétive à la régulation juridique : le droit de la concurrence, cette épine dorsale de l'économie de marché, y est toujours balbutiant; la société subit les règlements au lieu de multiplier les contrats; le législateur a du mal à admettre l'existence de normes de droit qui lui soient supérieures. De là, à chaque bouffée de libéralisme, l'omission toujours systé-matique du volet juridictionnel. L'Europe risque de marcher sur les mêmes brisées. C'est sous-estimer l'intensité de la bataille économique et la violence de la concurrence que d'imaginer le grand marché sans la moindre régulation. Les Européens viennent de bâtir le marché maximum avec le minimum d'institutions, pour reprendre l'excellente défini-tion de Michel Albert et de Jean Boissonnat [1]. Le déséqui-libre apparaîtra vite. De nouvelles institutions, de nouvelles règles s'imposeront-elles? D'où viendront-elles? Les ins-tances communautaires auront-elles, le moment venu, la force de les imposer? C'est le pari. Nul ne peut sous-estimer le risque de voir la Communauté devenir aussi impuissante sous le choc du grand marché que le Fonds monétaire inter-national face aux taux de change variables.

Comparaison abusive, prétendront les eurocrates. La

1. Michel Albert, Jean Boissonnat, *Crise, krach, boom*, le Seuil, 1988.

Commission a des pouvoirs juridiques propres; le Conseil des ministres la soutiendra; la Cour de justice de Luxembourg a les moyens de fixer le droit. C'est oublier que le Fonds monétaire international – qui est, lui aussi, une construction de l'après-guerre – disposait de pouvoirs quasi régaliens : il pouvait, du temps des changes fixes, exercer la police des monnaies plus rudement que la Commission de Bruxelles la surveillance du Marché commun. Mais ses attributs se sont dissous dans la tempête monétaire de l'époque, à l'égard des grands pays : tuteur des nations en faillite, il n'a pu imposer la moindre règle de comportement aux puissances économiques dominantes, et en particulier à un gouvernement américain qui transgresse chaque jour le code de bonne gestion dont il est le premier à demander l'application au Brésil, au Mexique ou à la Pologne, en quête de rééchelonnement de leurs dettes. Qui sait si la République fédérale ne sera pas aussi réticente à l'idée de la moindre contrainte, en guise d'accompagnement du grand marché, que les États-Unis vis-à-vis de toute injonction du FMI? Les plus puissants n'ont aucun intérêt à l'édiction de règles destinées à limiter leurs suravantages sur les plus faibles. Si celles-ci participent du décor, ils s'y conforment; si elles n'existent pas, pourquoi contribueraient-ils à les établir? Ils acceptent certes quelques inflexions à la marge afin de corriger les excès les plus abusifs : avec un pouvoir d'achat par tête quinze fois inférieur à celui du Bade-Wurtemberg, la région sans doute la plus marginalisée, en l'occurrence la Thrace grecque, finira par obtenir une obole; mais de là à bâtir de vrais mécanismes de péréquation, la distance est bien grande! Seuls à même d'établir un code de conduite, les forts n'y ont pas intérêt, alors que les faibles n'en ont pas les moyens. De là le risque que le grand marché fonctionne en état de déséquilibre permanent, sans régulation ni contrepoids.

Si tel est le cas, le besoin d'État finira néanmoins par s'imposer. Mais au lieu de le voir se manifester au niveau européen, ce seront les États membres qui, interpellés, devront réagir. Ce serait une catastrophe : obligés de réparer les dégâts de l'Europe unie, les gouvernements les plus pauvres n'auront le choix qu'entre un réflexe antieuropéen, la mendicité auprès de leurs collègues de la Communauté plus riches, ou la menace de faire sauter le système. La dernière hypothèse ne serait d'ailleurs pas la plus mauvaise, car

elle seule pourrait peut-être bousculer l'inertie douillette de
ceux qui, au jeu du grand marché, auront gagné. De toute
façon, les plus forts ne pourront pas devenir encore plus
forts, les plus faibles encore plus faibles, même avec un pouvoir d'achat collectif en hausse, sans que rien ne se passe. La
Communauté devra accoucher de règles et de compensations
sous peine d'insupportables conflits.

1992 suscite aujourd'hui un enthousiasme unanime, mais
il ne faut être ni grand clerc, ni marxiste, pour anticiper les
tensions à venir. Entre les pays gagnants et les pays per-
dants : c'est un rêve de croire à l'homothétie des gains de
productivité; certains s'en tireront mieux que d'autres. Entre
les régions en boom et les autres. Entre les secteurs de croissance et les activités en perdition. Entre les consommateurs
et les agriculteurs. Entre les employés des services en expansion et les salariés des industries en régression. Entre le secteur exposé à la concurrence internationale, encore plus cha-
huté qu'hier, et le secteur abrité, encore plus privilégié
qu'auparavant. Ces conflits sont le pain quotidien des économies avancées, mais 1992 leur donnera une intensité nouvelle. Aujourd'hui chaque État joue tant bien que mal le rôle
de réducteur de tension dans sa zone d'influence. Mais à
l'échelle des douze, où est donc le réducteur de tension? Tel
est le pari de 1992 : une machine s'est mise en route, qui
générera progrès et difficultés, avec sans doute bien plus
d'avantages que d'inconvénients, et c'est son irremplaçable
vertu. Les progrès seront engrangés sans crier gare, mais qui
se chargera de limiter les inconvénients?

*
* *

92 ne s'achève donc pas en 1992. Il faudra demain régu-
ler, compenser le grand marché. Autant d'objectifs qui ne
feront pas l'unanimité des douze. Toute l'énergie de l'Europe
se concentrera une fois de plus sur le terrain économique.
S'occupera-t-elle du reste? De la citoyenneté, alors que les
habitants de notre continent se sentent plus occidentaux
qu'européens. De la construction institutionnelle, afin de
faire de l'Europe un acteur plutôt qu'un sujet de l'Histoire.
De défense, pour essayer d'infléchir les évolutions en route.
De stratégie, afin d'empêcher que se dissocient une Europe
stratégique à l'échelle du continent entier et une Europe

économique sans épine dorsale étatique, limitée aux frontières des douze. Si plusieurs espaces européens à géométrie
variable cohabitent, il n'existe pas d'Europe. Les yeux fixés
aujourd'hui sur l'achèvement du grand marché et demain
sur la nécessité de l'ordonner, nous risquons de laisser le lent
mouvement de terrain stratégique se poursuivre. Il sera trop
tard et l'irréversible sera consommé. Le gaullisme est là pour
nous enseigner qu'une fois partis, les trains de l'Histoire sont
irrattrapables. Entre 1960 et 1966, le Général pouvait
construire une Europe à sa main : les Allemands étaient
prêts à reconnaître sa tutelle, et les autres pays s'y seraient
ralliés, faisant contre mauvaise fortune bon cœur. Sans doute
aurait-il dû compenser l'édification européenne de figures de
style atlantiques, à l'époque nécessaires : la concession était
modeste au regard de l'enjeu, surtout de la part d'un homme
d'État plus atlantiste que quiconque quand se présentaient
de vrais dangers. Le culte de l'indépendance nationale, le
désir de s'ébattre diplomatiquement en toute liberté, de
vieilles méfiances recuites à l'égard des États-Unis, une
haine atavique de la supranationalité : il n'en a pas fallu
davantage pour laisser passer l'occasion. Ce sera l'éternel
péché historique du gaullisme. Évitons, prisonniers du grand
marché, de laisser filer une nouvelle fois l'Histoire en train
de se faire. Faut-il, pour cristalliser de la sorte nos obsessions, que 1992 ait une allure de rêve éveillé!

2.

Un rêve éveillé

Habillées de neuf, parées des attributs du grand marché, les vieilles théories économiques font un retour en fanfare. N'y a-t-il pas de l'Adam Smith, du Ricardo, du Pareto, voire du Friedman dans les postulats les plus en vogue? Une concurrence accrue fait baisser les prix, repartir la productivité et la croissance. La libre allocation des capitaux permet l'affectation de l'épargne aux meilleurs emplois, gage s'il en est de l'optimum économique. La disparition des barrières non tarifaires donne enfin son élan au jeu des avantages comparatifs. Tout n'est que bienfait : « luxe, calme et volupté », ajouterait-on par parodie! Jamais la pensée libérale n'avait brillé d'un tel éclat. Elle avance, certes masquée, cachée derrière des synonymes : 1992 pour marché, Europe pour concurrence, Communauté pour laisser aller, laisser faire. Certes, l'économie libérale a triomphé par K-O le jour où le plus proche conseiller de M. Gorbatchev a déclaré : « On ne connaît rien de mieux que le marché pour faire tourner l'économie. » Il a fallu des décennies pour redécouvrir cette vérité d'évidence : le marché n'est pas un choix; c'est un état de nature de la société. Mais de cette réalité à l'extase, la transition n'est pas évidente : sont passées par pertes et profits l'analyse marxiste des crises, la recherche keynésienne de l'équilibre global, la nécessité d'un État correcteur. Aujourd'hui, les Européens attendent de 1992, c'est-à-dire du marché et de la déréglementation, un vrai miracle : croissance, productivité, dynamisme. A rêver éveillés, les plus zélés ne sont pas ceux que l'on croit : les Français colbertistes plutôt que les Allemands libre-échangistes, les Espagnols protectionnistes plutôt que les Anglais libéraux, les socialistes plutôt que les conservateurs, les pays les plus en retard plutôt que les économies les plus en avance. Étrange partie de bonneteau : les vieux habitués du marché en connaissent les immenses vertus et les quelques vices; les néophytes croient toucher à la terre promise. L'exercice de style serait amusant qui remplacerait, dans un texte de M. Solchaga ou de M. Bérégovoy, 1992 par marché, Europe par dérégulation : les auteurs ne signeraient pas de tels brûlots à la Friedman! Ainsi vivons-nous le premier transfert psychanalytique en matière d'économie : nous déplaçons sur l'Europe un processus d'ajustement que nos complexes et nos inhibitions nous empêchent d'assumer à l'échelle nationale. Freud n'est pas mort! Dans une économie idéale, mieux vaudrait davantage de déréglementation à domicile, et peut-être moins à l'échelon communautaire, mais, comme en psychologie, un transfert accepté vaut toujours mieux qu'un complexe à vie. De là l'urgence de fantasmer pour justifier l'étrange démarche psychanalytique qu'ont empruntée, pour se libérer, des économies trop corsetées et réglementées.

Un miracle nécessaire

Le malade – quitte à poursuivre l'analogie – avait bien besoin d'une thérapie. L'Europe est, depuis quinze ans, atteinte d'une langueur qui se mesure par le chômage et les parts de marché. Avec ses dix-sept millions de chômeurs elle connaît un niveau de sous-emploi sans équivalent dans les autres zones développées. Avec sa croissance qui, toutes conditions optimales réunies – baisse de l'inflation, baisse du pétrole, baisse du dollar –, dépasse difficilement les 3 %, elle fait pâle figure vis-à-vis des États-Unis en expansion ininterrompue depuis six ans et d'un Japon qui a retrouvé ces derniers mois le développement exponentiel de l'immédiat après-guerre. Avec enfin des exportations qui représentent une part de plus en plus faible du commerce mondial, elle cède le pas moins aux Américains et aux Japonais qu'aux nouveaux exportateurs du tiers monde, du Brésil et des Quatre Dragons [1] du Sud-Est asiatique.

1. Expression employée pour désigner Taiwan, Singapour, Hong Kong et la Corée du Sud.

L'Europe n'a pu, certes, à la différence des États-Unis, distordre les règles du jeu grâce aux privilèges léonins d'une monnaie étalon. Elle n'aurait pu s'offrir comme eux, si elle l'avait voulu, une incroyable relance keynésienne sous couvert d'économie de l'offre. Elle n'aurait jamais eu le loisir de creuser, des années durant et sans en payer le prix, des déficits interne et externe abyssaux. Elle n'aurait pas eu la force de repousser sur autrui le coût d'une partie des ajustements, grâce à une devise en chute libre. Dans l'enthousiasme des États membres les moins austères de la Communauté pour une monnaie européenne joue subrepticement le désir de disposer à leur tour de tels privilèges : n'ont-ils pas la vertu, irremplaçable à leurs yeux, de reporter les échéances?

Face à leur déclin, les Européens n'avaient que trois possibilités : se laisser aller, s'imposer une cure d'austérité dans le cadre actuel, déplacer les contraintes. Longtemps a prévalu la première tendance : l'Europe s'est crue assez riche, au moment des chocs pétroliers, pour tirer sur sa prospérité accumulée depuis des lustres et se dispenser de tout sacrifice supplémentaire. Le subterfuge a rapidement fait long feu : il a fallu agir. La deuxième hypothèse aurait exigé de chacun des États membres qu'il aille très au-delà des efforts de rigueur des années quatre-vingt, au nom de la vieille règle suivant laquelle plus la purge est sévère, plus le rebond est élevé. Les opinions publiques n'y étaient pas prêtes, qui ont accepté sans broncher l'austérité minimale pour rétablir les équilibres macro-économiques. Ce n'est pas un hasard si les pays qui se sont imposé il y a peu la plus forte déflation, Grande-Bretagne et République fédérale, connaissent depuis deux ans des hausses de pouvoir d'achat de 3 à 4 %. Dans des économies avancées, avec des mécanismes de protection sociale inentamés et des corporatismes en pleine vigueur, l'austérité trouve rapidement sa propre limite. Reste la troisième voie : faire tourner la table, changer les règles du jeu, se défausser sur un nouveau contexte des efforts à faire. C'est le transfert sur l'idée de grand marché. A lui d'assurer un surcroît de croissance; à lui de dégager des marges de jeu; à lui de servir de vase d'expansion.

Une ambiguïté marque cette approche, qui se fera jour au fil des adaptations et des modernisations imposées par 1992. Elles doivent permettre à l'expansion de repartir, mais il leur aurait fallu un contexte de croissance durable pour s'accomplir sans drame ni retard : contradiction insoluble... C'est toute la différence avec la première libération des échanges au lendemain du traité de Rome. Les économies européennes voguaient allégrement sur un rythme de 5 % d'expansion par an et elles attendaient du Marché commun moins un surcroît de croissance qu'un relais au moment où l'œuvre de reconstruction aurait commencé à se ralentir. Situation autrement plus confortable : les dividendes de l'expansion de l'instant permettaient d'amortir les chocs nécessaires à l'expansion du lendemain. C'est un engrenage heureux qui a facilité les « trente glorieuses ». Les barrières protectionnistes se sont effacées; la contestation agricole s'est éteinte; les petits commerçants ont baissé les bras; le poujadisme s'est évanoui dans la nature : miracles de l'expansion! Sans cet adjuvant le choc sera plus rude : il n'existe ni marge de manœuvre sur le pouvoir d'achat, ni gains de productivité inemployés pour panser les plaies. Chaque pays avance vers 1992 tous freins serrés, convaincu à juste titre que le moindre laisser-aller le condamne à des embardées dont le prix s'ajoutera à celui de la modernisation. Faut-il que les progrès attendus soient importants pour justifier une telle ascèse!

Un conte de fées macro-économique

Le pari de 1992 fait, la Communauté a éprouvé le besoin d'en chiffrer les effets : calendrier qui témoigne, à lui seul, de l'acte de foi dans le grand marché. A une époque où les modèles macro-économiques tournent au moindre prétexte, quantifient la plus modeste mesure de politique économique, se substituent parfois, par leur simple influence, aux décideurs, le principal choix économique de la période s'est fait au doigt mouillé, sans les mille et une simulations auxquelles un acte cent fois moins important aurait donné lieu. C'est dire l'urgence de la décision, et plus encore – pour employer le jargon du théâtre – son côté cathartique : rien ne témoigne davantage du côté mythique de cet acte fondateur. Les souverains ont décidé par foi, conviction, intuition ou scepticisme, après s'être dépouillés des attributs de compétence technique dont ils sont encombrés pour le moindre arbitrage en matière de quotas laitiers, de largeurs d'essieux ou d'équilibre budgétaire. Les études n'ont pas manqué, mais elles sont toutes venues a posteriori.

La Commission de Bruxelles dispose désormais d'une batterie de chiffres, plus mirifiques les uns que les autres, qui permettent de justifier le bien-fondé d'un pari dans lequel ils n'ont joué aucun rôle. La mode est aujourd'hui aux deux cent vingt milliards d'écus, soit mille cinq cents milliards de francs d'économies par an. C'est cette manne qui résulte du grand marché et que la Communauté pourra se partager, l'affectant aux consommateurs, aux entreprises, aux États, en fonction d'une clef de répartition qui engagera l'avenir et en particulier la possibilité pour ce miracle annuel de se reproduire. La suppression des barrières non tarifaires est à l'origine de ce gain mirobolant, jouant sur toutes les touches de la gamme. La disparition des frontières intérieures au premier chef : suppression des haltes aux frontières, des procédures administratives, des retards qu'elles engendrent, des surcoûts de transport, des dépenses administratives inhérentes à une gestion d'une incroyable complexité. Ce serait entre douze et vingt-trois milliards d'écus qui partiraient de la sorte en fumée. Le protectionnisme des marchés publics, ensuite : ceux-ci ne sont jamais ouverts aux entreprises des autres États membres. 15 % du produit intérieur de la Communauté est ainsi resté hors Marché commun. Si le domaine ne s'entrebâillait qu'à moitié, ce serait néanmoins huit à dix-neuf milliards d'écus qui ne seraient pas indûment dépensés. Nos experts [1] ont recensé trois facteurs d'économies : un « effet de commerce statique », les autorités publiques achetant au fournisseur le moins cher, qu'il soit national ou européen; un « effet de concurrence » contraignant les entreprises à réviser leurs prix en baisse pour demeurer compétitives et protéger leur chasse gardée; un « effet de restructuration » lié aux économies d'échelle qu'entraînera la dimension continentale. Pour faire bonne mesure, les calculs laissent de côté les baisses de prix induites dans les services publics et les effets d'entraînement sur l'innovation, les investissements et la croissance. Le Marché commun des services financiers, en troisième lieu : vingt milliards d'écus seraient, à cette occasion, versés au pot de la Communauté. Ils proviendraient d'un alignement sur les

1. *1992, le défi. Nouvelles données économiques de l'Europe sans frontières,* Communautés européennes, Flammarion, 1988.

meilleures conditions de la concurrence, du crédit à la consommation, des cartes de crédit, des prêts commerciaux, des assurances en tous genres et des tarifs de courtages sur les transactions. Les plus fortes baisses seraient attendues en Espagne et, dans une moindre mesure, en Belgique, en France, en Italie, pays dont le protectionnisme financier demeure vivace. L'unification des prix des prestations en matière téléphonique, en quatrième lieu : plus de dix milliards d'écus. La réduction, enfin, des coûts de production par l'effet des économies d'échelle : soixante milliards d'écus seraient en jeu, pour les seules industries de transformation. L'ampleur de ce chiffre ne doit pas surprendre, au regard des autres gains annoncés. Il est au cœur du pari de 1992 : un grand marché ferait baisser les coûts de production, indépendamment des économies engendrées par la suppression des dysfonctionnements, frontières intérieures, marchés publics cloisonnés, marchés financiers émiettés... Même une industrie d'ores et déjà libérée comme l'automobile verrait ses coûts baisser de 5 % par la disparition des entraves qu'elle subit encore : réglementations techniques, écarts de taxation et morcellement de l'appareil de production. Celui-ci, malgré la libre circulation des produits, demeure national. Fiat, Peugeot ou Volkswagen sont des entreprises nationales qui exportent en Europe, non des entreprises européennes qui gèrent un marché intérieur à l'échelle de la Communauté. Ajoutez encore quelques gains sectoriels de-ci de-là et les deux cent vingt milliards d'écus sont à portée de main!

Au moment de passer aux conséquences macro-économiques de cette manne, nos experts ont voulu se donner l'élégance de la plus extrême prudence. Ils ont mesuré l'impact direct et non les effets induits. Le premier n'est pas négligeable : un produit intérieur brut soudainement accru de 4,5 %, un niveau des prix diminuant parallèlement de 6,1 %, une détente des contraintes budgétaire et extérieure, 2,2 % du PIB pour la première, 1 % pour la seconde, et enfin la création de 1 800 000 emplois, ce qui réduirait le taux de chômage de 1,5 %. Ces conséquences-là ne sont pas reconductibles : elles sont acquises une fois pour toutes. Mais les degrés de liberté ainsi recouvrés ouvrent la porte des effets en chaîne : le desserrement des contraintes permet une relance que la baisse instantanée des prix relaie, et ainsi de

suite pour le plus grand bien de la croissance et de l'emploi!
Un nouveau conte de fées en perspective!

La magie des chiffres ne doit pas faire illusion. Elle resti-
tue à la sortie du modèle ce que les experts ont enfourné à
l'entrée. Quelles impulsions attendent en effet les modèles
pour tourner au mieux? Une amélioration de l'offre : c'est
l'effet direct du grand marché. Des économies d'échelle :
c'est le désir de les susciter qui conduit à 1992. Un jeu sans
entraves de la théorie des avantages comparatifs : la disparition des barrières non tarifaires en est synonyme. Une amélioration de la rentabilité des entreprises : elle est en germe
dans les économies financières ou l'abaissement en amont
des coûts de production. Les modèles macro-économiques
connaissent, eux aussi, les effets de mode. Après les
machineries keynésiennes tirées par la demande sont venus
les outils de simulation au parfum libéral, fondés sur la
compétitivité de l'offre. Avec de tels juges de paix, le grand
marché est, par avance, gagnant. Il répond à tous les desiderata de l'appareil. Ce sympathique vice de conception ne suffit pas à effacer l'impact macro-économique du grand marché. Sans doute la simulation fournit-elle un résultat après
avoir fait l'impasse sur les processus intermédiaires. Sans
doute les chiffres sont-ils doublement surestimés : par le calcul un peu naïf des économies auquel se livrent les experts;
par le biais du modèle qui surpondère les progrès de l'offre
de préférence à la demande. Sans doute le schéma ne
prend-il en compte aucune confiscation des économies par un
monopole ou un oligopole, comme si de telles situations
n'étaient pas de ce monde. Mais, même réduit de façon arbi-
traire de moitié, l'impact du grand marché continue de ressembler à un conte de fées chiffré. Vu de loin et à la jumelle
macro-économique, 1992 n'a que des vertus. Vu de près et à
la loupe micro-économique, il a aussi quelques défauts...

Un espace d'action possible

Au-delà de ses avantages propres, de son aspect conte de
fées, le grand marché a une autre vertu : il correspond à un
espace où l'action macro-économique redevient possible. Il
est en effet de bon ton depuis une dizaine d'années de sourire
des politiques macro-économiques, à l'exception de celles qui

jouent sur les structures de production et sur l'offre. Que n'a-t-on entendu sur la faiblesse du keynésianisme ? Théorique : il aboutirait à des affirmations erronées, en particulier en matière de demande globale. Empirique : il aurait justifié des actions publiques qui auraient toutes échoué, avec à l'appui du propos la litanie des plans Chirac de 1976, Mauroy de 1981, Callaghan de 1978, Schmidt de 1980. Politique : il serait à l'origine de l'excès d'étatisme que les sociétés civiles ne sont plus prêtes à supporter. Social : il aurait servi de prétexte à la boulimie d'un État-providence devenu une machine à redistribuer à l'intérieur de la classe moyenne. Il y a évidemment du vrai dans ce procès en sorcellerie : le keynésianisme a en effet servi d'alibi théorique à l'aboulie étatique. Mais sa faillite tient surtout au territoire économique dans lequel les gouvernements l'ont mis en pratique. Ce n'est plus un moyen d'action à l'échelle d'une économie nationale, fût-elle allemande. Avec un commerce extérieur représentant près du tiers du produit intérieur, avec des taux d'intérêt davantage dépendants de l'environnement international que de leur banque centrale, avec un déficit externe dont la moindre aggravation accélère, avec des taux flottants, la dépréciation de la monnaie, avec un déficit budgétaire dont le plus léger gonflement pèse sur la demande, et à travers elle sur les importations, avec un coût du travail fixé par la concurrence internationale, sur quels claviers peut intelligemment jouer une politique keynésienne ?

A l'échelle de l'Europe, tout devient évidemment différent. Sa dépendance à l'égard de l'extérieur au premier chef : elle n'est plus que de 11 %, compte tenu de l'importance des échanges intracommunautaires dans le commerce extérieur des douze. La Communauté devient de la sorte une zone semi-protégée, à l'instar des États-Unis dont le taux d'importations est voisin du sien. Certes, en l'absence d'un minimum de protection aux frontières de la Communauté, le grand marché suscitera un accroissement du commerce extérieur européen qui sera source d'une dépendance accrue, mais ce n'est pas demain que la CEE, prise dans son ensemble, sera ouverte pour le tiers de son produit intérieur, comme chacun de ses États membres pris séparément. Une moins grande sensibilité aux taux d'intérêt étrangers, ensuite : déjà le taux allemand ne suit pas systématiquement les impulsions venues d'ailleurs et en particulier de New York; un taux européen jouerait un rôle de leader au même titre que son équivalent américain, redeviendrait une variable de politique économique et ne représenterait plus une contrainte subie. Ceci suppose certes une monnaie européenne, mais il n'existe aucun grand marché possible à long terme sans unification monétaire [1]. Une marge de jeu sur l'inflation, enfin : la baisse de prix inhérente au grand marché donne quelques degrés de liberté qui permettraient une relance plus active.

Déjà, en l'absence du grand marché, l'espace européen était apparu pertinent pour une relance économique. Le rapport Albert-Ball s'en était fait, dès 1983, l'ardent propagandiste [2]. Il avait mis en évidence un multiplicateur d'efficacité communautaire à la manière du multiplicateur keynésien. La démonstration était simple : toute politique de stimulation menée dans le désordre est aléatoire dès lors que la plupart des pays de la CEE font la majorité de leurs échanges entre eux. Conduite à l'échelle de la Communauté, elle joue en revanche à plein. Forts de ce postulat, Michel Albert et Jean Boissonnat [3] ont remis en marche leur modèle. Ainsi affirment-ils qu'un emprunt communautaire de vingt milliards d'écus par an pendant trois ans – soit cent vingt milliards de francs, un peu plus que le déficit budgétaire annuel de la France – permet d'accroître chaque année la croissance de 1 %. Poursuivi deux ans de plus, il entraîne une accélération : + 1,2 % en 1991; + 1,3 % en 1993. L'effet sur l'emploi serait considérable : 4 700 000 postes de travail créés dans la première hypothèse, 5 400 000 dans la seconde. Au jeu des prévisions mirifiques, ces chiffres-là sont encore plus importants que ceux liés au grand marché. Et encore cette simulation était-elle faite à structures économiques actuelles, sans prendre en compte le multiplicateur du multiplicateur que constitue naturellement l'achèvement du grand marché.

C'est, paradoxalement, dans l'efficacité même de la politique de l'offre menée depuis quelques années que le keynésianisme retrouve sa vigueur. De 1960 à 1973, il fallait une croissance minimale de 4,2% pour créer des emplois; sur la période 1973-1979, elle n'était plus que de 2,1 %, et depuis

1. Cf. chapitres ultérieurs.
2. Michel Albert, *le Pari européen,* le Seuil, 1984.
3. Michel Albert, Jean Boissonnat, *Crise, krach, boom, op. cit.*

1979, de 1,7 %, à la seule condition que les salaires demeurent stables par rapport aux prix. Le renforcement des structures des entreprises, leur meilleure efficacité, l'abaissement du « point mort » : autant de facteurs favorables à une relance. Ainsi, à l'échelle de la Communauté d'aujourd'hui et plus encore à celle du grand marché, le keynésianisme retrouve-t-il ses vertus. Encore faut-il que la République fédérale en accepte le principe : c'est une autre affaire. Encore faut-il aussi réhabiliter pour l'occasion le keynésianisme et le faire sortir de l'opprobre où l'a jeté la vulgate dominante : toute dépense publique est malsaine, toute relance criminelle, toute croissance artificiellement dopée une perversion.

Ces hypothétiques milliards d'écus devraient trouver une destination, et au nom du vieux principe, encore plus vrai aujourd'hui qu'hier (la relance par la consommation vaut moins que la relance par l'investissement ou par la demande externe), ce n'est pas en pouvoir d'achat qu'il faudrait les transformer. Dieu merci! Le vieux goût des infrastructures n'a pas disparu : la *round table* des grands patrons européens l'a remis à l'honneur, dressant la carte des tunnels, autoroutes, voies rapides dont ils rêvent de parsemer l'Europe. Étonnante tendance de ces acteurs de l'économie de marché à ne penser l'effort public que sous forme des infrastructures les plus lourdes, à l'instar des économistes soviétiques des années trente! Mais, au-delà de cet effort d'investissement peu original, pointe l'idée d'un plan Marshall pour l'Europe de l'Est. Ses avantages économiques sont évidents : un surcroît de demande par l'extérieur n'a aucun des effets inflationnistes, même modérés, d'une relance interne. Les défenseurs de l'idée en énumèrent aussi les effets humanitaires, les avantages politiques, l'impact stratégique. Ainsi, par un étrange détour, l'unification économique de l'Europe, indépendante de la dérive du continent, finit-elle par la rejoindre. Au lieu de freiner le passage de l'Europe occidentale à l'Europe continentale, elle l'accélère. C'est une des raisons, parmi d'autres, qui explique l'évolution de la position des Soviétiques à l'égard de la Communauté économique européenne : irréductiblement hostile au moment où celle-ci semblait un appendice atlantique, elle est devenue plus positive au fur et à mesure de son émancipation vis-à-vis des Américains. Ils la voient aujourd'hui d'un bon œil, convaincus qu'une Europe unie mènera, par la force des choses, une Ost-politik active. Les idées de nouveau plan Marshall en témoignent. Les Allemands auront plus de difficultés à refuser cette relance-là, eux qui ont mis en place subrepticement leur propre plan d'aide aux démocraties populaires au nom de la Mittel Europa.

Le grand marché réhabilite la possibilité de mener une politique économique. La fatalité déflationniste peut s'effacer, qui était devenue la norme européenne. Pour des raisons de fait : les limites induites par l'incroyable interdépendance des États. Pour des motifs psychologiques : une accoutumance diffuse au déclin. Pour prix de notre lâcheté : nous avons toujours voulu limiter au maximum l'effort d'austérité, qui seul pouvait répondre aux chocs pétroliers. Vu du clocher de l'Europe, cet abandon de toute politique économique semble une vérité d'ordre général. C'est oublier que maîtres de leur espace économique, le Japon et les États-Unis n'ont jamais renoncé à l'idée d'influencer les équilibres essentiels. Le libéralisme ambiant a fini par occulter l'habitude du gouvernement américain de peser, d'une poigne particulièrement ferme, sur les grands agrégats : incroyablement monétariste à certaines périodes, violemment keynésien à d'autres. Ainsi, par une ruse classique de l'Histoire, seul un marché plus authentique entrouvre pour les États la porte de l'intervention économique. Ceci suppose, certes, que cet immense marché ne soit pas l'apanage des seuls biens et services et qu'il ait connu une révolution financière.

La révolution financière

Dans la course à 1992, l'Europe financière jouera un rôle décisif. Elle est désormais en marche : dans son principe et depuis les dernières décisions des ministres des Finances, dans ses modalités d'application, y compris les périodes de transition pour les plus faibles. Quelle incroyable victoire de Pareto et des théories les plus classiques du marché des capitaux! Tous les responsables énoncent comme une évidence première que seule l'édification d'une Europe financière permettra, grâce à la libre circulation de l'épargne, une allocation parfaite entre épargne et investissement, et que celle-ci est une condition de l'optimum économique. Parfois, à lire certaines déclarations du Conseil des ministres des douze, on a l'impression d'ouvrir un manuel d'économie politique pour débutants. Première leçon : les niveaux d'épargne et d'investissement doivent s'équilibrer. Deuxième leçon : plus ils se fixent à un niveau élevé, mieux l'économie va. Troisième leçon : un marché pur et parfait permet d'atteindre cet équilibre. Et, au nom de ces profondes pensées, voilà en route la plus importante dérégulation financière jamais réalisée! Rien n'y échappe : les prestations de services doivent être libres et les capitaux circuler sans entraves. Le projet européen instaurera, s'il est réalisé, le marché des capitaux le plus concurrentiel du monde. Les États-Unis sembleront, par comparaison, empêtrés dans des règles innombrables.

La libre prestation de services signifie la faculté, donnée à toute institution financière installée en Europe, d'offrir directement ses produits partout ailleurs dans la CEE sans être nécessairement établie en dehors de son pays d'origine et sans être régie par d'autres règles et autorités de contrôle que celles de ce même pays. Le premier principe, l'offre tous azimuts, applique au monde financier ce qui vaut pour l'industrie : la BNP pourra, de Paris, exporter ses crédits ou ses SICAV, comme Peugeot ses voitures. Le second principe, le contrôle exclusif dans le pays d'origine, reflète en matière financière la priorité désormais donnée à la libération sur l'harmonisation : ce seront les règles de la Banque de France qui s'appliqueront au prêt à moyen terme fait par la BNP, depuis Paris, à une entreprise de Hambourg, et non les normes imposées par la Bundesbank. Cette libre concurrence à distance entre établissements va bouleverser la vie financière. C'est un pari sur la télématique et les moyens les plus modernes de communication, aux dépens de l'établissement sur place à l'étranger. Jusqu'à présent, il fallait pour grignoter des parts de marché dans un pays, s'y installer, se conformer aux règles locales et se comporter à l'instar des autres banques de la place. Rien de tel désormais : à partir de 1990, un Français pourra ouvrir librement un compte bancaire à la Barclay's de Londres. Pour les organismes de placements collectifs du type SICAV, la liberté de placer leurs produits à l'étranger est prévue pour le 1er octobre 1989. Ainsi un Londonien pourra-t-il s'endetter auprès d'une banque italienne, placer ses disponibilités au Luxembourg, souscrire une assurance-vie à Paris, laisser ses assurances dommages à Londres. Tout sera possible. L'essentiel des opérations ne se fera certes pas à distance, de même que le Français désireux d'acheter une Volkswagen décide d'aller chez un concessionnaire de quartier, et non chez son concurrent à Francfort, mais suffisamment de mouvements transfrontières auront lieu pour aligner les conditions de marché à l'intérieur de la Communauté. C'est le propre de tout marché parfait : quelques échanges suffisent à diffuser partout le prix d'équilibre.

La libre circulation des capitaux est évidemment la condition nécessaire de cette concurrence totale. C'est la fin des contrôles de change, des protections déguisées, du désir, vieux comme tous les États, de retenir chez eux l'épargne nationale. Le « dentiste belge », figure mythologique de l'euromarché, aura désormais des émules dans les onze autres États membres. Un Espagnol pourra placer ses économies en livres sterling à Amsterdam, un Français en deutsche marks. Régneront en maîtres la confiance en une monnaie, ses taux d'intérêt, le régime fiscal du pays d'accueil et la qualité du service rendu par l'intermédiaire financier. De la pondération relative de ces divers éléments sortira la carte des mouvements de capitaux. D'aucuns prétendront que le progrès est plus apparent que réel, et que les capitaux circulent sans restriction partout dans le monde, et non dans la seule Communauté. C'est vrai pour la plupart des grands acteurs économiques, à l'exception de ceux soumis à d'archaïques contrôles de change. Ce n'est pas le cas pour les particuliers. Ni les dépôts bancaires, ni les crédits personnels, ni les prêts au logement, ni les produits d'épargne ne circulent librement. Ainsi, mécontent de voir son compte à vue non rémunéré, un Français ne peut-il pour l'instant faire virer son salaire à Londres en livres sterling, afin d'obtenir un taux d'intérêt attractif.

Les consommateurs seront, une fois de plus, les grands gagnants. Les taux d'intérêt baisseront surtout vis-à-vis des particuliers, qui étaient jusqu'à présent rançonnés, à l'abri des frontières nationales, par les banques : le temps de cette dîme s'achève. Le système bancaire ne pourra refaire ses marges, laminées par la pression des grands clients, sur le dos des clients individuels. Il apprendra à son tour la loi d'airain de la productivité : les charmes du secteur abrité ne vont pas tarder à s'évanouir. L'alignement des conditions devra se faire sur celles du concurrent le moins réglementé, implanté dans le pays à fiscalité la plus basse. Pour le client, ce sera pain bénit. Pour les États, c'est la garantie de pertes de recettes fiscales. Pour les organes de contrôle bancaire, c'est l'obligation de copier le plus laxiste. Un jour, le manque de réglementation se paiera : des officines se développeront qui feront faillite, laissant désarmée leur clientèle, mais ce sont les risques de toute libération accélérée des échanges. Ainsi pour le consommateur, devenu soudainement l'idole de la Communauté, le rêve éveillé se perpétuera : les finances après les produits industriels. Mais un jour, privilégié comme consommateur et comme épargnant, le même individu s'apercevra qu'il paie lui-même ses nouveaux avantages, comme producteur et surtout comme contribuable. Il faudra bien trouver quelque part des recettes fiscales de remplacement : sur les entreprises, qui chercheront à les répercuter sur leurs coûts de production, et sur les personnes physiques, qui ne pourront, elles, repasser à personne le mistigri. Mais aujourd'hui, à l'aube de cette révolution financière, c'est encore le rêve qui a le dessus. D'autant plus qu'il s'enracine dans la perspective, psychologiquement gratifiante, d'une monnaie européenne.

L'épine dorsale monétaire

Sans monnaie commune, la libre circulation des capitaux est un leurre. A l'inverse de la vieille loi de Gresham, qui voit la mauvaise monnaie chasser la bonne, ce sera désormais la bonne monnaie qui dictera sa loi à la mauvaise. Ainsi du cas extrême de la drachme grecque, en concurrence avec un deutsche mark arrogant. L'épargnant d'Athènes cédera au mirage de la devise allemande et la Grèce se videra naturellement de ses capitaux, sans moyen réglementaire de s'y opposer, hormis le recours à des contrôles aussi difficiles à instaurer que le sont devenues, avec le temps, les clauses de sauvegarde pour les marchandises. Aussi devra-t-elle augmenter ses taux d'intérêt, au-delà des nécessités strictement macro-économiques : elle en supportera les conséquences en termes d'austérité. D'où le risque d'un cycle infernal qui verra les pays les plus pauvres condamnés par la hausse des taux à la récession, alors que les plus prospères verront affluer les capitaux. Les thuriféraires du marché pur et parfait nous diront que la masse monétaire ainsi créée en Allemagne suscitera l'inflation, que celle-ci entraînera une dévaluation relative du mark... Balivernes! Dans un univers de changes flottants, l'expérience l'a prouvé, la vertu va vers la vertu et le plus faible est condamné à une purge, chaque jour aggravée. A l'intérieur de l'Europe, le phénomène sera encore plus fort et encore plus insupportable. Tel qu'il fonctionne actuellement, le système monétaire européen est contradictoire avec la libre circulation des capitaux. On peut, en théorie, prétendre que celle-ci conduit à un équilibre des monnaies à travers d'amples fluctuations, même si quinze ans de changes flexibles devraient avoir eu raison de ce genre de postulat. On ne peut en revanche croire à des relations de change stables entre des monnaies soumises aux flux et reflux du libre mouvement des capitaux. C'est nier la réalité financière, autant que refuser en chimie le changement de dimension à un solide en réchauffement. L'alternative sera simple. Soit le Système monétaire européen (le SME) s'effondrera sous des ajustements incessants de parité, au risque d'un étrange paradoxe : une Europe financièrement morcelée aura connu une relative stabilité des changes; une Europe financièrement unie vivra le retour des changes fluctuants. Soit il cédera la place à une vraie monnaie, avec ses contraintes et ses rigueurs. Dans l'euphorie européenne du moment, la première hypothèse paraît exclue et l'unification monétaire va de soi. Acceptons-en l'augure, le temps d'un rêve éveillé.

La monnaie européenne a, en apparence, toutes les vertus : elle est le gage du grand marché; elle verrouille au minimum l'espace européen; elle rend à nouveau possible la liberté macro-économique; elle interdit le goût de certains États membres pour le laxisme. Quel est aujourd'hui, pour un petit pays, l'intérêt d'une monnaie nationale? Se donner la possibilité du cycle relance-croissance-déficit-dévaluation-austérité-relance... Celui-ci ne fonctionne plus avec la même efficacité qu'au temps des accords de Bretton Woods, mais il autorise encore quelques fugitives bouffées de laisser-aller. A l'arrivée, il faut solder les comptes, mais dans l'entre-deux les gouvernements peuvent se donner l'illusion de la liberté. Avec une monnaie européenne, rien de tel : la rigueur s'impose à tous. C'est aussi le seul moyen de débarrasser les

États membres de la lancinante contrainte extérieure, au moment où le grand marché risque d'en aggraver l'importance. Les ajustements ne disparaissent certes pas comme par enchantement. Mais au lieu de s'accomplir à travers des dévaluations et des réévaluations, ils se feront comme entre les cinquante États américains gouvernés par le même dollar : par le pouvoir d'achat, par les déplacements spontanés de population, par les délocalisations industrielles. C'est la logique d'un grand marché, bien davantage que des variations des taux de change, aussi peu adaptées à 1992 que les droits d'octroi au libre-échange naissant. Un écu authentique, non le concept statistique actuel qui en tient lieu, donnerait à une entité européenne en charge de sa gestion – pouvoir politique, banque centrale – les attributs d'une monnaie internationale : la capacité de l'émettre en quantités massives, sans assurer à chaque instant sa conversion dans les autres devises, les moyens de lever des capitaux importants au profit de la CEE, la possibilité de gouverner sa politique de taux d'intérêt. Et ce au titre des avantages communautaires. Pour chaque État s'y ajouterait la certitude d'être, quoi qu'il arrive, arrimé aux économies les plus puissantes de la Communauté et d'en tirer les garanties d'une « assurance-vie économique ».

Mais à la différence du grand marché, un tour de magie technocratique ne suffira pas à mener à son terme le projet d'une monnaie européenne. C'est le retour à l'Europe « administrée », celle des accords complexes, des abandons de souveraineté à contrecœur, des trocs d'influence. L'harmonisation aura repris tous ses droits, avec son cortège de lenteurs et de difficultés. Ainsi, au hasard des problèmes à résoudre : la monnaie européenne sera-t-elle exclusive de toute monnaie nationale ou les deux cohabiteront-elles? Qui en assurera la gestion : un pouvoir politique, la Commission, une banque centrale, et dans ce cas sera-ce une banque fédérale à l'américaine ou unitaire? Quelle sera la définition de l'écu : à défaut d'un panier de monnaies comme aujourd'hui, un être *sui generis* défini par sa parité avec les autres devises mondiales? Qui déterminera les principes de la politique monétaire : un pouvoir européen, une concertation entre États, ou un gouverneur de banque centrale aussi libre de ses mouvements que Paul Volcker a pu l'être aux États-Unis? Qui gérera la dette en écus, substrat de cette monnaie européenne, et les crédits budgétaires qui en seront la contrepartie? Quels seront le calendrier, les mesures de transition? Tâche immense, auprès de laquelle les constructions européennes les plus complexes, telle la politique agricole commune, semblent de modestes chantiers! C'est dire que les responsables de l'Europe devront changer à nouveau de pied. Ayant abdiqué entre les mains du marché, ils devront retrouver une vocation de bâtisseurs. La monnaie touche à ce qu'il y a de plus essentiel pour chaque État : il suffit d'écouter les réactions de Mme Thatcher. De là l'exigence d'une volonté collective indéfectible, sans commune mesure avec celle nécessaire pour édifier la Communauté charbon-acier en son temps ou accoucher du monstre technocratique agricole. Si une Europe « constructiviste » ne se substitue pas à l'Europe du laisser aller, laisser passer, le grand marché demeurera orphelin, sans être accompagné de la monnaie commune qui lui est vitale. Ainsi le rêve éveillé d'une Europe économiquement unie ne se limite pas à l'attente du miracle; il suppose un sacré coup de collier!

A chacun son miel

Chacun rêve de 1992 : États membres mais aussi puissants concurrents étrangers... Les plus grands bénéficiaires du marché uni pourraient être non européens; mais peu désireux de susciter en retour une poussée protectionniste, ils se font discrets. Quant aux pays européens, ils escomptent, chacun, des dividendes différents du grand marché. La France est, comme souvent, la plus paradoxale : ses structures économiques l'obligeront sans doute à l'effort d'adaptation le plus rude. Industrie, banques et assurances, réforme fiscale : les sacrifices seront massifs, on le verra au chapitre suivant. Le poids du passé se fera lourdement sentir : ainsi d'une structure fiscale favorisant les cotisations sociales aux dépens des impôts, les impôts indirects aux dépens des impôts directs, qui sera mise à mal. Derrière l'enthousiasme naïf et mobilisateur en vue de 1992 se glisse une démarche plus sophistiquée dont nous sommes familiers : le viol consenti. Ce n'est pas la première fois que l'économie française se fait imposer de l'extérieur l'effort de modernisation et de productivité qu'elle ne veut pas accomplir de son plein gré. Les traités de

libre-échange du XIX⁰ siècle, le Marché commun de 1958 ou
la menace de passer sous les fourches caudines du Fonds
monétaire international : le forceps remplit à chaque fois son
office.

La France réagit suivant ses plus vieilles habitudes, la
Grande-Bretagne aussi. Malgré la philosophie très libérale
du grand marché dont elle aurait pu s'enorgueillir, Mme
Thatcher a, comme à l'accoutumée, avancé à reculons. Elle
n'a accepté l'objectif et plus encore la méthode – la règle de
la majorité qualifiée – qu'une fois encaissé son chèque budgétaire. Réticente paradoxalement devant l'Europe du laisser faire, laisser passer, elle sera l'adversaire résolu de toute
action délibérée : péréquations pour compenser les injustices
les plus criantes, ou pire, progrès vers une monnaie
commune! Ainsi la livre sterling ne participe-t-elle toujours
pas au Système monétaire européen, ce qui permet au gouvernement britannique de maintenir haut et fort un symbole
de scepticisme antieuropéen. L'hypocrisie n'est pas absente
de ce comportement mi-figue, mi-raisin : les pouvoirs publics
anglais ont joué au contraire avec vigueur la carte de la libre
circulation des capitaux, puisque la City en sera la principale
bénéficiaire. S'il fallait une preuve que l'édification du
grand marché n'engage que modérément la construction de
l'Europe, l'attitude britannique la fournirait. Les avantages
sectoriels sont bons à prendre; le rappel des principes libéraux est sympathique, mais que diable! Que cette construction ne se prenne pas pour l'Europe!

Preuve s'il en était besoin que la question européenne
passe par la question allemande, l'attitude de la République
fédérale est beaucoup plus complexe. Dans sa dimension de
grand marché, 1992 ne suscite guère d'objections : d'un côté,
une aile militante incarnée par le chancelier Kohl et qui,
pendant la présidence allemande de la Communauté, a mon-
tré son enthousiasme et son savoir-faire; de l'autre, des
acteurs industriels et financiers qui raisonnent en termes de
marché mondial et pour lesquels l'achèvement du marché
européen est une commodité. Une opinion publique, par ailleurs, dont l'enthousiasme européen s'est rafraîchi et dont
1992 ne constitue pas une priorité. Mais les ambiguïtés
commencent dès lors que 1992 se met à signifier davantage
qu'un marché plus concurrentiel. Ainsi des projets d'union
monétaire, qui butent sur la vieille crainte allemande de

souffrir du laxisme des autres. Ainsi des idées de protectionnisme aux frontières des douze, qui suscitent la peur de mesures de rétorsion chez des industriels soucieux de leurs débouchés internationaux. Ainsi des réflexions sur l'ouverture, à l'Est, du marché européen : là, les Allemands sont en flèche, désireux d'accroître la porosité entre les deux blocs. Au fond, l'Allemagne souhaite un grand marché européen, ouvert à l'Ouest pour ne pas faire obstacle à son dynamisme mondial, et à l'Est pour renforcer sa propre politique : rien de plus normal, de la part d'un pays qui remodèle autour de lui l'Europe du Centre. Les étapes ultérieures semblent plus douteuses : la République fédérale s'est lassée d'être le banquier de l'Europe communautaire et d'accroître son effort financier au profit d'une idée européenne qui n'est plus aussi vitale pour elle que dans les années soixante, quand elle lui permettait de se libérer de son complexe de culpabilité et de sortir de son isolement diplomatique. Ni excès d'honneur, ni indignité : le projet européen n'est plus un rêve pour lequel les Allemands seraient encore prêts à faire des folies.

Les autres membres de la Communauté voient tous 1992 à l'heure de leur clocher, avec des attentes propres à chacun. Pour les Espagnols, c'est le « big bang », la concrétisation de la transition démocratique et économique entreprise depuis la fin du franquisme : 1992 rime avec modernisation, développement, croissance. C'est le levier unanimement accepté d'une transformation à marches forcées. Il est vrai que 1992 couronne aussi une politique macro-économique exceptionnellement habile menée par les socialistes depuis leur arrivée au pouvoir. Ils se sont assis sur les salaires afin de préserver l'avantage de compétitivité, d'environ 25 %, qui résulte de leur niveau relativement bas; ils ont accéléré l'investissement industriel en s'appuyant au maximum sur les investissements étrangers, au point que, dans de nombreux secteurs, l'outil de production espagnol est d'ores et déjà au meilleur niveau; ils ont enfin assuré des débouchés à travers l'adhésion à la CEE à une industrie devenue de la sorte hypercompétitive. C'est le succès de cette équation qui assure désormais à l'Espagne une croissance supérieure, pendant plusieurs années, de 1 à 2 % à la moyenne communautaire. Pour l'Italie, 1992 n'est pas un objectif aussi limpide : cela tient à l'hétérogénéité du pays. Pour les grands capitaines d'industrie italiens, puissants et conquérants, 1992 est déjà une réalité : plus rapides, plus ductiles, ils l'ont anticipé avant les autres. Pour l'incroyable myriade d'entreprises moyennes, dynamiques et exportatrices, c'est une aubaine : elles y trouveront un surcroît de débouchés et disposeront enfin d'un terrain d'expansion à leur mesure. Pour les secteurs archaïques et bureaucratisés de la vie économique, tels les services publics, les monopoles en tous genres, la banque, c'est un défi dramatique et certaines entreprises d'État doivent sans doute faire des cauchemars en pensant au grand marché. Pour les épargnants de ce pays, que son taux d'épargne transforme en Japon de l'Europe, c'est le miracle du libre choix. Pour l'État enfin, c'est une contrainte forte de gestion : un déficit public représentant 14 % du produit intérieur ne se conçoit guère dans une Europe qui ferait en outre quelques pas vers l'union monétaire.

Les autres petits pays de la Communauté se préparent à mener, vis-à-vis de 1992, la stratégie des créneaux, seule valable à leur échelle. Pour la Belgique, l'objectif est ainsi de valoriser le rôle de capitale européenne de Bruxelles, en attirant davantage encore de sièges sociaux. La Hollande compte tirer parti de ses meilleurs atouts et s'y prépare avec méthode : ainsi de ces entreprises de transports routiers qui apprennent le français à leurs conducteurs, afin d'entrer en force sur notre marché... Le Luxembourg espère bien valoriser son rôle de paradis fiscal et de patrie des holdings quand la libre circulation des capitaux sera devenue une réalité. Le Portugal et la Grèce se préparent à un jeu sophistiqué : une modernisation aussi rapide que possible; l'obtention de transitions et de protections provisoires, dès lors que l'effort d'adaptation sera trop rude; l'attribution d'une manne budgétaire communautaire au gré de mécanismes de péréquation qui, dès leur mise en place, leur profiteront en priorité. A doser ainsi l'équilibre entre les contraintes et les avantages, ils seront les premiers gagnants.

Du grand marché, chacun a quelque chose à attendre qui devrait compenser les sacrifices et les difficultés qu'il lui faudra accepter. Les étapes concomitantes, en particulier monétaires, mettront en revanche fin à cette sympathique unanimité. Les uns auront peur de perdre leur autonomie de décision monétaire; les deuxièmes craindront des transferts budgétaires pour compenser les effets d'une monnaie unique dont ils seront les premières victimes; les troisièmes pense-

ront au contraire que ces subsides ne suffiront pas à équilibrer les processus d'ajustement, en termes de pouvoir
d'achat, auxquels plus faibles ils n'échapperont pas. Les derniers craindront de perdre les quelques spécificités économiques, déficit public ou autres, dont ils s'accommodent
jusqu'à présent avec talent. Au moment où libérer ne suffira
plus et où il faudra construire, ces réticences et ces angoisses
se renforceront les unes les autres. L'illusion d'une Europe
unie, pays de cocagne, commencera à se dissoudre.

Cette photographie a les inconvénients de l'instantané;
elle mesure les aspirations des États membres à leurs forces
relatives. C'est oublier qu'au-delà de l'évolution économique
se profile un tremblement de terre démographique. La hiérarchie en sera bouleversée. Imagine-t-on une République
fédérale de quarante millions d'habitants, à la population
vieillie, avec un fardeau insupportable de retraites à payer,
exercer une influence sans partage sur la Communauté?
Quel ressort conservera une Hollande en pleine contraction?
De quel poids pèsera une Grande-Bretagne dont la population en diminution verra arriver en nombre encore plus
important les émigrés du Commonwealth, lumpenproletariat
protégé par la citoyenneté britannique? Les pays du Sud
seront en revanche favorisés, dont la démographie, même
faible, semble par comparaison d'une impressionnante vitalité. A eux le dynamisme, l'efficacité, un équilibre macro-
économique aisé, un État-providence encore supportable,
une productivité décente. Avec ses 1,8 à 1,9 enfants par
femme, la France prend des allures de pays prolifique, à côté
d'une Allemagne à 1,1 ou 1,2. Ainsi retrouvera-t-elle deux
siècles plus tard le statut de principale puissance démographique européenne qu'elle avait perdu dans les années
1800. Son poids économique en sera accru d'autant. Le
grand marché sera un amplificateur pour ces mouvements de
population : il jouera au profit des États membres à forte
demande et à main-d'œuvre encore jeune. D'où, à long
terme, des perspectives différentes : face à une France plus
nombreuse et plus forte, la République fédérale sera davantage tentée encore de chercher du renfort du côté de la
RDA. En 2020 il faudrait additionner les deux Allemagnes
pour avoir encore une Allemagne de soixante millions d'habitants! Ainsi 1992 risque d'avoir à long terme une influence
différente, dans un tel contexte démographique, de son
impact immédiat : elle accélérera la roue de l'Histoire,

accentuant l'écart entre les pays à population stable et ceux en voie de désertification humaine.

L'Europe sera au contraire un marché de cocagne pour les non-Européens. A eux le meilleur miel. *L'instauration d'un grand marché intérieur, sans la moindre protection extérieure, est une aubaine* à laquelle la philosophie de la Communauté ne les avait que modérément habitués. C'est l'inverse, terme pour terme, des principes de la politique agricole commune, qui fait de l'Europe une zone de prix élevés, protégée de l'extérieur par des écluses, les mécanismes de prélèvements et de restitutions, et dont les producteurs sont encouragés sur les marchés tiers par des subventions à l'exportation. L'agriculture est certes le monde des subventions cachées et des transferts occultes. Les États-Unis le savent mieux que quiconque, mais le protectionnisme européen n'a rien à leur envier. Pour les biens et services, la naïveté européenne ne laisse pas de surprendre et les inquiétudes actuelles des étrangers se limitent au risque de voir les Européens prendre la mesure de leur propre ingénuité.

De l'Europe unie, les concurrents tireront les avantages sans le moindre inconvénient. Voilà un espace économique homogène de trois cent vingt millions d'habitants, avec un fort pouvoir d'achat, des habitudes de consommation sophistiquées, une main-d'œuvre de qualité, une épargne abondante, qui pousse le paradoxe jusqu'à être totalement ouvert sur le monde extérieur! Quelle incroyable aubaine! Pour les Japonais, en butte aux défenses commerciales américaines, de quotas d'importations en « autolimitations », quel merveilleux marché de substitution! Pour les États-Unis, en mal de débouchés, quel appel d'air! Pour les nouveaux exportateurs, Brésil ou Corée, repoussés du Japon et cantonnés par les États-Unis, quel miracle! L'Europe des biens et services risque de devenir les Balkans du monde! Méthodiques, les Japonais s'y préparent et mettent leur armée industrielle en état de marche : combien de grands groupes ont déjà donné instruction à leurs filiales de s'organiser pour le débarquement en Europe! La Communauté doit s'attendre à une marée d'exportations japonaises, puis à un flot d'investissements : les premières pour tailler comme d'habitude les parts de marché; les seconds pour les verrouiller durablement. A l'ampleur de l'attaque près, les autres ne seront pas en reste : on ne dispose pas tous les jours d'un tel déversoir sans avoir à en payer le prix en termes de concessions réciproques.

Cette fois-ci, le monde financier ne sera pas à l'abri d'un

tel débarquement. La libre prestation de services et la libre
circulation de capitaux constituent, de ce point de vue, un
vrai boulevard. Quelles facilités pour une banque américaine
ou japonaise! Elle pourra se dispenser d'entretenir un coûteux réseau de distribution et de souffrir des mêmes frais
généraux que ses collègues européens. Il lui suffira d'un seul
établissement en Europe, dans le pays de préférence le moins
réglementé; il lui restera à choisir ses niches de marché. Et
vogue la galère de la tarification au coût marginal! Les parts
du marché tomberont les unes après les autres! Ce sont
d'ores et déjà les banques japonaises qui dominent le marché
des eurocrédits en dollars, c'est-à-dire le seul secteur non
réglementé qui préfigure l'Europe financière de demain.
Lorsque les divers marchés bancaires et financiers européens
fonctionneront comme le domaine des eurocrédits
aujourd'hui, la note sera lourde pour les banques de la CEE!
La libre ouverture de la Communauté au monde extérieur
recèle un triple paradoxe. Elle vient en premier lieu accroître
le libéralisme frontalier d'une zone qui est déjà aujourd'hui
la moins protégée du monde, surtout en comparaison des
autres économies dominantes, japonaise et américaine. Elle
offre ensuite un cadeau inespéré à ses compétiteurs sans
chercher à tirer parti de ce nouvel avantage, afin d'obtenir
quelques concessions en guise de gestes de réciprocité. Elle
crée enfin une inégalité de concurrence entre les économies
européennes, qui pour profiter du grand marché en auront
payé le prix sous forme de restructurations accélérées, de
disparitions d'entreprises et de remodelage du paysage
industriel et financier, et leurs concurrents, qui pourront
tirer parti de l'Europe unie sans avoir cotisé, au moins sous
forme de quelques droits de douane, à ses dépenses de mise
en place. Pour les Européens, le grand marché se soldera par
une balance avantages-inconvénients favorable aux premiers; pour les étrangers, ce sera pur bénéfice! On comprend
leur pensée philoeuropéenne qui, à longueur de colonnes
entières de journaux, se nourrit du nouvel état d'esprit du
Vieux Continent, d'euro-optimisme et autres clichés du
même type!

1992 : dans les cœurs ou dans les têtes?

L'économie demeure le domaine par excellence de la
longue durée. Inutile d'en appeler aux mânes de notre

maître, le vieux Braudel, pour redécouvrir cette vérité d'évidence. Aussi est-ce aujourd'hui que le grand marché exerce par anticipation ses effets : restructurations, rapprochements d'entreprises, OPA. Le mouvement est en route : à l'amiable ou au forceps. Mais du cœur à la tête, de l'impulsion au raisonnement, le cheminement est long. Qu'on permette à l'auteur, le temps d'un paragraphe, d'apporter un témoignage à travers son expérience de la première offre publique d'achat à l'échelle européenne, la prise de contrôle de la Société Générale de Belgique.

Au départ, la situation semblait limpide : un des groupes les plus dynamiques d'Europe, conduit par un industriel unanimement reconnu, Carlo De Benedetti, veut prendre le contrôle de la Société Générale de Belgique, société plus que séculaire, au nom d'un raisonnement presque simpliste : dans la perspective du grand marché devront se créer des holdings européens, sociétés de portefeuille dont les actifs seront répartis sur l'ensemble de l'Europe, et non plus comme aujourd'hui dans un seul pays. De là le projet, une fois l'OPA réussie, de rapprocher les holdings, l'attaquant et l'attaqué, et de faire de la Générale de Belgique la société mère avec Bruxelles, capitale de l'Europe, pour siège de cet empire industriel et financier. Un vrai cas d'école, en quelque sorte, dans la perspective de 1992! Au-delà de la bataille financière, de l'imbroglio juridique, de l'absence de règles en Belgique ou du dénouement, c'est la dimension sociologique et politique de l'opération qui témoigne des difficultés inhérentes à la construction du grand marché. Les leçons sont multiples que peut en tirer un acteur réduisant au maximum ses débordements de subjectivité.

Première leçon : le nationalisme est encore vif, et les États s'en font naturellement les porte-parole. Pour eux l'Europe est un champ de bataille et les entreprises constituent, pour chaque pays, des armées en mouvement. A la puissance publique de leur accorder leur protection, si elles viennent se blottir à l'ombre du suzerain. Les divers États membres sont inégalement outillés pour ce jeu-là. Les pays sans administration structurée et gouvernement fort sont démunis. Ainsi l'État belge a-t-il pour l'essentiel assisté impuissant à la bataille pour la Générale de Belgique. Mais transférons un instant ce conflit en France ou en Grande-Bretagne : les pouvoirs publics auraient trouvé, s'ils l'avaient voulu, les moyens de s'opposer à une telle opération. Ce n'est pas un hasard si la Banque d'Angleterre a soumis à son agrément toute prise de participation, communautaire ou non, supérieure à 15 % dans une société contrôlant une banque, si modeste soit-elle. La Banque de France n'a pas été en reste, fixant même la barre plus bas, à 10 %, comme les Assurances générales italiennes s'en sont aperçues à leurs dépens, lors de leur tentative de prise de contrôle de la Compagnie du Midi.

Deuxième leçon : l'opinion publique est plus proeuropéenne qu'on l'imagine a priori. Ainsi, dans cette affaire, la première émotion passée, l'opinion belge n'a eu aucun réflexe xénophobe. La stupeur a été grande au début d'imaginer un Italien patron d'une institution plus ancienne que le royaume, mais elle s'est rapidement atténuée. Pour les couches en mouvement de la société, jeunes, cadres, salariés de secteurs en pointe, Europe rime avec modernité et à cette aune, la préférence nationale ne pèse guère. Naturellement plus réservés, les syndicats réformistes se situent néanmoins de ce côté-là : ils attendent de l'Europe l'obligation pour les entreprises de se défaire de systèmes de relations sociales trop archaïques. Quant aux épargnants, ils n'ont – ce n'est pas nouveau – guère de patrie. Les Belges possesseurs d'actions de la Générale se sont précipités sur le marché pour tirer parti des prix offerts, sans se préoccuper de renforcer la main des deux groupes étrangers en bataille. L'émotion a fait long feu, qui aurait pu retenir certains de vendre. C'est dire a fortiori que, dans l'Europe de la libre circulation des capitaux, l'intérêt prévaudra, sans le moindre respect des habitudes et des institutions en place.

Troisième leçon : ce sont les élites traditionnelles qui éprouvent le plus de difficultés à passer du discours européen à la pratique. Elles se sentent menacées par les chocs inhérents au grand marché et craignent d'y perdre leur monopole de pouvoir. Ainsi ont-elles réagi, en Belgique et plus encore en France, à l'OPA sur la Générale de Belgique, avec le sentiment de voir s'effondrer un tabou : le caractère inexpugnable des vieilles féodalités économiques, entreprises pluriséculaires, dont la renommée devait constituer la meilleure protection. « Si les bornes sont franchies, il n'y a plus de limites », énonçait doctement le Sapeur Camember. Ce fut, dans cette circonstance, le sentiment de bien des puissants. D'où une Sainte-Alliance de certaines institutions pour arrêter l'opération. C'était, même si elles y parvenaient, écluser la mer avec un dé à coudre! En témoignait l'attaque, un mois plus tard, de la Compagnie du Midi par les « Generali » italiennes, à l'instigation de la banque d'affaires qui s'était faite le héraut de l'establishment dans la défense de la Générale de Belgique.

Quatrième leçon : le réflexe de défense de l'establishment n'est pas fortuit. Il témoigne des difficultés que va éprouver chaque corps social en découvrant, à ses dépens, que 1992 rime avec compétition et que, à l'échelle du grand marché, aucun monopole ne peut prévaloir longtemps. Ni monopole de pouvoir; ni monopole de savoir; ni monopole réglementaire; ni monopole d'accoutumance. Les premiers chocs seront douloureux et le malthusianisme cherchera à se défendre. Y parviendra-t-il? Ce sera affaire d'opinion et de gouvernements. Pour qui la première prendra-t-elle parti? De quel côté pencheront les seconds?

Cinquième leçon : dans une société apaisée, sans conflit de génération et drames sociaux, la vie économique est devenue le mimodrame de l'affrontement. Elle seule met en scène des hommes, suscite stratégies et tactiques, appelle l'adhésion ou la répulsion. D'où un impact médiatique de la chanson de geste industrielle ou financière, qui ira croissant avec l'européanisation du champ de bataille. C'est un phénomène ambivalent vis-à-vis de l'idée européenne. D'un côté, il affiche avec quelle force l'Europe est en train de se faire. De l'autre, il assure une caisse de résonance aux réactions négatives et aux combats d'arrière-garde.

L'affaire de la Générale de Belgique a préfiguré, dans l'univers capitaliste, les chocs inhérents à la constitution du grand marché. Plus ductile, plus mobile, le capitalisme réagit, par nature, plus rapidement : aussi vit-il en éclaireur la réalité quotidienne de 1992. Mais rien n'y échappera : aucun secteur économique, fût-il le plus abrité; aucune profession; aucune spécialité. C'est le propre du grand marché. Côté jardin : il promet à une Europe vieillie un surcroît de prospérité, un dynamisme renouvelé, une nouvelle donne économique : c'est le rêve éveillé. Côté cour : il suscitera des distorsions, des batailles d'arrière-garde, des inégalités nouvelles et des injustices inattendues, inévitables manifestations d'un cauchemar darwinien.

3.

Le cauchemar darwinien

L'enthousiasme libéral, qui préside à l'édification du grand marché, ne manque pas de précédents. Chaque avancée du libre-échange s'est accompagnée de la conviction de réaliser le paradis économique sur terre. L'utopie mercantiliste se manifeste de la sorte une ou deux fois par siècle, depuis ses premières apparitions dans l'Angleterre de 1750. Mais avec l'avènement des sociétés complexes, ces emballements idéologiques semblaient sur le recul. Le marché était un excellent instrument; l'intervention étatique se justifiait; des régulations s'imposaient : tout était affaire de dosage et de mesure. Voilà revenu le manichéisme ! Ce jeu-là a les couleurs, comme il se doit, d'un rêve éveillé, mais il peut aussi avoir l'allure d'un cauchemar. C'est affaire de point de vue ou d'un simple parti pris de grossir le trait. Si l'« euro-idéologie » nous promet régulièrement les vertus des lendemains qui chantent, il est aussi de saine hygiène intellectuelle de regarder le négatif de cette image d'Épinal. Il donne la mesure des problèmes à résoudre; il montre que, le grand marché réalisé, l'Europe devra parcourir à son tour le chemin de toutes les économies brutalement libérées : il lui faudra réinventer, à sa manière, un nouvel État-providence, afin d'amortir les chocs et de répartir les sacrifices.

La purge darwinienne est en effet inévitable et injuste. Inévitable, car l'achèvement du grand marché était le seul moyen de relancer l'Europe, et seule la priorité donnée brutalement à la libération des échanges sur l'harmonisation des réglementations pouvait faire échapper l'entreprise au marécage de la concertation européenne. Injuste, car l'appel d'air du marché, sans contrepoids et sans système de redistribution, a un effet mécanique : les forts deviennent plus forts, les faibles plus faibles. La manne des quelques points de produit intérieur, fruit du grand marché, risque d'aller naturellement aux plus prospères. Certes, leur dynamisme profite à l'économie entière : c'est la vieille querelle du libéralisme et de la social-démocratie. Mais dans l'affaire, la partie est bien plus déséquilibrée qu'au niveau d'un État membre : tout pour l'un et rien pour la seconde. Jacques Delors en est le premier convaincu, qui ne cesse d'appeler à l'instauration de mécanismes correcteurs. Sans doute faudra-t-il les premières manifestations du cauchemar darwinien et la crainte de voir les sociétés se rebeller, pour que s'établissent les fondements d'un État-providence communautaire.

Le traumatisme de la concurrence

Rien ne va échapper désormais aux rigueurs de la compétition. Ni les produits industriels qui s'abritaient derrière les barrières non tarifaires; ni les services qui ignoraient jusqu'alors l'environnement international; ni les professions réglementées; ni, en seconde instance, les facteurs de production : le capital, bien sûr – c'est le propre de la libre circulation des capitaux –, mais aussi le travail : là, la surprise risque d'être rude.

La bataille à propos de l'installation obligatoire des pots catalytiques sur les nouvelles voitures est très pédagogique. Elle montre comment se serait enlisé le grand marché, si l'exigence d'une harmonisation préalable des réglementations s'était perpétuée. Au primat de la libération échappent en effet trois domaines : santé, sécurité et environnement, liste d'exceptions en l'occurrence très étonnante, qui témoigne à distance d'arbitrages politiques. Les Allemands ont réussi à obtenir qu'y figure l'environnement, pour satisfaire leurs verts et éviter que se développent des réflexes antieuropéens au nom de l'écologie. Mais à ce jeu-là, pourquoi les Français n'auraient-ils pas demandé une exception pour les biens culturels, les Italiens pour la mode ? Chacun a son jardin secret. La santé est à mettre au crédit de l'influence britannique, à côté de l'environnement, produit du lobby allemand. Ces exceptions mesurent à leur manière les rapports de forces internes à la Communauté. Sans cette spécificité réglementaire, les voitures auraient été dotées des dispositifs de protection exigés par les règlements de l'État du constructeur et c'est le marché qui aurait tranché. Si les Allemands avaient continué à placer collectivememnt l'exigence de propreté au-dessus des problèmes de prix, ils auraient acheté de leur propre chef des voitures plus « écologiques », plus chères, sans céder aux sirènes du moindre coût, même s'ils avaient à leur disposition des automobiles sans pot catalytique. C'est ce genre de situation qui constitue désormais la loi commune. Autant dire qu'elle va réserver de nombreuses surprises : les « Made in Greece » ou « Made in Portugal » se multiplieront; au moindre coût de travail s'ajoutera l'attrait de la moindre réglementation. D'où la certitude que, pour attirer des emplois, certains gouvernements multiplieront les règlements passoires, comme ils ont inventé les passe-droits fiscaux. Ce sera le nouvel ordre des choses. Il réservera quelques surprises : aux consommateurs, une fois engrangé l'agrément de la baisse des prix; aux entreprises, qui verront surgir des concurrents inattendus; aux administrations, qui devront apprendre à passer de la sophistication à la superficialité; aux entreprises extérieures à la Communauté, qui retrouveront à chaque moment de nouvelles marges d'action. C'est cela aussi l'hyperconcurrence, et non seulement la diminution des prix de vente pour le profit de consommateurs ébahis par ce miracle permanent.

A côté du tohu-bohu financier et de l'alignement, là aussi, sur la « clause de l'État membre le moins réglementé », la libération des services va bousculer d'autres habitudes acquises. Toutes les professions réglementées vont sortir de leur cocon douillet : par exemple les médecins, les transporteurs routiers ou les avocats. La partie se joue aujourd'hui pour eux. Elle exige qu'ils passent, des stratégies défensives et corporatistes qu'ils ont seules connues jusqu'à présent, à des actions plus offensives. C'est une révolution culturelle qui leur est demandée. Le protectionnisme suscite toujours des combats d'arrière-garde : c'est la mentalité dont il est le plus difficile de se défaire ! Regardez les médecins français : ils se battent, comme si de rien n'était, sur le tarif des consultations. Songent-ils que, après 1992, ils subiront une concurrence qui pèsera de toute façon sur le prix des prestations ?

Leur problème serait aujourd'hui de se présenter à cette échéance mieux formés, parfaitement recyclés. Au nom de la logique corporatiste, qui exige de transférer à la collectivité le maximum de charges professionnelles, ce sont d'autres revendications qu'ils auraient intérêt à mettre en exergue : instauration d'un plan-formation, financement du recyclage par le système social, etc. Les premiers chocs subis, ils feront en catastrophe une mue que rien ne les prépare à réaliser à froid. Voyez les transporteurs routiers : ils se battent, au nom de leurs droits sociaux, sur les rythmes de travail journaliers et nocturnes. Que pèseront les avantages gagnés d'ici 1992, quand déferleront sur les routes françaises, à la recherche du fret, des concurrents moins exigeants ? Peut-être pourront-ils obtenir un minimum de réglementation sous prétexte des impératifs de sécurité, mais combien d'éléments constitutifs du coût de transport leur seront par ailleurs imposés par la concurrence ? La profession a à peine le temps de se moderniser, de se concentrer, de se préparer à porter en réponse la concurrence sur le terrain adverse : s'en préoccupe-t-elle ? Suivez les avocats. Synonyme en France d'individualisme, la profession connaît à peine ses premiers cabinets collectifs : à une exception près, l'association de vingt ou trente avocats paraît un maximum. Qui anticipe la concurrence ouverte avec les énormes cabinets anglais, véritables usines juridiques avec une organisation taylorienne du travail et une pression permanente à la productivité ? Les pharmaciens ? Ils luttent encore à coups de lobbying politique contre les pharmacies mutualistes, sans se préparer à une libre installation désormais inéluctable. Les agents d'assurances ? Ils croient que les mutuelles constituent encore la principale menace à leur endroit et ils les diabolisent comme il y a vingt ans. N'ont-ils pas vu que la compétition exacerbée entre compagnies européennes les obligera à rechercher les circuits de distribution les plus courts et les plus productifs ? Les chauffeurs de taxi ? Les notaires ? Les commissaires-priseurs ? Peuvent-ils imaginer préserver un numerus clausus, en survie artificielle depuis le rapport Rueff-Armand de 1958, dans une Europe de libre concurrence professionnelle ? La secousse tellurique sera forte et ces professions feraient bien de ne pas disperser leur énergie et le temps qui leur reste dans des batailles d'arrière-garde. La qualité des diplômes français leur donne un savoir-faire qui devrait leur

permettre de jouer l'offensive et non la retraite. Mais, effet
pervers du malthusianisme, ces professionnels ne connaissent
souvent que la défense et la revendication à l'égard de l'État,
au lieu de l'ouverture et du dynamisme stratégique.

Au-delà des produits, une compétition aussi sauvage se
déplace naturellement sur les facteurs de production. Côté
investissement, le jeu est clair : la libre circulation des capitaux devrait régner et la Commission de Bruxelles traque,
depuis l'origine, les subventions, aides fiscales et autres inci-
tations locales, au nom d'un refus de principe des distorsions
apportées à la concurrence. La sévérité de Bruxelles va croissant, le soutien de la Cour de justice de Luxembourg lui est
acquis, de sorte que, à l'exception des aides régionales accep-
tées au nom d'une politique communautaire de rééquilibrage, les fraudes et astuces en tous genres seront de plus en
plus difficiles. Mais c'est sur le coût du travail que la concurrence va se développer. Le phénomène irlandais, la multiplicité des investissements étrangers en Espagne et désormais au Portugal ne sont que les prémices d'une compétition
acharnée pour abaisser le prix de la main-d'œuvre. Les pays
à standards sociaux élevés seront inévitablement sur la
défensive. Salaire minimal, rémunération moyenne, durée du
travail, droits annexes – formation, représentation du personnel... – seront sur la sellette. Ce n'est pas faire preuve de
pessimisme de penser que les pays les plus socialement avan-
cés tireront moins les pays en retard vers le haut qu'ils ne
seront eux-mêmes tirés vers le bas. Si l'action syndicale était
au firmament, le vieux mécanisme d'échelle de perroquet ne
serait pas exclu, grâce à des actions de solidarité internationales qui essaieraient d'aligner les pratiques les plus res-
trictives sur les plus généreuses. Mais comment attendre de
syndicats, désormais incapables d'exercer un contre-pouvoir
à l'échelle nationale, qu'ils l'exercent au niveau communautaire ? D'où, sans harmonisation conduite par les États, la
certitude d'une pression diffuse à la réduction des droits
sociaux. Dans la dialectique, saine et naturelle, du marché et
du conflit social, le premier sera à son meilleur, tandis que le
second risque d'être encore plus anémié qu'aujourd'hui. En
toute logique, le droit du travail et le droit social devraient
passer du niveau national au niveau communautaire. Mais
sans pression sociale, quelle tâche de Sisyphe ! Vont à
l'encontre d'une telle évolution plusieurs facteurs : les diffi-

cultés techniques de l'harmonisation, le peu d'expérience des
instances communautaires sur ces sujets, le partage, différent suivant les États membres, entre le droit contractuel
et le droit public, et enfin la force des intérêts en jeu. Pour
une fois, ce sont les États les plus faibles qui ont des atouts
en main; pourquoi les dilapideraient-ils ? L'exemple des
socialistes espagnols est là pour en témoigner, qui se sont soigneusement gardés de laisser filer les salaires vers la norme
européenne.

Les charges sociales sont, elles aussi, de la partie et à travers elles la concurrence entre les systèmes sociaux. Les difficultés pour tirer vers le haut les moins favorisés seraient
immenses, même si une formidable volonté politique se
manifestait sur ce sujet. Comment faire, par exemple, pour
savoir quel prorata de la retraite d'un Danois qui aura cotisé
toute sa vie devrait être assuré à un Portugais qui n'aurait
jamais cotisé ? Et qui paierait pour ce dernier ? L'ingénieur
anglais, le dentiste belge ou l'entrepreneur italien ? Ce sont
ces arbitrages-là, ces compromis entre groupes sociaux qui
sont en cause. L'Europe agricole les a connus, qui a livré
mille et un marathons nocturnes pour équilibrer les transferts entre le céréalier beauceron et l'éleveur hollandais, le
producteur méditerranéen d'agrumes et le fermier bavarois.
Mais ceci ne signifie pas que le phénomène se répétera à
l'identique. Il faudrait un regain de lutte de classes pour
mettre la dynamique en mouvement ! Elle n'est pas dans l'air
du temps. Aussi, dans ce contexte-là, la purge darwinienne
devrait-elle plutôt conduire à une régression des droits
sociaux – pour employer la rhétorique syndicale – qu'à leur
amélioration.

L'alignement devrait se faire, sous l'influence du grand
marché, du pays le moins restrictif sur le pays le plus restrictif, de l'entreprise la plus généreuse sur l'entreprise la moins
généreuse, du système social le plus développé sur le système
social le moins développé. Ne fantasmons pas : la Sécurité
sociale allemande ne s'alignera pas sur la Sécurité sociale
grecque, les salaires danois sur les salaires portugais, la durée
du travail anglaise sur la durée du travail espagnole, le SMIC
français sur le salaire minimum irlandais, mais à certains
égards, les avantages acquis actuels ont atteint leur maximum. La pression sera forte pour les limiter, voire pour les
grignoter : ce sera d'ailleurs le seul moyen de défendre

l'emploi dans les États membres les plus aisés et d'empêcher des transferts trop massifs de parts de marché ou d'investissements. Vue sous l'angle de la revendication sociale la plus traditionnelle, 1992 ne préfigure pas une partie de plaisir.

L'accentuation des différences entre les nations les plus prospères et les moins riches, les plus développées et les moins développées, inévitable dans un marché élargi, se fera dès le départ avec pour toile de fond des écarts considérables. De 1 à 15 au maximum pour le pouvoir d'achat entre la région grecque la plus pauvre et le Land allemand le plus riche. De 1 à 10 pour le taux de chômage entre les 3 % luxembourgeois et les 30 % andalous. Ces inégalités passent en partie inaperçues dans une Europe encore opaque à elle-même. Elles seront davantage ressenties dans un grand marché où la connaissance mutuelle des uns et des autres progressera au même pas que les échanges de produits, de capitaux ou d'hommes. Sera-ce suffisant pour mettre en route des mécanismes de rééquilibrage entre États membres, dès lors que l'effacement des conflits ne laisse guère augurer d'efforts de redistribution entre groupes sociaux ? Rien n'est moins sûr : l'Europe risque d'être incapable de mettre, en regard d'une libération des échanges, une harmonisation sociale minimale [1].

Un champ de bataille économique

1992 n'est pas une bluette. Ce ne sera pas, entre acteurs industriels et financiers, une guerre en dentelle, et les États seront tout sauf indifférents. En réalité, de même que la libération des produits suscite une concurrence entre réglementations, le champ de bataille que constitue le grand marché va entraîner une compétition violente entre les complexes étato-industriels. Bruxelles a beau traquer tous signes d'intervention étatique au nom du libre jeu de la concurrence, elle ne pourra s'opposer aux mille et une solidarités qui se renforceront entre l'appareil étatique et les grandes entreprises. De ce point de vue, le système allemand dispose d'un formidable avantage. L'État fédéral n'est jamais en première ligne. Les Länder se font, sauf exceptions, discrets. C'est l'oligopole formé par les plus grands

---

1. Cf. 2e partie, chapitre 4, « Une symphonie inachevée ».

acteurs économiques qui assure lui-même, comme au temps de Bismarck, la discipline. Banques, compagnies d'assurances et groupes industriels s'appuient les uns les autres par un maillage serré de participations, cadenassent le territoire national – ce n'est pas demain qu'une OPA hostile aura lieu en Allemagne – et assurent la discipline dans l'appareil de production. Que peut dire la Commission de ce qui se décide à la table du conseil de la Deutsche Bank ou de Siemens ? Qui soupçonnerait ces sociétés privées d'inscrire au nombre de leurs objectifs des opérations dont la rentabilité ne serait pas la seule motivation ? Rien ne vaut, dans la guerre économique qui s'ouvre entre les douze, un système économique et sociologique « autosuffisant » ! Français ou Anglais sont évidemment défavorisés avec leurs États puissants, tellement visibles au cœur de leurs propres complexes étato-industriels : ils sont de ce fait toujours sur la défensive, obligés de se justifier au nom d'un marché pur et parfait qui s'assimile en réalité à une douce hypocrisie !

Pour ces complexes étato-industriels, 1992 se joue dès aujourd'hui. Aussi essaient-ils, au nom de la règle la plus élémentaire de stratégie, de verrouiller leur pré carré. De ce point de vue, les concentrations entre entreprises allemandes sont impressionnantes. Elles peuvent se lire de deux façons : soit comme témoignages d'une endogamie industrielle bizarre, incompatible avec une expansion hors des frontières, soit comme des mouvements réfléchis de rationalisation, préalables à des conquêtes à l'étranger. C'est évidemment de cela qu'il s'agit. Suivant une tradition bien ancrée, l'industrie allemande ne se sent à l'aise qu'une fois assurée sa domination sur son propre marché. Ce mouvement de rationalisations internes pour mieux se préparer aux chocs du grand marché se généralise en dehors même de l'Allemagne. Ainsi Mme Thatcher n'hésite-t-elle pas à faire cadeau de Rover à British Aerospace dans des conditions propres à faire pâlir de jalousie le socialiste le plus interventionniste. Les banques espagnoles se regroupent, elles aussi, à marches forcées, pour atteindre la taille critique sur le plan intérieur avant de s'internationaliser. La France échappe en partie à ce tourbillon : entrées plus tard que d'autres dans le jeu international, ses entreprises se développent actuellement davantage à l'étranger qu'elles ne se regroupent sur le plan intérieur, à quelques exceptions près, Axa-Midi ou Louis Vuitton-Moët-

Hennessy. Le verrouillage du marché national préfigure ultérieurement des affrontements transfrontières qui ne manqueront pas de violence : au pur jeu capitaliste s'ajouteront quelques pulsions nationales latentes et la bataille pour la Société Générale de Belgique sera, par comparaison, un préambule romantique.

L'existence dans certains pays de secteurs publics puissants pèse sur la concurrence entre complexes étato-industriels. Ils constituent en apparence leur talon d'Achille, attirant la suspicion, voire l'hostilité, des autres États membres. Mais autant les entreprises publiques en déshérence seront un handicap, autant des sociétés nationales prospères seront un atout, à la seule condition que l'État se fasse plus discret au sein de leur capital et se comporte en actionnaire de référence, non en propriétaire à 100 %. Avec une participation minoritaire, il protège l'entreprise de toute attaque externe, la laisse se comporter suivant les règles capitalistes classiques et lui assure un parrainage lointain. Le statut en France du type Compagnie Française des Pétroles a de l'avenir. Quant aux monopoles publics, les meilleurs et les plus efficaces profiteront de la déréglementation : transports aériens, voire électricité. EDF pourra peut-être exporter enfin à satiété ses excédents d'électricité nucléaire... Le dynamisme technologique ne sera pas un atout suffisant; il faudra de surcroît une révolution culturelle pour faire de l'esprit commercial et de la souplesse d'organisation des impératifs aussi forts que la réussite technique! Cette vision du secteur public, atout éventuel face au grand marché, ne colle pas avec l'image dominante qui veut, d'urgence, évacuer l'État du jeu. Ce serait certes plus normal et plus sain, mais trêve de naïvetés! Jamais les gouvernements ne se désintéresseront du devenir de leurs grandes entreprises dans un marché unifié. Il reste toujours des adhérences : même aux États-Unis, l'État de Washington se préoccupe davantage de Boeing que d'IBM : la prospérité de Seattle en dépend trop! Et les pouvoirs publics du Texas entretiennent des relations autrement plus intimes avec l'industrie pétrolière qu'avec la construction automobile! A cette première motivation s'ajoutent des connivences culturelles et le goût naturel des élites de pouvoir pour la protection de leurs univers : l'oligopole à l'allemande n'est-il pas d'abord un phénomène sociologique? D'où la possibilité de jouer habilement du secteur public, à la condition que l'État sorte de sa position de maître absolu. Conduites en force, les entreprises nationales sont un handicap pour 1992; menées en finesse, avec un État actionnaire discret et présent, elles peuvent être un atout dans la lutte sans merci entre complexes étato-industriels.

Un séisme fiscal

Des bouleversements indirects entraînés par 1992, le séisme fiscal est sans doute le plus profond, le plus incontrôlable et le plus perturbateur pour certaines habitudes sociales. La fiscalité est un des rares domaines où n'a pas prévalu la règle de la majorité qualifiée. C'est dire la charge de tradition régalienne qui s'exprime à travers le droit de chacun d'exercer son veto au nom de ses intérêts supérieurs... Situation paradoxale : la fiscalité européenne exigerait, comme corollaire du grand marché, une immense harmonisation, et les mécanismes de décision en vigueur la mettent à la merci de l'égoïsme d'un seul État membre. A contempler le domaine, on s'aperçoit rapidement que la diversité est la règle et l'identité l'exception. Un début d'harmonisation est certes en marche, et déjà il est lourd de conséquences.

La Commission de Bruxelles s'est attaquée en priorité au problème de la TVA dans la perspective de la disparition des frontières intérieures. La perpétuation des règles actuelles, détaxation à l'exportation et taxation à l'importation, supposerait le maintien de contrôles frontaliers antinomiques avec les engagements et plus encore l'esprit de 1992. D'où la décision de laisser jouer la TVA à destination : un exportateur paiera la TVA du pays de destination après avoir déduit la TVA intermédiaire payée à l'origine. Sera de la sorte préservée la sacro-sainte neutralité de l'instrument. Mais évidemment, sans mécanisme de compensation, des transferts aveugles de recettes fiscales se produiraient entre États membres, ce qui conduit à établir un système de restitution, afin que la taxe perçue au départ revienne finalement au pays où a eu lieu la consommation finale. Passons sur la complexité de la robinetterie de flux à mettre en place : pour chaque État seront calculées, chaque mois, la TVA déduite et la TVA perçue, et les soldes feront l'objet d'une redistribution! Les formalités aux frontières seront de la sorte transférées des entreprises aux États qui régleront ultérieurement leurs comptes, sans tracas technique pour le contribuable.

L'installation de cette machinerie complexe va de pair avec une seconde décision, le rapprochement des taux de TVA pratiqués par les douze, qui devront se situer dans deux fourchettes, 4 à 9 %, 14 à 20 %. Là, les difficultés commencent. La Commission justifie l'harmonisation des taux par un objectif de simplicité et la largeur des fourchettes par le fait que des différences de taux de 5 à 6 % n'entraîneraient pas de distorsions de concurrence inacceptables. L'exemple des États-Unis serait là pour prouver qu'un grand marché intérieur supporte des écarts de taxes locales de 9 %. Le raisonnement demeure spécieux : compte tenu de la neutralité de la TVA pour l'entreprise, qui joue en l'occurrence le simple rôle de collecteur d'impôts, pourquoi faut-il des taux mitoyens? Les taux en vigueur dans un pays, fussent-ils anormalement élevés, s'appliquent à toutes les transactions; ils ne perturbent pas la concurrence. Quant à l'effet que des taux très différents auraient sur le niveau de consommation dans tel ou tel pays, c'est un bien long détour pour justifier l'harmonisation. Celle-ci a l'apparence d'une vérité d'évidence, mais à y regarder de plus près, c'est une mesure aux conséquences disproportionnées par rapport à sa justification. Ce sont évidemment les États à taux élevés qui seront pénalisés : il leur faudra accepter des sacrifices de recettes. A une France que ses taux rendent particulièrement inquiète, la Commission répond en mettant en exergue l'accroissement des recettes que le fisc français retirera en revanche de l'harmonisation, elle aussi obligatoire, des droits d'accises sur les tabacs, alcools et carburants; d'après ses calculs, pertes et gains devraient s'équilibrer. Fausse symétrie : la TVA, indexée sur la consommation finale, a le meilleur rendement fiscal; les taxes spécifiques dépendent de produits, en particulier tabac et alcools, en recul. Pour un pays avec des impôts indirects particulièrement importants, l'alignement des taux serait coûteux. Certains esprits malintentionnés soupçonnent nos « partenaires-concurrents » d'avoir poussé à l'harmonisation de la TVA afin d'obérer la liberté budgétaire de la France et indirectement le soutien que l'État apporte à ses entreprises. Même si l'idée est calomnieuse, le résultat, lui, n'est pas très différent.

A cette première harmonisation décidée par la Communauté s'ajoute un deuxième type d'harmonisation, forcée, elle, par le marché. Ce sera le cas pour la fiscalité sur les produits de l'épargne. Avec la libre circulation des capitaux, les paradis fiscaux feront prime. Jersey et le Luxembourg jouent déjà ce rôle. L'anonymat des épargnants est complet, leurs revenus sont exonérés, et grâce aux conventions de double imposition ils peuvent en général récupérer les crédits d'impôt ou les avoirs fiscaux éventuellement prélevés à la source dans les pays d'origine. Allégorie du marché financier, le « dentiste belge » incarne ce type d'épargnant : il souscrit des émissions internationales obligataires depuis Luxembourg en exonération de la retenue à la source de 25 % du fisc belge. Demain, les Français pourront en toute légalité faire gérer leur portefeuille à Luxembourg en exonération totale d'imposition. Seront-ils nombreux à respecter l'obligation légale de déclaration des revenus perçus à l'étranger ? Chaque pays peut, s'il le veut, décider de devenir un paradis fiscal pour les non-résidents, déplaçant à son profit les circuits d'épargne : c'est « la clause de la nation la moins fiscalisée ». Il n'existerait qu'une solution à ce casse-tête : l'établissement d'une même retenue à la source, partout dans la Communauté, sur les revenus de valeurs mobilières. Mais avec la règle de l'unanimité, un État qui a choisi comme « créneau de développement » la fonction de paradis fiscal peut bloquer toute mesure qui l'obligerait à brader ce fonds de commerce ! Ainsi un État membre peut-il exercer une contrainte majeure sur la fiscalité des autres sans risque de rétorsion. D'où l'alignement par le bas de la fiscalité sur l'épargne : ce sera la seule réponse, peu glorieuse, aux détournements d'épargne.

Au-delà de l'évasion fiscale vers certains produits, la fraude fiscale risque de devenir une industrie en croissance exponentielle. Prenons le cas d'un chandail italien, fabriqué du côté de Naples et vendu à Paris. Dans le système actuel, le produit passait la frontière avec une TVA nulle, était frappé en France, et les services fiscaux devaient simplement (!) éviter une vente sans facture hors TVA. Dans le nouveau système, le Trésor français devra attendre une double recette : d'une part le versement correspondant à la différence entre la TVA à la consommation et la TVA payée en amont en Italie, d'autre part le reversement, par le biais de la chambre de compensation, de cette TVA-là. Aussi l'efficacité du fisc français sera-t-elle étroitement dépendante de la diligence de l'administration italienne dans la région de Naples. Encore ce cas d'école est-il limpide. Il ne faut pas être grand clerc pour inventer des circuits complexes, multipliant les étapes, avec pour effet d'accroître les pertes en ligne et les fraudes en tous genres. La carte de ces mouvements de fonds collera évidemment à celle de la sévérité fiscale; les boucles se multiplieront au gré de la médiocrité et de la corruption des administrations fiscales, et les meilleures d'entre elles ne pourront que ronger leur frein : elles seront dans la main de collègues moins efficaces ou moins scrupuleux. Il faudrait, pour éviter ce dérapage, non seulement une coordination des politiques de lutte contre la fraude, mais aussi un alignement des directions des impôts européennes sur les plus sourcilleuses et les plus sévères! Illusion! C'est au contraire une dégradation, par mimétisme, des services les plus respectables qui menace. Ajoutons à la fraude sur la TVA une fraude accrue sur les tabacs et les alcools, dont les droits sont unifiés, une fraude sur la fiscalité mobilière, et les conditions sont remplies pour une explosion, là aussi à l'échelle d'un grand marché, de la triche, de l'évasion et de la concussion!

En fait, les perturbations fiscales liées au grand marché seront d'autant plus grandes que la Communauté n'a aucun pouvoir pour dessiner le système dans son intégralité. Les impôts directs sur les personnes et sur les entreprises, les charges sociales, mille et une taxes ponctuelles, les droits de succession échappent à son emprise. Jouent des phénomènes particuliers qui viennent se plaquer sur les structures fiscales existantes de chaque pays. Ce ne peut être que sources de courts-circuits, d'effets pervers et d'incohérences. Ils jouent dans le sens d'une plus grande injustice fiscale.

Détaxer les riches, surtaxer les pauvres?

Le fil de la fiscalité sur les produits d'épargne mérite d'être dévidé jusqu'au bout. Pendant la première moitié du XXᵉ siècle, l'idée prévalait dans les pays développés que les revenus du capital devaient être taxés plus lourdement que ceux du travail. Cela semblait le *b-a ba* de la justice fiscale.

Puis le principe a été peu à peu ébranlé. Paradoxe à une époque qui a vu l'apogée de la social-démocratie, le travail a été frappé autant que le capital : ce fut le cas, en France, à partir de 1960. Puis, depuis une dizaine d'années, la menace des paradis fiscaux, la nécessité de reconstituer l'épargne, l'alibi de voir grâce à l'expansion en chaque travailleur un épargnant, ont conduit de nombreux gouvernements à imposer les revenus du capital moins lourdement que ceux du travail. Ainsi de la retenue à la source, qui substitue la proportionnalité du prélèvement à sa progressivité; ainsi de l'avoir fiscal, qui abaisse cette même progressivité; ainsi des crédits d'impôts, qui font table rase du niveau de revenu du contribuable. A ce jeu-là, la France est particulièrement brillante : 25 % de prélèvement sur les revenus d'obligations, 16 % d'impôt sur les plus-values mobilières au-delà d'une exonération de près de 300 000 F, face à un impôt sur le revenu rapidement progressif avec une tranche marginale à 56,5 %! Quant aux droits de succession, ils atteignent au maximum 40 % en ligne directe, comme si l'argent hérité était plus légitime que l'argent gagné!

C'est bizarrement de Mme Thatcher qu'est venu le signe d'une correction : elle a remis au même niveau l'impôt sur les plus-values et l'impôt sur les revenus du travail, le premier étant augmenté à cette fin et le second diminué. Mais la libre circulation des capitaux va interdire de tels gestes d'équité. Une inexorable fatalité va obliger les États à une course à la fiscalité la plus faible possible sur l'épargne. Face à des mouvements de capitaux motivés par l'évasion fiscale – ne comptons pas sur le devoir civique de déclaration des dividendes et intérêts reçus à l'étranger! –, les États membres auront le choix : soit se voiler les yeux, maintenir les impôts en l'état et se refuser à reconnaître que, dans les faits, l'essentiel des produits du capital et en particulier les gros portefeuilles seront exonérés; soit mettre le droit en accord avec la réalité et, d'abaissement des taux en abaissement, se diriger vers une exonération légale. Dans les deux cas les revenus du capital ne paieront guère. Si, pour essayer de maintenir sur place les patrimoines, certains gouvernements instaurent une incitation à l'épargne investie, le capital ne sera même pas défiscalisé; il bénéficiera d'un impôt négatif! C'est évidemment sur les revenus du travail qu'il faudra transférer le manque à gagner; l'impôt sur les salaires sera

augmenté d'autant. Belle justice redistributrice à rebours!
L'Europe fiscale aura abouti à détaxer le capital, à surtaxer
le travail, donc – pour parler court – à exonérer les riches et
à frapper les pauvres! Ce n'est certes pas une volonté délibérée, mais le résultat de l'alchimie entre le grand marché, la
libre circulation des capitaux, et le veto en matière fiscale du
moindre État membre qui peut de la sorte favoriser la dictature des paradis fiscaux.

Cette perversion de l'Europe unie tombe mal. Elle se
manifeste au moment où l'équilibre sera remis en cause
entre la fiscalité des revenus et la fiscalité des patrimoines.
Une phase en effet s'achève, qui a vu les disparités de revenus s'effacer après impôts. Or au même moment, avec la
réapparition des taux réels, les écarts de patrimoine se multiplient. L'inégalité des patrimoines sera aussi décisive à la
fin du siècle que l'inégalité des revenus dans les années cinquante. Elle suscitera tensions, conflits et insatisfactions,
surtout dans une société vieillissante où la fortune installée
aura le dessus. Le retour des rentiers, fût-ce en *eurobonds*,
fera problème. Il appartenait à la fiscalité de réduire le
spectre des inégalités de capital comme elle l'a fait pour les
inégalités de revenus, et la pression de la société y aurait
naturellement conduit. Que les paradis fiscaux prennent
une telle influence sera porté au débit de l'Europe! Que de
réactions faciles, si le parti communiste était en état d'exercer sa fonction tribunitienne : l'Europe du grand capital!
L'Europe des riches! L'Europe à sens unique!... Que
d'autres s'emparent de ces thèmes est encore plus inquié-
tant! Ce n'est pas par un retour à un modèle archaïque du
XIXe siècle que 1992 réussira.

La France mal armée

Par un paradoxe qui lui est naturel, la France manifeste,
parmi les douze, le maximum d'enthousiasme pour 1992,
alors qu'elle est sans doute condamnée au maximum de difficultés. Inconscience? Ou diabolique intelligence qui lui fait
aimer ce qui la forcera à bouger? Mais le prix à payer paraît
aujourd'hui élevé. Puissent les dividendes du grand marché
se manifester assez vite pour contrebalancer les inévitables
frustrations que suscitera, le moment venu, la purge!

Des handicaps, la fiscalité est sans doute le plus important. L'économie française va vivre désormais les inconvénients d'une structure fiscale atypique. Seule la Grèce aura, semble-t-il, davantage de problèmes! Notre système a toujours choisi les prélèvements en apparence les moins douloureux : les cotisations sociales à la charge des entreprises plutôt qu'à la charge des particuliers, le prélèvement social de préférence à l'impôt, l'impôt indirect de préférence à l'impôt direct, sans compter une myriade de taxes discrètes, telles celles sur les primes d'assurance automobile... Le bilan à l'arrivée est lourd : le total des prélèvements obligatoires atteint 45 % du produit intérieur, contre 40 % chez nos principaux concurrents; les charges sociales supportées par les entreprises sont les plus élevées de la Communauté; l'impôt sur le revenu ne représente que 5 à 6 % du PIB contre le double chez nos principaux partenaires; la TVA constitue le cœur des recettes fiscales. De là une cascade de difficultés.

Première difficulté : un handicap de compétitivité pour les entreprises. Ce n'est pas une découverte. Les industriels ne cessent de s'en plaindre depuis la création du Marché commun : certes, malgré des fers aux pieds, ils s'en sont tirés à leur avantage. Mais d'autres secteurs, banques, assurances, vont à leur tour découvrir ce qu'il en coûte d'être français! A la surcharge que leurs entreprises vont connaître, à l'instar des compagnies industrielles, se superpose le poids de taxes spécifiques que seul autorisait le protectionnisme sectoriel. A frontières fermées, prestations plus chères; à prestations plus chères, recettes de poche pour l'État : le consommateur payait sans le savoir ce que le contribuable économisait. Ainsi de la taxe sur les encours bancaires, du prélèvement exceptionnel – systématiquement reconduit! – sur les profits des banques, de la taxe sur les primes d'assurance. Ou l'État ne renonce pas à ces facilités et les sociétés devront en compenser le poids par une compression encore plus forte des salaires et des effectifs. Ou il s'allège de ces recettes, mais il n'en retrouvera pas facilement l'équivalent.

Deuxième difficulté : le poids anormalement élevé des prélèvements obligatoires obère la compétitivité globale de l'économie. En termes de productivité : toutes les analyses économétriques le montrent. En termes de croissance : c'est une réalité statistique. En termes d'emplois : la corrélation est, sauf exception, forte entre le taux de chômage et le taux de prélèvement. Mais plus généralement en termes d'atmosphère, de dynamisme, d'acharnement au travail. Or dans un marché de plus en plus compétitif, ce sont paradoxalement ces facteurs non mesurables qui font la différence. Faut-il en chercher l'illustration dans les études de Carré, Dubois et Malinvaud, qui découvraient après des pages de calcul et des heures de simulation que pour 50 % les gains de productivité n'étaient pas explicables par des éléments quantifiables? Au-delà des rodomontades idéologiques, Mme Thatcher et Reagan auront eu le mérite de nous faire redécouvrir cette vérité d'évidence : trop d'impôt tue le goût d'entreprendre.

Troisième difficulté : la TVA rapporte au budget le double de l'impôt sur le revenu. Avec une équation fiscale déjà tendue par un déficit structurel, tout transfert d'un point est un drame. Le répercuter sur l'impôt direct serait hors de portée de tout gouvernement : avec les taux en vigueur sur les diverses tranches et une progressivité très rapide en fonction du revenu, c'est inenvisageable. La seule manière de faire consisterait à élargir le nombre des foyers assujettis à l'impôt sur le revenu des personnes physiques. Un tiers d'entre eux aujourd'hui y échappe. Sous couvert de protection des faibles revenus, c'est une injustice, car les bénéficiaires de l'exonération sont beaucoup plus nombreux que les vrais pauvres sur lesquels devraient en équité se concentrer les avantages fiscaux et sociaux. Mais mettre à bas ce privilège dont bénéficient les classes moyennes exigerait, au nom de la solidarité, un immense courage. Le faire pour compenser un effet indirect du grand marché serait suicidaire. C'est une illusion technocratique d'imaginer que les citoyens sont prêts à payer plus d'impôts pour l'Europe; ils attendent qu'elle paie pour eux et se refuseront au raisonnement sophistiqué qui met en balance l'économie de TVA et l'assujettissement à l'IRPP. Aussi est-ce du côté des dépenses budgétaires qu'il faudra compenser les moins-values de recettes. Où trouver les économies? Dans le budget militaire : ce serait obérer, au nom de l'Europe, notre meilleure carte européenne. Dans les dépenses sociales ou éducatives : les marges de jeu sont faibles. Dans les dépenses d'intervention économique et les grands projets technologiques : ce serait dévaloriser nos atouts dans la bataille du grand marché. De façon aveugle et indifférenciée : c'est une manière de déplacer la frontière entre l'État et la société, mais elle manque d'intelligence... Les années passent et l'effort d'harmonisation est toujours devant nous : il risque d'être plus difficile pendant les rares exercices budgétaires qui nous séparent de 1992.

Quatrième difficulté : la fiscalité française sur les produits d'épargne est une des plus élevées d'Europe. Là aussi, l'harmonisation sera délicate, et à la différence de la TVA pour laquelle chacun escompte – sans le dire – un sursis, ce sont les faits qui trancheront en matière d'épargne. Eux ignorent les délais de grâce. Mais l'allègement ne pourra se faire sans une remise à plat plus générale de la fiscalité sur les patrimoines. Sous l'amoncellement des taxes et des prescripteurs – État, régions, départements, communes –, elle est devenue une construction byzantine sans logique ni plan d'ensemble. Sans doute l'Europe rendra-t-elle un service à la France en l'obligeant à une rationalisation que le fatras des intérêts acquis et des privilèges rend inextricable. Mais quelle tâche politiquement coûteuse!

Cinquième difficulté : un bon impôt est un vieil impôt. La réforme fiscale fait peur dans un pays où la montée de l'individualisme et le rejet de l'État suscitent, à la moindre modification, de vrais psychodrames. L'affrontement à propos de l'impôt de solidarité sur la fortune en témoigne, qui ne méritait ni cet excès d'honneur, ni cette indignité. De même qu'en leur temps la bataille de la taxe professionnelle ou la majoration des droits de succession. Pris dans un vrai maelström fiscal sous les coups de boutoir de l'unification européenne, les pouvoirs publics seront obligés de parer au plus pressé. Ils ne seront guère tentés, dans ces conditions, d'ouvrir le chantier d'une réforme fiscale de grande ampleur dont la France a besoin, quitte à remettre en cause quelques équilibres sensibles entre les salariés et les non-salariés, les particuliers et les entreprises, les revenus et les successions, la fortune foncière et le patrimoine mobilier. Autant de situations acquises et de distorsions qui se perpétueront.

Mais l'inventaire des problèmes ne se limite malheureusement pas à des difficultés fiscales déjà envahissantes. Une étude internationale [1] fait peur. Sceptique sur les effets macro-économiques du grand marché et sur la manne miraculeuse, elle annonce un grand chambardement sectoriel : les secteurs qui souffriront d'une « croissance **non**

---

1. Du cabinet DRI.

compétitive » – augmentation des importations supérieure à la croissance du marché – seraient pratiquement tous concentrés en France! Ainsi le boom attendu dans l'automobile serait-il plus que compensé par le déclin des industries agro-alimentaires, aéronautiques ou ferroviaires. Il en résulterait un déficit accru du commerce extérieur, produit par une croissance de 1,9 % des exportations et de 4,3 % des importations à l'horizon 1995. En dépit d'une baisse relative des prix (– 2,5 %) et d'une augmentation du produit intérieur (1 %), le taux de chômage atteindrait 12 % sous l'effet conjugué de la dégradation de la balance commerciale et d'une population active toujours en augmentation. Sur ce dernier point, l'unanimité des spécialistes est complète : la France est le seul des grands pays européens dont le chômage risque encore d'augmenter. Mais le poids de la démographie dépasse largement l'impact du grand marché, et encore est-ce une difficulté temporaire. A plus long terme, ce dynamisme démographique relatif constituera sans doute le meilleur atout français. Les conclusions catastrophiques de l'étude sectorielle peuvent évidemment être contestées une à une et certaines avancées probables servir de contrepoids : les services informatiques, l'industrie du luxe... Mais plusieurs caractères spécifiques de la France accentuent l'impact de 1992.

Le poids particulièrement élevé, en premier lieu parmi ses entreprises performantes, de celles dont les débouchés dépendent des commandes publiques. Aéronautique, armement, électronique, bâtiment et travaux publics : fruits du modèle colbertiste à la française, ce sont souvent les fers de lance de l'industrie française. L'ouverture des marchés publics sera pour ces sociétés un traumatisme : la chasse gardée disparaîtra en partie. Il est évident que les industries nationales, davantage portées sur le marché final, seront moins touchées : pour elles, le choc est passé depuis longtemps. Ainsi l'industrie française paiera-t-elle dans un premier temps une spécialisation trop marquée par sa relation à l'État. Ce sera un mal pour un bien : ces entreprises devaient de toute façon subir le choc du marché mondial. Le temps des monopoles douillets est fini : mieux vaut à tout prendre l'heure de vérité imposée par des concurrents de la Communauté vivant dans le même environnement, que quelques années plus tard l'agression violente de compétiteurs d'Extrême-Orient.

L'impact involontaire, ensuite, des circuits de distribution les plus modernes d'Europe. La réussite exemplaire de ce secteur jouera paradoxalement à rebours de l'équilibre global de la balance commerciale : ses retombées directes – présence à l'étranger, dividendes et licences –, sa pression à la baisse des prix seront plus que compensées, semble-t-il, par le boulevard qu'elle ouvre aux importations. Dans une Europe sans barrières non tarifaires, sans normes protectionnistes, sans astuces douanières, les circuits de distribution constitueront le dernier instrument du protectionnisme. Ce sera soit un protectionnisme délibéré, plongeant loin dans le comportement historique des acheteurs – acheter allemand en Allemagne –, soit un protectionnisme diffus, lié à la complexité et à l'arriération du système de distribution, comme par exemple en Italie. Or les réseaux de distribution français sont hypermodernes et efficaces : il suffit pour y accéder d'être le moins disant. Et aucune préférence nationale ne joue dans l'esprit des acheteurs : le prix, rien que le prix. D'où une ouverture du marché français de grande consommation incomparablement plus forte qu'ailleurs.

Le cartésianisme, aussi, de l'administration française. Son mode de fonctionnement militaire, son culte de la règle générale et impersonnelle, sa manière de travailler limpide s'accompagnent mal des astuces, faux-semblants, exceptions dont se nourrit le protectionnisme caché de certains de nos concurrents. Celui-ci ne disparaîtra pas totalement avec le grand marché. Si d'un côté les verrous à l'entrée s'effacent, de l'autre côté l'édiction de normes d'application générale dans la Communauté deviendra un enjeu de l'affrontement économique. Ce n'est pas demain que, raide, hiérarchique et indépendante, l'administration française abaissera ses exigences, afin de permettre à certaines branches industrielles d'inonder le marché européen de produits moins fiables mais moins chers.

Le retard, de plus, apporté à certaines rationalisations. Ainsi du transport aérien, qui va subir de plein fouet la dérégulation européenne. Au moment où commencent à se constituer en Europe des compagnies géantes dont atteste la fusion entre British Airways et British Caledonian, les compagnies aériennes françaises vivent à des années-lumière de certaines réalités. Sur le plan social, dont témoigne l'affrontement sur le pilotage à deux, alors que patrons et

syndicats devraient, au-delà de cet enjeu déjà périmé, s'inté-
resser aux prochaines mutations technologiques. Sur le plan
de l'organisation interne : les entreprises françaises de transports ressemblent trop à des administrations, avec leurs rigi-
dités et leurs lourdeurs, au moment où elles vont subir la
concurrence de francs-tireurs européens ou extra-européens,
mobiles et légers. Sur le plan des structures : comment la
France peut-elle se payer le luxe d'être le seul pays européen
à disposer de deux compagnies internationales et d'une
compagnie intérieure? C'est aujourd'hui le client qui paie
encore le surcoût. Dans un univers dérégulé, il ne l'acceptera
plus.

L'attrait enfin du pays : sa position géographique centrale,
son climat, son mode de vie en font une terre d'accueil privilégiée pour les entreprises et les particuliers. C'est certes la
garantie d'investissements étrangers, créateurs de quelques
emplois, mais c'est aussi la certitude d'une concurrence plus
aiguë. On verra davantage de dentistes danois désireux de
s'installer à Saint-Paul-de-Vence que d'avocats français atti-
rés par les charmes du barreau de Glasgow. Là aussi, à plus
long terme, cette compétition avivée sera un atout, mais dans
un premier temps elle accentuera le traumatisme du grand
marché.

A jouer « der Geist der immer neint [1] », le risque est grand
de déformer la réalité. A l'actif de la France, que d'atouts et
aussi de capacités d'innovation! Le miracle français de
l'après-guerre, la formidable adaptation au début du Marché
commun, pour le passé; l'extraordinaire révolution entamée
depuis quelques années, après le passage à vide des deux
chocs pétroliers, qui fait de l'économie française la plus
rigoureuse d'Europe dans le domaine salarial, une des moins
inflationnistes, une des plus consensuelles sur le plan social.
L'Europe n'est pas un défi plus difficile que la désindexation
des salaires : il est au moins exaltant! Mais à partir au
combat la fleur au fusil, la France risque de se préparer quelques mauvaises surprises. Le grand marché n'est pas une
bluette rhétorique; c'est une guerre. Elle exige reconnaissance du terrain, stratégie, préparation et sacrifices. Il est
minuit moins cinq...

1. *Der Geist der immer neint* : « l'Esprit qui toujours nie » dans
le *Faust* de Goethe.

Gare au retour de bâton!

La naïveté européenne pourrait se retourner sans crier gare. A trop anticiper le miracle, le réveil risque d'être brutal. A l'Europe instrument obligatoire de modernisation, levier forcé du changement, risque de succéder l'Europe bouc émissaire. Elle se verra reprocher, comme si elle en était responsable, ce qui constitue l'évolution générale du monde : une compétition accrue, une concurrence de tous les instants, un affrontement permanent. Les partis extrémistes français, communiste ou Front national, ne s'y trompent pas, qui comptent capitaliser sur les frustrations et les déceptions. Le risque est grand d'un retour de bâton! Il prendrait plusieurs formes : économiquement, à travers une vraie tentation protectionniste; sociologiquement, par un regain de xénophobie; politiquement, par la réapparition de l'extrémisme.

Le spectre du protectionnisme semble définitivement exorcisé. Avec le psychodrame de mars 1983 en France, ultime affrontement entre les tenants du « socialisme dans un seul pays » et les défenseurs de l'ouverture des frontières, le débat s'est en principe à jamais fermé. Gauche et droite communient désormais dans le même respect de la concurrence et le même goût de l'ouverture au monde. Mais à l'occasion du séisme européen, le pire n'est pas à exclure : un retour du mythe protectionniste. S'il s'agit d'un protectionnisme européen ou plutôt d'un rééquilibrage entre une Europe ouverte à tous vents et des concurrents, Japon et États-Unis, plus restrictifs, c'est une vraie question [1]. Mais si réapparaissaient les vieux fantasmes de la fermeture à nos partenaires, ce serait une catastrophe. Catastrophe, car se manifesterait de la sorte une régression d'une intelligence économique collective si chèrement acquise. Catastrophe, car derrière la revendication, même condamnée, se glisseraient des réactions qui témoigneraient d'une incapacité à l'affrontement sur le marché. Catastrophe, car l'État serait aux prises avec les lobbies qui retrouveraient leurs réflexes d'autrefois, du temps où leur action collective s'identifiait à la quête des quotas d'importation. Le risque ne vient ni des

1. Cf. 2ᵉ partie, chapitre 4, « Une symphonie inachevée ».

secteurs industriels habitués au Marché commun, pour lesquels la disparition des barrières non tarifaires signifie une différence de degré, non de nature, dans la concurrence, ni des secteurs financiers fraîchement libérés qui, à défaut de préférer le marché à l'oligopole, feront naturellement contre mauvaise fortune bon cœur. Il demeurera l'apanage des corporatismes ou de professions réglementées que leur culture profonde ne prédispose pas à de tels chocs et qui jouissent d'une capacité de chantage sur la société entière. Camionneurs furieux de la concurrence hollandaise, pilotes de ligne en rébellion contre l'effort d'économies inhérent à la déréglementation, médecins en butte à l'installation de rivaux étrangers, pharmaciens qui verront s'éteindre la protection géographique à travers l'octroi des licences, architectes qui seront aux prises avec les antennes de grands cabinets étrangers, agents d'assurance débordés par la commercialisation directe. Que d'insatisfaits dont le réflexe naturel, manifestation classique du corporatisme, sera de demander à l'État ce que le marché ne peut plus leur accorder! Ou ces réactions seront isolées et sporadiques, et elles exigeront une gestion à chaud des crises professionnelles, devenue de la sorte la quintessence de l'art de gouverner! Ou elles se coaguleront, pèseront sur le climat ambiant, et elles traduiront un nouveau poujadisme, dans lequel les commerçants d'autrefois auront cédé la place aux petits bourgeois d'aujourd'hui. Une bataille sociologique archaïque se déroulerait à l'arrière, au moment où les exigences de 1992 requerraient une mobilisation d'une autre nature.

Comme le risque protectionniste demeure l'apanage de professions individualistes, la revendication malthusienne pourrait prendre rapidement une allure xénophobe. Cachée par le racisme antimaghrébin, la xénophobie antieuropéenne passe inaperçue. Elle affleure néanmoins de temps à autre. A travers les flottements dans les zones rurales, telle l'Ardèche, où se multiplient les résidences secondaires d'étrangers. A travers les réactions épidermiques en Alsace, face au « colonialisme allemand », c'est-à-dire le double mouvement qui voit les Alsaciens aller travailler en Allemagne et les Allemands acheter des villégiatures en Alsace. A travers les pressions de professions fermées jusqu'à présent, tels les commissaires aux comptes, qui sont allés solliciter le Conseil d'État pour que les cabinets anglo-saxons soient privés du droit d'exercer. A travers les poussées de fièvre des agriculteurs, face aux premières importations en provenance d'Espagne. Ce ne sera pas, une fois de plus, la France salariale qui entrera en rébellion : la CGT se contentera d'un baroud d'honneur sur le « scandale des importations ». Ce sera la France des non-salariés, de l'individualisme exacerbé, des classes moyennes les plus insatisfaites : ce n'est – l'expérience en témoigne – ni la plus sympathique, ni la plus raisonnable.

Une telle ébullition sociale n'aurait pas trouvé, il y a quelques années, d'incarnation politique : un clientélisme un peu accentué de la droite classique; des itinéraires solitaires et vains, tel celui de Jean Royer, héraut en son temps du petit commerce; une pression diffuse sur l'ensemble du personnel politique. Le parti communiste essaiera certes de capitaliser le mécontentement, mais à sa manière, codée et désormais marginale. Avec le Front national, la France risque de disposer, lamentable privilège, du premier parti antieuropéen susceptible de donner à ce nouveau poujadisme un encadrement et un élan que l'ancien poujadisme ne possédait pas à ce degré! Jean-Marie Le Pen ne s'y est évidemment pas trompé qui, une fois réalisées quelques figures de style réactionnaires sur l'Europe chrétienne, devient le chantre de l'anti-Europe. Une alchimie trop connue lui permet d'enchaîner sur la haine du marché, de l'argent, de la ploutocratie qui s'engraisse, du cosmopolitisme qui s'agite à l'arrière, des pauvres petits Français sacrifiés et de la nécessité du sursaut patriotique. Ces réminiscences de Maurras et de la vieille extrême droite xénophobe et antisémite sont déjà à l'œuvre; elles risquent de jouer à plein lorsque le grand marché, bienfait dans le discours officiel, sera perçu comme un malheur par certains. Qu'il sera facile alors de jouer sur le registre de l'inconscience de la classe politique, de son indifférence aux petits, de son arrogance et de ses privilèges! Il ne manquait à ce précipité idéologique qu'une dose d'antiparlementarisme!

Le fascisme n'est pas en marche; l'Europe unie n'est pas l'inflation allemande de 1923; les victimes du grand marché ne se compteront pas par millions; mais de même que Le Pen a idéologiquement gagné sur le racisme, il risque de triompher sur l'Europe. Son discours anti-immigrés n'est-il pas devenu le point de référence de tous les autres, fût-ce heureusement pour le combattre? Il a tiré à droite l'ensemble du spectre politique : ainsi du silence gêné de la gauche, à l'exception de François Mitterrand, sur le droit de vote aux élections municipales pour les immigrés; ainsi des concessions faites des années durant par une droite libérale autrefois plus sûre de sa morale; ainsi du basculement de ceux qui se prétendent encore gaullistes vers un populisme d'allure boulangiste. Chacun a fait par rapport à sa position naturelle un pas sur sa droite. Faut-il craindre qu'il ne réussisse la même opération contre l'Europe? C'en serait fini, dans ce cas, de l'enthousiasme européen. Les plus fervents devraient reconnaître les aspects négatifs du processus; les moins dithyrambiques paraîtraient encore davantage sur leurs gardes. 1992 ne s'identifierait plus à une malchance, mais à une contrainte; le grand marché ne tiendrait plus d'une aubaine, mais d'une fatalité.

*
**

L'Europe ne ressemblera pas davantage à un cauchemar darwinien qu'à un rêve éveillé, mais à nier la « colonne débit » – comme dirait un comptable –, les bâtisseurs de l'Europe se préparent de solides déceptions. Depuis un siècle, les pays n'ont cessé de répondre à toute accélération du marché par une redistribution accrue. L'État-providence et le marché ont avancé ensemble : le premier plus rapidement à certains moments, le second plus brutalement à d'autres, mais dans nos sociétés modernes ils sont indissociables. Peut-on imaginer que l'Europe en voie de constitution s'affranchisse durablement de cette loi? Au cauchemar darwinien répondront non de mirifiques plus-values macroéconomiques, mais des mécanismes de redistribution. La poussée libérale sert d'utile contrepoids à l'emballement dans chaque pays de la machine égalitaire; mais à la toute-puissance, à l'échelle européenne, du marché doit de la même façon correspondre une pression social-démocrate. Quand l'Europe aura-t-elle à son tour les instruments d'une social-démocratie minimale? Leur absence prouve, parmi d'autres témoignages, qu'elle constitue encore une symphonie inachevée.

4.

Une symphonie inachevée

Le marché, comme seul instrument de réalisation de l'Europe, connaîtra rapidement sa limite : les excès devront trouver un contrepoids, sous peine d'un violent choc en retour, et les questions de fond auxquelles l'allégorie de 1992 tient lieu de viatique appelleront une réponse. Une monnaie commune existera-t-elle? L'unité macro-économique a-t-elle un sens? La solidarité budgétaire prévaudra-t-elle? Le grand marché sera-t-il un monde ouvert à tous vents ou à moitié perméable? Ce sont désormais les exigences minimales pour que l'Europe de 1992, construction d'essence économique, puisse avoir une signification historique et stratégique. S'il en allait ainsi, la dérive stratégique du continent serait contrebalancée par un phénomène d'importance équivalente. Mais les étapes à franchir ne relèvent pas d'un tour génial de passe-passe, substituant la libération à l'harmonisation, comme pour mettre en route le grand marché. Elles exigent une volonté politique, une construction politique, une durée politique. Chasser le politique : c'est le principe du grand marché; et il revient au galop : c'est la nécessité d'aller au-delà du libre-échange. Sur ces enjeux majeurs se manifestent les ambiguïtés du couple franco-allemand. La France a l'ambition d'imposer une politique économique et monétaire commune mais elle n'en a pas les moyens. La République fédérale les a, mais elle n'en a pas l'ambition. Qu'il s'agisse de l'instauration de monnaie, de politique macro-économique ou de solidarité budgétaire, l'Allemagne est en deçà de la main. Elle n'est évidemment pas la seule : la Grande-

Bretagne se tient aussi en retrait. Mais cette opposition-là est secondaire, puisqu'elle vient de l'élève le moins assidu de la classe européenne, tandis que les réticences allemandes sont décisives, formulées par l'État membre jusque-là le mieux intentionné et toujours disposé à jouer le banquier de la Communauté. Tues au nom du tabou de la sacro-sainte complicité franco-allemande, ces divergences correspondent à de légitimes conflits d'intérêt et non à une inversion de philosophies, entre une France hier nationaliste et désormais communautaire, et une Allemagne auparavant militante européenne et maintenant désireuse de conduire à son tour une politique tous azimuts. L'intérêt national n'est pas mort; il régit les comportements des uns et des autres, et le plus ou moins grand enthousiasme européen en est, à tel ou tel moment, l'expression. Mais ce n'est pas un hasard si l'avenir de la construction européenne se joue sur l'Allemagne, de même que la dérive du continent se fait autour de l'Allemagne. Il n'existe pas de question européenne; il n'existe qu'une question allemande. Ce vieux précepte du XIXe siècle reprend toute sa vigueur. Le reconnaître n'est pas céder à la moindre germanophobie; c'est prendre en compte la réalité et non tabler sur des rêves. De là une Europe en pointillé, un 1992 à mi-chemin, une œuvre à moitié accomplie.

Le veto monétaire

L'instauration d'une monnaie européenne n'est pas un problème technique. La tentation est grande pour les responsables de la Communauté de se réfugier dans l'étude des difficultés pratiques, ce qui les a conduits à mettre en place au sommet de Hanovre un comité composé de gouverneurs des banques centrales et d'experts, à charge pour lui de recenser, dans un délai d'un an, toutes les questions en suspens. Mais la minute de vérité finira par arriver. Elle mettra en évidence des préoccupations divergentes.

Le fond du problème est simple : autant la République fédérale a intérêt à la perpétuation du système monétaire européen, autant elle a beaucoup à perdre à une monnaie commune.

Le SME offre aux Allemands les avantages d'une zone mark, sans aucun de ses inconvénients. Il a limité la réévaluation du mark en maintenant le lien avec des monnaies plus faibles; il a de la sorte préservé la capacité exportatrice de la République fédérale qui a pu, entre autres bénéfices, maintenir vis-à-vis de ses partenaires un énorme excédent commercial; il a exercé sur les autres États membres une pression qui les a obligés à s'aligner, peu ou prou, sur l'austérité de l'économie dominante. Quels inconvénients a-t-elle subis en échange de ces avantages? L'obligation d'aider, aux moments de tension, les monnaies en instance de dévaluation, et la création de ce fait involontaire d'un surcroît de masse monétaire... Ce n'est pas cher payé.

Quoique déséquilibré au profit de la RFA par le poids même des économies nationales, le système monétaire est utile aux autres États membres. Chacun en tire profit, même si le plus puissant de la bande en trouve un plus grand. Pour la France, ce fut un formidable réducteur de bêtises. Il a été à l'origine du tournant de 1983 et de l'acceptation par les Français d'une rigueur bien nécessaire pour régler dix ans de frasques. Il pousse à l'alignement du taux d'inflation sur le taux le plus modeste à l'intérieur de la Communauté; il conduit à la maîtrise des coûts de production; il oblige à une rationalisation accélérée de l'appareil de production; il a permis de tenir un patronat français, historiquement tenté par le laxisme, comme on tient un cheval par le mors; il a enfin inculqué aux Français le culte d'une monnaie forte. Formidable révolution des esprits pour un pays qui avait toujours pratiqué le cycle relance indue-dévaluation-ajustement, et dont la monnaie a été divisée par trois vis-à-vis du mark en moins de vingt ans! Qu'un ministre des Finances socialiste puisse devenir un Pinay de gauche et être le garant d'un franc fort mesure le chemin parcouru!

Le SME est une école de maturité économique. A enseigner de la sorte la vertu, il aide les plus faibles mais, par ses mécanismes mêmes, il avantage encore les plus forts. Rien de plus normal : un système monétaire ne déplace pas les équilibres entre économies, contrairement aux rêves de ceux qui depuis cinquante ans tablent sur la manipulation de la monnaie pour compenser des handicaps structurels; il reflète un rapport de forces. Avec la libre circulation des capitaux, le SME ressemblera plus encore à une zone mark. La République fédérale attirera davantage d'épargne aux dépens des devises les moins sûres de la Communauté : en matière de placements, la bonne monnaie chasse la mauvaise. Afin de compenser ce mouvement naturel, les États membres devront maintenir des taux d'intérêt réels systématiquement supérieurs aux taux allemands, de sorte que leur expansion sera freinée, voire interdite. Les situations acquises se perpétueront et le leadership économique de la République fédérale restera intact. Face à cette perspective, certains lorgnent avec jalousie la Grande-Bretagne qui a maintenu le sterling en dehors du SME. Ils le font paradoxalement au moment où, sans l'obstination idéologique et nationaliste de Mme Thatcher, les Anglais rejoindraient le peloton. Ce sont les spécificités de la monnaie anglaise, son caractère international, sa nature de monnaie pétrolière, le rôle de la City, qui ont permis ce cavalier seul. Encore a-t-il fallu payer le prix : l'industrie britannique a souffert de l'instabilité de la livre, de ses réévaluations artificielles, de ses dépréciations excessives. Il n'existe pas davantage aujourd'hui de solution de type britannique qu'il n'était possible en 1983 pour les Français de sortir du système monétaire européen. Les marchés de change sont une telle caisse de résonance qu'une mise en congé du SME serait toujours analysée comme une priorité donnée au laisser-aller monétaire et qu'elle susciterait une dépréciation incontrôlable, prétexte involontaire d'une austérité ultérieure accrue. Le système monétaire européen est notre environnement; la zone mark notre appartenance.

D'où la tentation très forte chez les Français de substituer une vraie monnaie commune au système actuel : ils ont, en théorie, raison car une telle évolution ne serait pas un changement de degré, mais un changement de nature. La balance avantages-inconvénients se modifierait pour chacun des États membres et en particulier pour la République fédérale, dont les réticences s'accroissent au rythme de l'enthousiasme français. Ce n'est pas nouveau : depuis le début la Bundesbank a considéré l'écu d'un mauvais œil, par crainte de voir le mark contaminé par les autres monnaies européennes; longtemps, les entreprises allemandes n'ont pu emprunter en écus et les banques n'intervenaient sur ce marché que contraintes et forcées. Derrière le refus d'une monnaie européenne se dessinent de multiples raisons. La crainte, en premier lieu, de voir disparaître l'orthodoxie monétaire : les Allemands pensent qu'une banque centrale européenne n'aura jamais la rigueur de la Bundesbank, qu'elle subira les pressions des États membres les plus laxistes et que son statut ne lui conférera pas une indépendance suffisante pour y résister. La peur, ensuite, de devoir payer cette orthodoxie monétaire, s'ils parviennent néanmoins à la faire prévaloir : le troc est évident entre la discipline monétaire et la solidarité budgétaire, au nom du raisonnement incontestable selon lequel une monnaie unique accélère les écarts entre régions riches et régions pauvres, de sorte qu'un effort de redistribution doit les compenser. De plus, le sérieux monétaire est réversible alors que la solidarité budgétaire est, elle, irréversible : d'où le risque de perdre sur les deux tableaux. Le désir, aussi, de conserver l'avantage lié à l'excédent commercial à l'égard des autres membres de la Communauté, et ce d'autant plus que, de 1983 à 1987, 80 % de l'augmentation de l'excédent allemand total se sont faits avec les partenaires européens de la République fédérale. La volonté, enfin, de protéger cette forme de puissance qu'offre le placement d'une épargne excédentaire : celle-ci, avec une monnaie unique, serait canalisée à l'intérieur de la Communauté, alors que dans le système actuel, elle est libre de toute affectation. Quel meilleur instrument pour un État du milieu que de répartir ses disponibilités entre l'Europe de l'Ouest, les États-Unis et l'Europe de l'Est?

En réalité, il faudrait, pour que l'Allemagne accepte l'union monétaire, que sa volonté de faire l'Europe soit sans limites. Ce fut un moment le cas, et les Français ont commis à l'époque le péché suprême de bloquer tout processus au nom d'une illusoire indépendance nationale. Telle n'est plus désormais la situation. Au regard des réticences allemandes, le refus britannique est secondaire. Mme Thatcher a proclamé que, de son vivant, la livre sterling ne se fondrait pas dans une monnaie communautaire, afin de préserver l'autonomie de la politique monétaire du gouvernement britannique. C'est surestimer le sterling. La République fédérale est un acteur de la vie monétaire internationale; la Grande-Bretagne n'en est, comme la France, qu'un sujet : à quelques décimales près...

Le débat sur la monnaie dérive naturellement vers une discussion sur la politique macro-économique. Aux Français qui disent depuis des années : « Faisons d'abord la monnaie et l'économie suivra », les Allemands, circonspects, répondent :

« Faisons l'économie d'abord et la monnaie suivra. » C'est en réalité déplacer la charge de la preuve sur une union macro-économique elle aussi hypothétique.

Des aspirations macro-économiques divergentes

Les économies européennes semblent avancer du même pas; leurs taux de croissance sont voisins; leurs inflations se sont rapprochées; leurs niveaux de chômage sont aussi élevés. Vue de Singapour ou de Los Angeles, l'Europe semble avoir une politique économique : les différences entre États membres sont plus ténues qu'entre le Texas et le Massachusetts, la Californie et le Maine. Cette convergence est évidente : elle est un sous-produit du système monétaire européen; elle résulte, *nolens, volens*, d'un alignement sur les caractéristiques de l'économie allemande.

Mais une politique macro-économique commune supposerait un accord entre États membres : la République fédérale ne pourrait à la fois maintenir son leadership et transiger sur des principes auxquels elle ne veut pas renoncer. L'expérience de 1980 est à juste titre dans l'esprit de tous les responsables allemands, quand, sous la pression de ses alliés occidentaux, le chancelier Schmidt a accepté, en accroissant le déficit public, que l'Allemagne serve de locomotive à l'économie mondiale : au lieu de tirer les autres, l'économie allemande s'est mise hors normes. Il lui a fallu plusieurs années de rigueur pour résorber les déséquilibres qu'elle s'était absurdement imposés. L'Allemagne ne veut pas aujourd'hui d'expansion. Par réflexe : elle a, comme à l'accoutumée, peur de déraper dans l'inflation. Dès que celle-ci atteint sur base annuelle et au hasard d'un mois 1 %, le signal d'alarme retentit à la Bundesbank! Sous l'effet de la démographie : la République fédérale connaît aujourd'hui cette situation bizarre où, avec une quasi-stagnation de l'économie, le pouvoir d'achat augmente de 3 à 4 % par an, sans détériorer les autres agrégats. Ce sont les premiers effets euphorisants de la diminution de la population : le même revenu est partagé entre moins de bénéficiaires. De la même façon le chômage va désormais reculer, sous l'influence de la baisse de la population active, de sorte que cette incitation à la relance va elle aussi s'éteindre. La démo-

graphie se vengera et l'Allemagne fédérale paiera au quintuple ses satisfactions passagères, quand elle se videra de
l'intérieur. Mais aujourd'hui la relance n'en est que plus
vaine : le gouvernement fédéral ne saurait guère comment
affecter un surcroît de dépenses publiques et une baisse supplémentaire des impôts améliorerait, à la marge, une
consommation finale déjà encouragée par de mirifiques augmentations de salaires. La situation allemande est une préfiguration de l'Europe de l'an 2000, lorsque la démographie
sera en plein recul : la croissance aura alors bel et bien disparu. Le refus allemand de l'expansion ne s'applique pas
qu'à la seule hypothèse d'une relance nationale; il vise de la
même manière toute idée de relance communautaire. Elle
aurait, aux yeux de l'Allemagne, les mêmes défauts; l'argent
risquerait d'être encore plus mal employé, et quant à l'éventuel plan Marshall à l'égard de l'Est, pourquoi transférer au
niveau communautaire ce qui se fait avec tellement plus
d'efficacité depuis Bonn!

La position française est exactement symétrique du choix
allemand. La France a besoin, davantage que les autres, de
croissance et elle est néanmoins obligée de croître moins vite
que les autres. D'où l'impératif pour elle d'obtenir un supplément d'expansion en provenance de l'étranger. Le taux de
chômage est en effet condamné à se détériorer au fur et à
mesure de l'augmentation de la population active, au point
d'atteindre suivant certaines simulations 15 % alors que le
sous-emploi tomberait à 5 % chez nos voisins, compte tenu
de leur démographie en chute libre. A cette épouvantable
perspective ne peut répondre qu'une croissance plus forte.
Le reste n'est que palliatifs : multiplication des activités, des
piges, des demi-statuts, du travail à temps partiel, des TUC,
de l'intérim, du travail noir... De même, la baisse de la durée
du travail, avec une diminution corrélative du revenu, n'est
plus qu'une illusion et les syndicats eux-mêmes y ont
renoncé : elle exigerait un degré de solidarité collective
contradictoire avec les comportements de plus en plus anomiques et égoïstes d'une société qui a fait de l'individu-roi sa
référence. Condamnée à la croissance, l'économie française
est, au même moment, prise à la gorge par le déséquilibre de
son commerce extérieur. A la moindre accélération, celui-ci
s'effondre au point d'exiger une correction brutale de trajectoire et une austérité encore plus destructrice d'emplois.

D'où le différentiel de 0,5 % ou 1 %, par rapport à nos
grands voisins, auquel nous sommes condamnés. L'équation
n'a donc pas de solution. Elle interdit la fuite en avant, mais
non la fuite dans le rêve : une relance collective, fruit d'une
politique macro-économique commune! La plupart des
autres États membres sont dans la situation française, en
particulier les pays du Sud qui ne peuvent, eux non plus,
compter sur la démographie pour faire reculer le chômage.

Hier, les experts penchaient pour la position allemande,
convaincus qu'une expansion trop soutenue relancerait
l'inflation et aggraverait les déséquilibres financiers internationaux. Ils estiment tous aujourd'hui que, considérée
comme une seule entité, l'Europe a une marge significative
d'expansion. C'est le discours, maintes fois répété depuis dix-
huit mois, de l' « atterrissage en douceur », avec un ralentissement américain suscité par la voie fiscale de préférence
au forceps monétaire, et une accélération en compensation
du Japon et de l'Europe. Le Japon, à rebours des procès qui
lui sont injustement faits, est en train de remplir son contrat :
ne retrouve-t-il pas des taux de croissance dignes de ses plus
belles années, avant les deux chocs pétroliers? Mais
l'Europe, sous la férule allemande, ne fait pas sa part de
l'effort. La divergence est d'autant plus frappante, de ce
point de vue, entre le Japon et l'Allemagne que les traits
communs semblaient jusque-là dominer. Elle tient à l'inégal
appétit de consommation des deux populations. La prospérité n'a pas encore atteint le tréfonds de la société japonaise
comme elle l'a fait en Allemagne. Les besoins inassouvis sont
multiples : consommation individuelle, logement, loisirs, services collectifs; la vie d'un ouvrier japonais ne se compare
pas avec la *Gemütlichkeit* [1] du mode de vie de son collègue
allemand. D'où une influence, pour l'instant moins forte, de
la démographie : même si elle doit peser à long terme sur le
dynamisme du Japon, au moins autant que sur celui de
l'Allemagne, elle ne joue pas aujourd'hui en faveur de la stagnation.

Le chant des experts, le concert des nations n'ont en
revanche aucune chance de convaincre les Allemands. Pour
accepter une politique macro-économique de relance
contraire à leurs motivations et à leurs intérêts, il faudrait,
comme dans le domaine monétaire, des mobiles supérieurs.

1. *Gemütlichkeit* : agrément.

Ce serait pousser en particulier l'union franco-allemande jusqu'à une symbiose qui dépasserait largement le cadre économique. Pourquoi les Français, qui se gardent bien d'offrir aux Allemands leur garantie nucléaire stratégique, seraient-ils en droit de leur réclamer une « garantie économique »? Aucun des deux ne franchit le pas dans le domaine où il a le leadership. Mais à jauger les responsabilités respectives des uns et des autres, les Allemands ne sont pas les plus coupables. Les Français, prisonniers de leur syndrome Maginot, ne font pas en matière nucléaire des gestes auxquels ils auraient les premiers intérêt. Les Allemands ne s'engagent pas, dans le domaine économique, dans une politique à laquelle ils n'auraient, eux, aucun intérêt. Ce ne sont pas des inerties de même nature. Faut-il tabler sur la Providence, le hasard, la foi ou un sursaut, pour que la situation bouge enfin?

L'État-providence croupion

Les concepteurs du grand marché se sont gardés de sacrifier au principe des économies contemporaines, selon lequel marché et redistribution vont de pair. Ils avaient pourtant l'exemple de la politique agricole commune : elle mêle de façon indissociable le libre-échange, l'organisation du marché vis-à-vis des tiers, et une politique des revenus. Il est de règle de dauber sur cette énorme machine technocratique, sur ces montagnes de beurre, sur ces dérapages et ces inégalités accrues entre paysans. C'est faire fi d'une formidable réussite : la modernisation accélérée de l'agriculture européenne sans drame social.

Par rapport à ce modèle, 1992 est un dispositif lacunaire : ni protection à l'égard de l'extérieur, ni action sociale redistributrice. Les conséquences seront évidentes : une amélioration générale de l'efficacité et de la productivité qui aura justifié la purge, mais au prix d'inégalités régionales excessives, de crises sectorielles, de transferts d'activités. Il faudra panser les plaies. Les États membres s'y emploieront avec leurs instruments de politique sociale, mais leur intervention, de type classique, ne répondra pas à une contradiction évidente : ce seront les pays les plus faibles qui auront le plus besoin de compensations, mais leurs ressources nationales modestes les empêcheront de mener un effort de redistribution accru. Sans un minimum d'État-providence au niveau communautaire, l'Europe de 1992 aura, dans certains cas, des effets sociaux régressifs. Jacques Delors ne cesse de le clamer, qui explique combien compétitivité et coopération sont indissociables et combien le grand marché exige des politiques d'accompagnement.

Le chantier en théorie serait immense. Il concerne, au premier chef, des transferts financiers entre les États membres les plus prospères, qui tireront le plus grand parti de 1992, et leurs partenaires à la traîne. Dans toute économie nationale, les régions riches paient pour les régions pauvres. C'est la pierre angulaire du contrat social. N'existerait-il donc pas de contrat social européen, explicite ou implicite? Bâtit-on une collectivité sans contrat social? Ce serait une première. Aides au revenu individuelles, subsides budgétaires, dépenses sociales, travaux d'infrastructure : tels sont les ingrédients traditionnels d'une péréquation entre régions riches et régions pauvres. Même avec des crédits récemment accrus, le fonds régional de la Communauté est un bien modeste embryon de ce qu'il faudrait faire.

Une telle action suppose un effort budgétaire des États membres les plus riches et – noblesse oblige! – de la République fédérale. Ils sont plus que réticents. Tous, France comprise, sont pris en tenaille entre leur volonté de ne pas accroître les impôts, la nécessité de ne pas augmenter le déficit, le financement d'une dette publique prolifique, et enfin l'impossibilité d'effectuer une ponction sur les dépenses sociales nationales. A ces contraintes, qui valent pour l'ensemble du peloton de tête, s'ajoute pour l'Allemagne la lassitude d'être l'éternel payeur de la Communauté. Elle a financé la politique agricole commune, les fonds spécifiques, la ristourne budgétaire pour Mme Thatcher au-delà de ses obligations. La générosité a ses limites, surtout quand elle a perdu ses fondements non économiques : mauvaise conscience historique et irrésistible militantisme européen. Au moindre embryon d'État-providence européen, les Allemands craignent de revivre les affres de la politique agricole commune, c'est-à-dire de mettre en route une machine infernale sur le plan financier, bourrée de dispositifs budgétaires automatiques, impossible à arrêter et dont ils seront, par la force des choses, le principal pourvoyeur de fonds.

Mais cet État-providence européen n'est pas simplement dans les limbes sur le plan des transferts; il l'est aussi en matière de droits sociaux et de droit du travail. Les États-Unis et le Canada montrent qu'un grand marché homogène peut s'accompagner de différences régionales sur le plan social. Rien ne serait plus illusoire que d'imaginer un immense chantier visant à unifier le droit social, de Copenhague à l'Algarve, de Munich à Salonique. Ce serait absurde. Mais de même que la Communauté a décidé de borner les différences de taux de TVA, il lui faudra bien un jour encadrer un minimum les législations sociales nationales. Depuis son arrivée au pouvoir, en 1981, François Mitterrand plaide pour l'Europe sociale. Prisonniers de l'humeur libérale dominante, ses collègues n'y ont vu qu'un rite propitiatoire de gauche auquel sacrifie le président français. Peut-être les premières secousses de 1992 leur ouvriront-elles les yeux. Une société de droit européen avec plusieurs formes de participation des salariés? Une harmonisation des conditions de travail? Une convergence minimale des législations sociales? Un début de rapprochement entre les droits à la retraite, les allocations chômage, les mille et un subsides sociaux? Autant d'idées qui sont synonymes, dans l'atmosphère actuelle, d'utopies. Utopie socialisante, penseront certains. Utopie « constructiviste », craindront d'autres. Utopie budgétaire, trancheront les derniers.

L'édification ou non d'un État-providence communautaire sera, elle aussi, un test sur la nature de la construction européenne. Ou le grand marché se résume à une zone de libre-échange intérieur, pur et parfait, sans entraves non tarifaires. Ou il constitue le premier pas, dans l'ordre des échanges, d'un processus plus ambitieux : oublierait-on – les Allemands, en particulier, le feraient-ils? – que la plus récente unification économique et politique, celle de l'Allemagne bismarckienne, avait fait avancer du même pas le marché intérieur, la protection extérieure et l'embryon d'une politique sociale, formidablement novatrice pour l'époque? L'union politique n'était venue que par surcroît. Dans la première hypothèse, un simple libre-échange, le phénomène est réversible. Certains États seront tentés, aux premières difficultés, de se mettre entre parenthèses, de rechercher des clauses de sauvegarde, en théorie temporaires, de limiter leur adhésion aux avantages qu'ils retirent du grand marché.

Ce sera l'Europe du juste retour; c'est-à-dire tout sauf l'Europe. Faire fond sur une telle entité pour aller à rebours des évolutions stratégiques les plus lourdes relève de l'enfantillage. 1992 soulève finalement autant de questions qu'il en résout : l'État-providence comme la monnaie ou l'union économique. Mais aux difficultés naturelles s'ajoute en l'espèce une incertitude idéologique. Le Welfare State n'a plus le vent en poupe; ses excès dans les pays européens les plus développés exigent une sérieuse cure de jouvence : machine à répartir des subsides, de façon aveugle, au profit de la seule classe moyenne et aux dépens des vrais pauvres, il a tout à gagner à un minimum de dérégulation. Mais ce n'est pas parce que l'assurance-maladie française ou allemande a besoin d'être stimulée par la concurrence que les ouvriers de Porto ne méritent pas de transferts en leur faveur. Au trop d'État-providence national doit répondre un surcroît de marché; au trop de marché européen doit répondre un surcroît d'État-providence. Mouvement de balancier bien difficile à gérer pour les hommes politiques : ils préfèrent les réflexions dans un espace à une dimension... Et là, en plus, il faut expliquer au contribuable aisé qu'il doit payer davantage non au profit de ses concitoyens, mais d'Européens lointains! Certes, dans un monde utopique, les économies à réaliser sur les États-providences nationaux les plus riches gageraient les ressources d'un État-providence européen encore croupion... Mais en politique, les pays de cocagne n'existent pas.

Des règles du jeu lacunaires

Même du côté du marché, la symphonie est inachevée. Ni le débat essentiel sur la fermeture ou l'ouverture au reste du monde, ni les réflexions sur les règles du jeu du grand marché ne sont tranchés. 1992 se prépare avec, aux frontières de la Communauté, un tarif extérieur commun de loin le plus modeste des grandes zones développées et une absence totale de barrières non tarifaires. Leur disparition sur le plan intra-communautaire rend inévitable leur effacement vis-à-vis des tiers. Que restera-t-il par exemple des mesures clandestines prises à l'égard des automobiles japonaises : 3 000 véhicules en Italie; 3 % du marché français; 10 % du marché britannique? Rien. Que vaudront les accords de limitation pour le textile ou la sidérurgie? Guère plus. Il suffit aux entreprises exportatrices vers la Communauté de s'aligner sur la norme européenne la moins exigeante pour être en conformité avec les règles communautaires. D'où une formidable pression à attendre de concurrents extracommunautaires, qui se préparent afin de ne pas rater l'aubaine du grand marché : le Japon est l'arme au pied et les Dragons du Sud-Est asiatique entament leurs manœuvres d'approche. Si l'objectif principal de 1992 est l'abaissement forcené des prix, cette concurrence supplémentaire, en plus du jeu intérieur à la Communauté, est bienvenue. Si l'idée est aussi de bâtir des entreprises européennes de niveau international, c'est les envoyer au combat une main liée derrière le dos. Entendons-nous bien : il ne s'agit pas de réhabiliter un quelconque protectionnisme européen. Mais le désarmement unilatéral n'est pas plus justifié dans le domaine économique qu'en matière militaire. L'Europe constitue d'ores et déjà la zone commerciale la plus ouverte du monde; après 1992, elle sera le paradis des exportateurs tiers. Toutes les concessions non tarifaires offertes gratuitement aux Américains ou aux Japonais auraient constitué une fantastique monnaie d'échange pour les obliger, eux, à se libéraliser. Mais la problématique d'une Europe ouverte ou simplement poreuse met en jeu des divergences, une fois de plus, entre la France, représentant en quelque sorte l'ensemble des États membres à vision « constructiviste », et l'Allemagne fédérale.

Première divergence : le grand marché est pour la première un espace où doit s'édifier une industrie européenne. C'est pour la seconde une zone de prix les plus bas possible; l'industrie européenne, à ses yeux, existe déjà : c'est l'industrie allemande.

Deuxième divergence : pour les Français, le marché européen est un espace « en soi », un troisième pôle à côté des deux autres grands marchés homogènes, nord-américain et japonais; il ne constitue en revanche aux yeux des Allemands que les marches du marché mondial. Rien ne les inquiète davantage que des mesures de rétorsion américaines en réponse à des initiatives européennes d'autoprotection. Davantage tournée vers les marchés tiers, la République fédérale ne veut pas être la victime d'un protectionnisme américain dont elle souffrirait dans des proportions bien supérieures à ses partenaires de la Communauté.

Troisième divergence, où l'économie rejoint la philosophie des relations internationales et la stratégie : la France vit les étapes de l'unité européenne comme une répétition, sur un tempo très lent, de l'unification américaine; elle envisage donc l'Europe avec des frontières classiques. Pour la République fédérale, l'Europe est un espace ouvert. Espace, ce qui ne veut pas dire entité. Ouvert, ce qui signifie une interpénétration possible à l'Ouest mais aussi à l'Est. De ce point de vue, les positions vis-à-vis du grand marché témoignent de part et d'autre de visions globales, elles aussi distinctes. Ces différences d'appréciation sont automatiquement tranchées au profit de la position allemande. Non parce que la République fédérale les aura fait prévaloir dans un débat de fond, mais parce que toute construction aux frontières de la Communauté suppose l'unanimité et que les réticences de l'économie la plus puissante suffiront à faire litière des velléités des autres. Le sujet ne se limite pas aux marchandises; il concernera de plus en plus les actifs patrimoniaux.

Les États-Unis n'y échapperont pas et, d'ailleurs, les prémices d'un affrontement apparaissent. D'un côté, les tenants les plus classiques du libre-échange, indifférents à l'accumulation par des étrangers, et en particulier par des Japonais, de biens américains : immeubles, mais aussi entreprises. De l'autre : les démocrates, et désormais une partie des républicains, inquiets de voir les États-Unis brader leur patrimoine pour financer le déficit de leurs échanges extérieurs. Pour la première fois une loi donne pouvoir à l'administration de s'opposer, sur le motif « élastique » de la sécurité nationale, à des investissements étrangers à l'intérieur des États-Unis.

L'Europe des douze sera confrontée au même dilemme : établir un régime d'autorisation préalable ou laisser libres toutes les transactions, à l'exception du secteur de la défense. Mais le rapport de forces entre États membres manifestera le poids d'une économie dominante, l'économie allemande, exportatrice de capitaux : toute restriction communautaire lui fera craindre des représailles américaines ou japonaises qui constitueront autant de freins à l'expansion de ses investissements à l'étranger. De plus, le quadrillage de l'industrie et de la finance allemandes par le club des grandes institutions la préserve, sans le dire, davantage que les autres. Aussi la République fédérale mettra-t-elle en avant ses principes libre-échangistes pour refuser un contrôle des investissements, dont elle n'a nul besoin pour se protéger et qui la pénaliserait dans sa vocation d'investisseur partout dans le monde. Ouverte aux autres davantage qu'ils ne lui sont eux-mêmes ouverts, l'Europe risque de devenir un ventre mou pour les principaux exportateurs mondiaux, une terre d'accueil de capitaux en mal de diversification pour les placements, une gigantesque zone franche. A cette zone franche toutes les grandes puissances ont intérêt : les Américains pour y exporter; les Soviétiques pour s'y approvisionner, sans avoir à payer le prix stratégique que représenterait une dépendance de même ampleur à l'égard des États-Unis.

L'incertitude sur les règles du jeu ne se limite pas à ce « to be or not to be » de tout grand espace économique : se protéger ou ne pas se protéger. Elle concerne aussi le fonctionnement même du grand marché. Il n'existe pas, faut-il le rappeler, de marché pur et parfait sans principes juridiques. Ceux-ci sont aussi essentiels que peu nombreux : des dispositions très strictes contre les monopoles et les positions dominantes, et une réciprocité absolue dans les échanges de biens, de services et d'actifs. Sur le premier dogme, la Communauté est convenablement outillée : la Commission dispose depuis le traité de Rome de pouvoirs précis, et la Cour de Justice européenne est, en ces matières, inflexible. Avec pour champ d'application le grand marché, l'arsenal mériterait d'être renforcé, en particulier pour faire prévaloir le libre accès aux marchés publics. Comment limiter le concubinage indécent entre la Bundespost et Siemens, France Telecom et la CGE? Comment empêcher que des privilèges fiscaux – le livret A d'épargne en France – perturbent la libre compétition sur le marché financier? Comment poursuivre toutes les rétentions de marges aux dépens du consommateur final? La litanie est longue des pratiques anti-concurrentielles. Les combattre est parfois un travail de Sisyphe : sitôt débusquées, elles se réfugient plus loin et plus profondément. Seule la peur du gendarme est salutaire. C'est dire que les condamnations financières pratiquées jusqu'ici n'exercent qu'un effet dissuasif incertain : que pèsent quelques millions d'écus d'amende, payés a posteriori, chargés d'un intérêt modeste, au regard des profits générés par d'habiles ententes? La « correctionnalisation » des peines, c'est-à-dire la possibilité de sanctions pénales, serait dissuasive, comme elle l'est au niveau national. Ceci supposerait que les atteintes au jeu du marché soient automatiquement accompagnées d'une procédure pénale dans le pays de l'entreprise coupable, et ce jusqu'au jour lointain où existera une juridiction pénale communautaire... En cette matière, à la différence de maints autres sujets, ce n'est pas un changement de nature qui s'impose, mais un simple renforcement de dispositifs déjà en vigueur. Il finira par avoir lieu.

Le principe de réciprocité est, lui, d'application plus complexe. Pour les marchandises : il va de soi. Pour les services : il finira par prévaloir, même si des habitudes, des réflexes, des comportements tiendront clandestinement lieu de barrières non tarifaires. Pour les actifs : que d'obstacles en chemin! Le problème se pose avec une acuité particulière en matière d'OPA, dès lors qu'elles sont devenues le forceps des rationalisations européennes. Les pays membres sont aujourd'hui très inégalement ouverts. Ainsi s'étagent-ils du plus libéral, la Grande-Bretagne, au plus fermé, la Hollande. Du côté britannique, le respect du marché prévaut et l'intervention de la commission des monopoles, seul verrou en principe prévu, se limite en général au strict examen des parts de marché, sans que s'y glisse subrepticement un nationalisme vigilant, comme dans la pratique du Kartelamt [1] allemand. Après la Grande-Bretagne viennent la Belgique, l'Espagne, la France, pays plutôt ouverts. La Belgique : l'affaire de la Générale de Belgique en a témoigné. L'Espagne : les investissements du KIO [2] l'ont illustré; il a fallu de sérieux excès pour voir le gouvernement froncer les sourcils. La France : malgré un attirail réglementaire hors pair pour fermer les écoutilles, une pratique assez libérale a fini par s'instaurer; même si une carte des tabous à ne pas transgresser s'impose de fait aux investisseurs étrangers. L'Italie, dans notre échelle, se situe plus loin : tout est en apparence libre, aucune réglementation ne restreint l'investissement, mais en réalité l'économie est protégée par le féodalisme qui la domine. De grands acteurs peu nombreux, soit privés, puisque issus d'un capitalisme familial, soit publics, ferment le jeu. Aucune OPA ne s'est produite en Italie, et a fortiori d'origine étrangère. Ce n'est pas demain qu'un tel événement aura lieu. Plus loin encore dans le sens de la fermeture : la République fédérale. Les grandes institutions pratiquent,

1. *Kartelamt* : organisme de surveillance du marché allemand.
2. KIO : Koweït Investment Office, fonds d'investissement de l'État du Koweït.

nous l'avons vu, l'endogamie et le Kartelamt sert de garde-chiourme, en dernier ressort, si le « club » n'a pas réussi de lui-même à régler le problème. Enfin, parangon du protectionnisme, la Hollande, grâce à une subtile distinction entre l'entreprise – être juridique par elle-même – et ses actionnaires. Dans cet étrange système, la propriété du capital ne suffit pas à assurer avec certitude la maîtrise de la société. Il s'y ajoute la possibilité de pratiquer à l'infini les votes pluriels, telles actions de catégorie A, détenues par des mains adéquates, ayant *n* fois les droits de vote des actions ordinaires de catégorie B.

Avec une toile de fond aussi diverse, la réciprocité n'est pas pour demain. Les restrictions juridiques, comme les votes multiples, finiront par disparaître : elles sont trop contradictoires avec les principes clefs du grand marché; mais ce qui relève des comportements se perpétuera plus aisément. Comportement d'institutions publiques, tels les commissions de la concurrence et autres offices des cartels, qui ajouteront un zeste discret de nationalisme à des jugements en droit incontestables. Comportement surtout des grands acteurs nationaux, qui essaieront de protéger leur pré carré, préférant leurs affrontements villageois, classiques et codés, au vent du grand large. Seront-ce les pays les plus fermés qui s'aligneront sur leurs concurrents plus ouverts? Ou l'inverse? Impossible aujourd'hui de trancher : sans un engagement militant des États membres jurant de faire la police chez eux et d'imposer de gré ou de force la réciprocité, la dynamique risque de se gripper et la dissymétrie d'apparaître trop forte.

La réalisation du grand marché est loin d'être achevée. Le processus est en bonne voie, qui a fait disparaître un fatras de barrières non tarifaires et d'obstacles en tous genres. Mais la construction est encore balbutiante, qui instaure les règles avec lesquelles tout vrai marché fait corps. Elles supposent harmonisation, convergences, négociations, trocs, c'est-à-dire une action politique. Ainsi, le politique a beau avoir abdiqué en jouant la libération comme levier, il revient au galop pour achever la tâche. Sera-t-il en état d'y parvenir?

Le serpent de mer politique

L'Europe politique fonctionne en réseau. Conseil des ministres de la Communauté; Commission; Parlement européen; Cour de justice; gouvernements nationaux; parlements nationaux; technostructure européenne; technocraties nationales; Union de l'Europe occidentale; dispositif franco-allemand : autant d'éléments qui constituent un réseau de pouvoirs, sans rien de commun avec les organisations classiques. A État unitaire, système politique centralisé; à confédération, mécanisme complexe de pouvoirs et contre-pouvoirs; à fédération, machine du même type avec une juridiction comme ultime régulation; à cet être *sui generis* et sans précédent que constitue l'Europe, un système en réseau. Celui-ci met davantage en jeu les mécanismes de la cybernétique que les traditionnels « check and balance » à l'anglo-saxonne. Impulsions, coupe-circuit, effets inverses, feedbacks : tels sont les ressorts peu classiques de la machine. Cette alchimie complexe ne limite ni l'importance des hommes – l'action des Mitterrand, Kohl, Delors, González en témoigne –, ni les percées brutales – le primat de la libération des échanges sur l'harmonisation. Sans doute est-elle adaptée à des sociétés sophistiquées et à une construction sans équivalent. Ce n'est pas un hasard si, seules, les régulations cybernétiques permettent de mieux décrire les phénomènes sociaux actuels que les vieux théorèmes de la sociologie et de la politique. Que, pour édifier le grand marché, des politiques aient misé sur le désordre de préférence à l'ordre, sur l'expérimentation à la place de la concertation, quelle extraordinaire mutation! Ils créaient jusqu'alors des institutions tutélaires, des procédures hiérarchiques, des règles uniformes. La logique du vivant a pris le dessus; la société est devenue le principal acteur; les mécanismes de pouvoir se sont mis au diapason. L'organisation politique de l'Europe est moins un accident qu'une préfiguration : elle témoigne, poussée à l'extrême, des agencements en train de se mettre en place dans les univers les plus sophistiqués. Lorsque les entreprises les plus performantes essaient de s'affranchir de l'organisation bureaucratique et militaire, elles font, elles aussi, le pari des régulations cybernétiques : le culte de la communication, la multiplicité des circuits d'échanges, la valorisation des initiatives les plus décentralisées ne vont-ils pas dans le même sens?

Mais, susceptible de gérer l'existant, d'éluder les conflits, de susciter une autorégulation, le système en réseau ne permet guère le coup de bistouri régalien quand il s'impose. Il n'existe aucun pouvoir de dernier ressort, puisque l'entité de rang le plus élevé, le Conseil des ministres de la Communauté, est une instance de négociation sans capacité d'arbitrage autre que la bonne volonté unanime des participants. Jusques et y compris l'achèvement du grand marché, la mécanique cybernétique a bien fonctionné. Il faut désormais, si l'Europe doit être autre chose qu'une gigantesque zone franche, trancher des nœuds gordiens : la monnaie, la politique économique, la construction d'un État-providence, la philosophie vis-à-vis du monde extérieur. Cela exige des pouvoirs, des règles, des institutions. A l'échelle nationale, ils existent. Le commandement tutélaire s'effrite; la discipline ne fonctionne plus; les sociétés bougent de leur mouvement propre bien davantage que sous la férule étatique. Certes! Mais l'État est là, en dernier ressort : plus empêtré, plus maladroit, moins sûr de lui. Il lui reste encore la capacité de décider quand les circonstances ne l'ont pas fait à sa place et qu'il lui faut, suivant le mot du cardinal de Retz, « sortir de l'ambiguïté à ses dépens ». L'Europe, avec son mécanisme complexe, n'a pas le minimum de pouvoir régalien vital en certaines circonstances. D'où, pour aller au-delà du grand marché tel qu'il se dessine, le retour du serpent de mer politique. Si les nœuds gordiens sont tranchés, il faudra un pouvoir politique pour gérer la suite et mettre en place les institutions correspondantes; si les nœuds gordiens ne sont pas tranchés, il faudra un pouvoir politique supranational pour le faire. Si cela n'a pas lieu, la partie est presque terminée; l'Europe aura atteint son firmament : ce sera un espace de libre-échange sans identité politique, ni réalité stratégique.

Quand on entend Mme Thatcher insulter Jacques Delors pour avoir parlé d'« un embryon de gouvernement européen », on devient sceptique. La querelle de la supranationalité s'est éteinte en France, mais elle renaît ailleurs. Ce n'est pas le gage d'une percée politique majeure. A ce pessimisme, les plus militants répondent par un pari sur le temps. Toutes les réminiscences historiques sont là, qui nous rappellent les règles de la longue durée : les lentes unifications de la France, de l'Allemagne, voire des États-Unis, servent a volo de contre-arguments. Mais le temps n'est jamais acquis. La France a gâché dans les années soixante la chance de bâtir – sous son leadership, de surcroît – une Europe intégrée. Le voudrait-elle aujourd'hui qu'elle ne le pourrait sans doute plus. La Grande-Bretagne ne veut à aucun prix d'une identité politique; l'Allemagne fédérale, au-delà de l'approbation rhétorique, en a-t-elle envie, au risque d'être mise en porte à faux par rapport à sa propre logique, État du centre, au cœur de la Mittel Europa, faisant le lien entre l'Europe occidentale et l'Europe orientale?

**
* **

Dans la forme actuelle de cette « symphonie inachevée », 1992 est compatible avec le glissement de terrain stratégique. Cette Europe-là, immense zone franche, gigantesque Hong Kong, est en deçà du seuil où une construction d'origine économique finit par prendre une autre densité : historique, politique, stratégique. Non seulement elle n'est pas incompatible avec l'évolution vers l'Europe continentale, mais elle en constitue même le complément : sans effet sur l'isolationnisme américain, ouverte sur le monde de manière à ne pas gêner le mouvement de l'Allemagne, formidable fournisseur pour l'Union soviétique dans la perspective d'une « Europe, maison commune ». Certes, si 1992 allait au-delà de 1992, tout serait différent. Ceci signifierait que la République fédérale serait prête à bâtir l'Europe avec l'enthousiasme qu'elle avait il y a vingt ans, quand sa foi et son intérêt se rejoignaient. Même si la foi demeure, l'intérêt, lui, a changé. La clef d'une Europe économique se muant en être politique est dans les mains de l'Allemagne : celle-ci ne l'utilisera pas. L'Europe est, de la sorte, un espace éclaté : entre une dimension stratégique qui glisse d'Ouest en Est et devient plus continentale que jamais, un marché aux limites de l'Europe des douze en voie de constituer la principale zone franche du monde, des adhérences sociologiques avec un Occident dont le territoire l'excède de beaucoup. Face à cette dissociation en cours 1992 n'est pas un levier, sauf à croire, ce qu'aucun libéral et aucun marxiste ne feraient, que le marché peut, à lui seul, accoucher de l'Histoire.

TROISIÈME PARTIE

Le bréviaire de l'impossible

1.

Le troisième cercle

Un premier cercle, stratégique, aux dimensions de l'Europe continentale; un deuxième cercle, économique, avec un léger pointillé, aux frontières de l'Europe des douze; un troisième cercle, culturel et sociologique, plus indistinct, aux contours flous de l'Occident. C'est entre ces cercles que se joue une hypothétique identité européenne. Le rêve d'une Europe politique devient accessoire dans ce décor : elle irait de soi si ces trois espaces étaient convergents, ou au moins concentriques; elle est hors de portée aussi longtemps que l'Europe est de la sorte écartelée entre des postulations contradictoires. A ce jeu-là, le troisième cercle est essentiel : il marque les frontières de la société. S'il existait une société civile européenne, l'Europe se ferait : elle finirait par imposer son dynamisme et ses aspirations. Lorsque les thuriféraires de 1992 veulent donner un peu de densité à leur mythe, ils nourrissent un fantasme : le grand marché unifierait la société qui unifierait l'Europe! Adorable tautologie! En réalité, le troisième cercle est plus insaisissable; la société européenne n'existe pas par elle-même; elle se fond dans une communauté occidentale dont les modes d'être, les traditions, s'imposent autant à Paris qu'à Toronto, à Francfort qu'à Dallas et, au moins sous forme de rêve, à Varsovie comme à Mexico. Un « homo occidentalus » existe, mais non un « homo europeanus ». L'Europe n'a aucun des traits d'une vraie société civile : ni institutions, ni citoyenneté; son opinion publique est ambiguë et ses élites ne sont pas en train de la bâtir.

Honneur à l' « homo occidentalus »

L'Occidental, ce mythe négatif de l'époque de la décolonisation, a fait un retour en force. Cette fois-ci, non dans les fourgons des expéditions coloniales, des dominations économiques ou des tutelles militaires, mais comme figure emblématique de la modernité. Pour un monde sur le recul, quelle revanche! Ni les dictatures du tiers monde, ni l'Union soviétique, ni la Chine n'ont pu se débarrasser de la mythologie occidentale : soit elle imprègne le réel, soit elle alimente les fantasmes, soit elle incarne l'avenir que les peuples se souhaitent à eux-mêmes. A cette aune-là, l'Europe participe de la communauté occidentale : dans les premiers rangs, mais sans la moindre particularité.

Communauté, au premier chef, des structures sociales, des valeurs, des comportements, des conflits... Ce n'est pas céder à un marxisme primaire que de chercher dans l'organisation de la société le premier critère d'identité occidentale : s'il n'y en avait qu'un, ce serait la toute-puissance de la classe moyenne. Celle-ci pourrait constituer un parfait étalon de l'adhésion à la communauté occidentale : ainsi les pays en voie d'industrialisation rapide se situeraient-ils plus ou moins à mi-chemin, avec la cohabitation souvent conflictuelle d'une classe moyenne en plein essor et de catégories dominantes désireuses de sauvegarder leur monopole de pouvoir. La société se confond de la sorte avec cette classe moyenne, rejetant dans une « lumpen-société » presque invisible les pauvres, les exclus, les marginaux. A partir de cette parenté se dessinent les autres signes distinctifs. La montée de l'individualisme comme valeur cardinale, parallèlement à de bons et solides réflexes corporatistes afin de préserver les avantages acquis. L'effacement des conflits traditionnels de production au profit de conflits souvent plus durs, mais axés sur la vie en société : environnement, écologie, refus du nucléaire, mères porteuses, avortement, immigration, avec à la clef des affrontements de valeurs qui, à la différence des débats salariaux, ne peuvent se conclure par des cotes mal taillées. Une mentalité tournée vers la consommation et simultanément prise de soudaines bouffées d'idéalisme : au culte du supermarché se superposent Médecins du monde,

Amnesty International ou l'accueil des boat-people. Une jeunesse aux modes de vie, à l'habillement, aux aspirations identiques d'un bout à l'autre de l'Occident. Une internationale des amateurs de rock, des plongeurs de restaurant, des migrations touristiques, du jean, des baskets et du pop... La litanie est infinie des points communs et des ressemblances. Les sociologues bâtissent là-dessus le modèle type de l'homo occidentalus : à quelques ajustements près, au gré des modes et des humeurs, celui-ci s'est imposé une fois pour toutes. Où est la spécificité européenne? Un étudiant français ressemble autant à un étudiant américain qu'à un allemand; un espagnol à un mexicain qu'à un danois.

Vu de plus loin, l'Occident paraît tout aussi homogène. Ses préoccupations sont les mêmes; ses problèmes et ses solutions aussi. L'effondrement démographique au premier chef, dont les effets cheminent, souterrains, et qui signifient pour les plus mal lotis une implosion intérieure, et pour les plus favorisés de sérieuses difficultés liées au vieillissement, à un moindre dynamisme et à une plus faible productivité. Mais le signe de clivage ne coupe pas là non plus l'Europe du reste de l'Occident. La France ressemblera davantage, à terme de trente ans, aux États-Unis qu'à l'Allemagne : une population stagnante, mais qui évite un recul massif; une immigration importante en provenance, pour l'une, du sud de la Méditerranée, et pour les autres du Mexique; un « melting-pot » plus chaotique chez nous, plus aisé chez eux; un niveau de consommation encore suffisamment important pour tenir tendu le ressort de l'économie; un avantage majeur par rapport à des concurrents qui n'auront pas su faire de l'immigration un substitut à la natalité.

Le recul de l'État et des bureaucraties publiques, ensuite; venu de l'ouest des États-Unis, le mouvement a balayé le monde entier : l'Europe bien sûr, mais aussi les pays du tiers monde, qui ne cessent à leur tour de privatiser, et les économies socialistes qui redécouvrent les vertus du marché, avec, en tête, la Chine qui, en libérant les prix agricoles, a retrouvé en trois ans une autosuffisance alimentaire disparue avec la collectivisation de l'agriculture. Le reflux du rêve libéral viendra aussi le moment venu des États-Unis, puisqu'il est inscrit dans les astres au nom de la bonne vieille théorie des cycles, au moins aussi probante en matière idéologique que dans le domaine économique.

La maîtrise de l'État-providence, aussi : le vieillissement de la population accroît des dépenses médicales déjà explosives et fait peser le financement des retraites sur de jeunes générations de moins en moins nombreuses et de plus en plus réticentes : l'équation semble aussi insoluble au Canada qu'en Allemagne. La protection de la nature, de surcroît : les manifestants qui se sont opposés avec violence à l'agrandissement de l'aéroport de Francfort ressemblent davantage aux Japonais qui ont mené un combat semblable à Narita qu'aux écologistes français, dont les maigres quartiers de noblesse se résument à quelques manifestations, il y a des lustres, devant Plogoff ou Creys-Malville. La maîtrise des villes, à l'occasion : les préoccupations d'urbanisme des Danois ont davantage de points communs avec l'effort architectural des Canadiens de l'Ontario qu'avec les soucis italiens de préservation du patrimoine. L'amélioration du système scolaire, en priorité : le sentiment de détérioration est général et les cris d'alarme américains ne sont pas différents des inquiétudes françaises, avec partout un diagnostic commun : l'inadaptation d'un système construit pour une minorité privilégiée face au déferlement de l'enseignement de masse, la concurrence de la télévision, la césure trop brutale avec la vie extrascolaire, la difficulté de maintenir un minimum d'ordre et de discipline. L'impératif, enfin, de préserver le consensus social : d'où l'exigence, partout identique, d'assurer l'intégration des immigrants et d'éviter que des ghettos ethniques se multiplient.

C'est cela l'Occident! Au-delà de ses intérêts stratégiques, de la réalité démocratique, du fonds culturel, c'est une communauté de modes de vie et de préoccupations. Où est l'identité européenne? Ce sont des fadaises que d'imaginer un inconscient commun, une résurgence historique, une proximité psychologique, des « affinités électives » qui joueraient au sein des douze, telle une paroi poreuse les isolant du reste de l'Occident. En réalité le cercle occidental reste centré sur les États-Unis, comme au moment de la surpuissance américaine : l'influence est au moins aussi forte qu'à l'époque même si, entre-temps, se sont effacées la domination économique et la protection stratégique. Preuve s'il en fallait du caractère erroné des vieilles pétitions de principe marxistes, qui faisaient de l'impérialisme de la société américaine un sous-produit de l'économie! L'homo occidentalus règne par cercles concentriques et l'Europe figure bien évidemment au premier rang, mais l'onde se propage plus loin : en Europe de l'Est, voire en Union soviétique. La « Voix de l'Amérique » ou la télévision ouest-allemande sont irremplaçables, mais la passion du Coca-Cola, des jeans, des baskets, ne résulte pas d'une pénurie. Elle se veut signe d'adhésion, clin d'œil, appropriation du rêve occidental. D'une certaine façon, le rayonnement de l'Europe occidentale à l'Est ne tient pas à ses spécificités, culturelles ou intellectuelles – il n'y a plus que Kundera et ses disciples pour le croire! –, mais au fait qu'elle est l'incarnation la plus proche de l'Occident. C'est d'ailleurs le paradoxe de l'Histoire : l'Europe occidentale est plus que jamais le bras de l'Occident vis-à-vis des sociétés de l'Est au moment où elle glisse au contraire, sur le plan stratégique, du système occidental au système continental.

Une société européenne sans institutions?

L'idée se répand, pour donner de l'épaisseur au mythe de 1992, qu'il accoucherait du même mouvement d'une économie et d'une société. Vision rassurante à une époque où, désormais réhabilitée, figure mythologique des années quatre-vingt, la société civile se pare de mille et une vertus : dès lors qu'elle est la mère de toutes choses, elle serait aussi la mère de l'Europe! Cette croyance a du bon : elle permet de faire l'impasse sur le processus d'unification politique puisque, si la société commande à l'État, celui-ci finira bien par se constituer! L'ennui avec ce sympathique sophisme, c'est l'inexistence de la société civile européenne! Une société – faut-il le rappeler? – ne se résume pas à des individus atomisés : elle suppose, à côté de l'État, un réseau d'institutions. C'est d'ailleurs la faiblesse de ses institutions, infantilisées par la toute-puissance de l'État, qui a empêché la société civile française d'atteindre la complexité, la richesse et l'intensité de ses équivalents anglo-saxons. Mais, au regard d'une hypothétique société civile européenne, elle constitue encore un modèle du genre! De même que l'État européen ne point pas à l'horizon, la société civile européenne n'existe pas, dépourvue comme elle l'est d'institutions et de corps intermédiaires.

Ni syndicats, ni patronat, ni lobby. Même dans la sphère

économique, là où les effets sociologiques indirects de 1992 devraient apparaître les plus forts, le déficit d'institutions est impressionnant. Affaiblis dans chacun des pays, les syndicats sont incapables de se projeter à l'échelle européenne. Le temps n'est plus où, à l'intérieur de certaines multinationales, se manifestaient les prémices d'un mouvement syndical unique. Pour chaque organisation, protéger les avantages acquis, s'accrocher aux emplois, suppose un combat à l'échelle d'un pays contre ses partenaires commerciaux et au niveau d'une entreprise contre les filiales étrangères. La conscience de classe, si elle existe encore, se manifeste à l'usine, peut-être à l'échelle de la filiale, guère au niveau d'un groupe, jamais au stade multinational. Les organisations sociales européennes se voulaient un creuset où aurait pu apparaître une identité syndicale européenne. Peine perdue! Chacun sacrifie à leurs rites, mais rien n'en sort et n'en sortira. Comment attendre d'un syndicalisme sur la défensive, obligé s'il veut survivre à un aggiornamento brutal, contraint de s'adapter à la transformation des valeurs et des technologies, qu'il se projette dans un nouvel espace au risque d'ajouter une seconde révolution à une première déjà traumatisante?

L'effort d'anticipation n'est pas plus grand de la part du patronat. Son inertie est sans doute plus malvenue car, à la différence du syndicalisme, il a, lui, le vent en poupe. Le marché règne; l'entreprise domine; le patron s'impose; l'Europe constitue l'horizon quotidien. Mais les patrons européens sont incapables de se créer une identité à l'échelle de la Communauté. Des embryons d'organisation traînent de-ci de-là, mais ils n'ont ni représentativité, ni stratégie, ni vision, ni crédibilité. Il existe une multitude de patrons européens, mais le patronat européen est un ensemble vide, comme disent les mathématiciens. Double inexistence – ni syndicalisme ni patronat communautaires – qui interdit toute contractualisation des relations sociales au niveau européen. Existe-t-il une société civile sans une pléthore de relations contractuelles?

Même cette forme dégradée d'institutions que constituent les lobbies ne s'est pas imposée au stade communautaire: situation d'autant plus bizarre que la Commission de Bruxelles manipule des fonds gigantesques et que d'habitude les lobbies se constituent à la seule odeur des subventions!

Mais les intérêts catégoriels continuent à se manifester dans
le cadre national, en utilisant les uns et les autres leurs
propres États comme des leviers pour atteindre la manne de
Bruxelles. Ainsi les agriculteurs européens ne se sont-ils
jamais regroupés. La FNSEA voit dans son équivalent allemand un rival et non un allié; elle préfère un concubinage
traditionnel avec son ministère de tutelle, quitte pour celui-ci
à aller se refinancer à Bruxelles. Le corporatisme règne partout en Europe, mais ce n'est pas une réalité européenne.
Même pour des professions imbriquées dans un espace qui
excède les frontières nationales, la tentation de l'action à
l'échelle communautaire n'a pas encore prévalu. Ainsi les
contrôleurs aériens, qui ont partout les mêmes problèmes et
dont le métier appelle une évidente intégration européenne :
ils protestent, font la grève du zèle et multiplient les bou-
chons à domicile! De là l'excès de reproches adressés au pouvoir politique : on réclame de lui des constructions communautaires qui, s'il existait des acteurs sociaux européens,
viendraient tout naturellement d'un accord entre eux.

Ni Églises, ni partis politiques, ni associations. Pour des
institutions religieuses, l'Europe occidentale est un accident
de l'Histoire. Vue avec la distance et la hauteur séculaires
qui constituent l'apanage des Églises, elle n'a ni identité ni
consistance. Obsédée par sa volonté de survivre en Europe
de l'Est et en Union soviétique, l'Église catholique s'est bien
gardée de donner le moindre signe qu'elle considérait
l'Europe occidentale comme un espace religieux significatif.
Elle a trouvé dans son universalité un admirable prétexte
pour refuser tout découpage de l'Europe. Pour elle, l'Europe
spirituelle existe évidemment, mais elle va, elle aussi, de
l'Atlantique à l'Oural : le Vatican a pratiqué l'Ostpolitik
bien avant la République fédérale. Et dans des ordres aussi
différents que le spirituel et le stratégique, une même analyse produit le même effet. Si l'Europe continentale est
l'espace significatif, aucune organisation, aucune spécificité
irréversible ne doivent artificiellement distinguer l'Europe
occidentale. Le judaïsme suit, pour les mêmes raisons, une
ligne de conduite voisine à l'égard de l'Est. Quand un
congrès juif européen est créé, il s'assigne à juste titre
comme objectif de déborder le rideau de fer. Quant aux
Églises luthériennes, elles ne connaissent de territoire que
national, et c'est évidemment au nom de cette vision-là que

les Églises évangéliques de la RFA et de la RDA se sont si intensément rapprochées. Le spirituel n'a pas de frontières, et si par accident il en avait, ce ne serait pas celles de la Communauté des douze.

Loin du spirituel, les partis politiques ne se sont pas davantage organisés à l'échelle de la CEE. C'est de leur part plus paradoxal, car l'Europe est pour eux un enjeu permanent, rhétorique à l'évidence, mais aussi, de temps à autre, réel. L'Internationale socialiste va très au-delà des douze et les amicales libérales conservatrices ou démocrates chrétiennes demeurent très en deçà. Des adhérences particulières, une mitoyenneté idéologique, un passé commun justifient des relations bilatérales multiples, mais aucun mouvement de rapprochement ne s'est dessiné au niveau communautaire. Le Parlement européen n'a pas joué en la matière son rôle : les groupes parlementaires qui s'y sont constitués n'ont jamais déteint sur leurs partis d'origine. La situation n'est pas plus encourageante du côté des associations : elles sont soit nationales, soit internationales, mais jamais européennes. La Croix-Rouge, Amnesty International, mille et une institutions caritatives témoignent d'un internationalisme dans lequel l'Europe des douze ne se manifeste d'aucune manière particulière. Et à l'échelon de chaque État membre, les mouvements associatifs ne se ressemblent pas. Qu'y a-t-il de commun entre Médecins du monde et Médecins sans frontières en France, et les associations charitables proches des Églises allemandes, très naturellement désireuses d'aider les habitants des anciennes provinces de l'Est?

Ni fondations, ni instituts de recherche, ni universités. L'Europe intellectuelle dépasse les frontières des douze [1]. Au moins pourrait-elle trouver, au niveau de la Communauté, des institutions qui favorisent un minimum de brassage. Ceci supposerait au premier chef de grandes fondations à l'anglo-saxonne, du type Ford ou Rockefeller, qui dispensent argent, soutien et crédibilité. Elles existent dans les pays, tels que la Grande-Bretagne et l'Allemagne, familiers de ce genre d'organisation, mais elles ne se sont jamais émancipées du cadre national; ailleurs, il leur faudrait d'abord s'acclimater avant de changer un jour de dimensions. A ces institutions types de la société civile, les États membres n'ont substitué aucun centre communautaire de recherches, à l'exception à

---

1. Cf. chapitre suivant.

Genève du CERN [1], dont le caractère coopératif va d'ailleurs au-delà des douze. La recherche est restée nationale : dans son financement, dans ses organisations, dans son personnel. Des liens de coopération se sont certes multipliés, mais ils n'ont jamais atteint – et pour cause! – l'intensité de ceux tissés avec des instituts américains. Ce n'est pas la charmante « Université européenne » de Florence qui sauvera à elle seule le principe dont elle porte le nom! Là aussi le nationalisme continue de prévaloir. C'est l'effet du financement, du recrutement, de l'organisation, et surtout de la routine intellectuelle et du conservatisme. Jamais une grande école française n'a eu l'idée de proposer à une consœur allemande, non un accord classique de coopération, mais une véritable fusion. En quoi cette éventualité est-elle iconoclaste? Pourquoi fusionner l'École des mines de Paris et son alter ego allemande serait-il une tâche plus complexe que de fusionner ASEA et Brown-Boveri? L'état d'esprit n'y est pas. En matière de construction européenne, les responsables n'ont ni l'initiative, ni l'ambition, ni la volonté qu'ils manifestent au niveau national. Ils attendent que Bruxelles ou tout autre organisme supranational décide. Ils ne représentent pas les acteurs adultes d'une société civile.

Ni organisations sociales pour contracter, ni institutions spirituelles ou politiques pour adhérer, ni état d'esprit jouant sur l'initiative et l'originalité : comment s'exprimerait la société civile? De plus en plus prompts à entreprendre, innover, bouger dans leur cadre national, les Européens perdent ces facultés dès qu'il s'agit de se manifester à l'échelle de la Communauté. Il n'existe pas malheureusement de preuve plus terrible de l'inexistence de la société civile européenne.

L'Europe des citoyens dans les limbes

Le citoyen de la CEE peut se laisser bercer par quelques apparences : une couverture de même couleur et de même graphisme pour les passeports, des lignes d'attente spécifiques dans les aéroports, à l'exception du Royaume-Uni – ô symbole – dont les résidents locaux sont traités à part! Mais en termes de droits quotidiens, l'Europe des citoyens s'arrête là. Certes, une citoyenneté est en train de se mettre en place,

1. CERN : Centre européen de recherches nucléaires.

mais elle est exclusivement économique. C'est le propre d'une Europe dont l'intégration ne se conçoit et ne se réalise qu'à travers l'économie. Confondre, comme nous le faisons chaque jour, l'Europe et la Communauté économique européenne, c'est alimenter l'ambiguïté. Ainsi se répand la conviction que le citoyen européen existera lorsque sera assurée la libre circulation professionnelle. Elle y contribue bien sûr. Un médecin hollandais installé dans le Gers, un architecte français implanté à Glasgow : ce sont des témoignages de l'Europe en train de se faire. Mais ces pionniers ne seront pas des citoyens européens; ce seront des immigrés de luxe, à la manière des Anglais ou des Canadiens aux États-Unis, toujours traités en privilégiés par les services de l'immigration! A côté de la construction économique de l'Europe s'imposait une construction par le droit. Elle n'a pas eu lieu. Ce n'est pas un choix insignifiant : il témoigne du peu de place que la philosophie anglo-saxonne a eue dans la démarche européenne. Celle-ci est un croisement hybride entre une vision technocratique et le culte du marché. Elle ne s'est jamais située dans une vision de la société de type américain, dont les deux piliers indissociables sont le marché et le droit. Jamais la philosophie politique anglo-saxonne ne s'est essayée à imaginer la toute-puissance du marché sans son pendant juridique : cela ne fabriquerait pas, à ses yeux, une société. Elle a raison : l'exemple de la Communauté en constituera d'une certaine façon la preuve par l'absurde. Voilà un espace où, acteur économique, un individu sera européen, et où, personne privée, il demeurera prisonnier de sa nationalité d'origine! Aucun des éléments classiques de la citoyenneté n'existe : ni politique, ni civil, ni judiciaire. Comment croire qu'une Europe sans citoyens ait son identité? Comment espérer que cette hypothétique identité soit en état de fonder le « troisième cercle »?

Les droits politiques sont complètement exclus du jeu européen, à l'exception de cet épisode quinquennal que constitue l'élection au suffrage universel du Parlement européen : les électeurs votent dans leur pays pour des représentants de leur pays. Les promoteurs de l'opération prétendaient installer, de la sorte, une chambre de philosophie fédérale, à l'instar du Sénat américain et du Bundesrat allemand. C'est oublier que ces « hautes assemblées », représentatives en effet des États ou des Länder, servent de contrepoids à une autre chambre, Chambre des représentants ou Bundestag, élue elle au suffrage universel, à l'échelle du pays entier. Jamais les pères de l'Europe n'ont osé rêver d'un tel système bicaméral, et sans doute avaient-ils raison : les esprits n'y étaient pas prêts. Mais, au rite artificiel du Parlement européen près, le citoyen politique n'est, en Europe, jamais un citoyen de l'Europe.

Le violent débat sur le droit de vote des immigrés a occulté en France toute réflexion sur le cas particulier des citoyens originaires de la CEE. Le bon sens ne veut-il pas qu'un résident depuis plusieurs années, originaire d'un État membre, puisse voter aux élections municipales, législatives, voire présidentielles? Ne serait-il pas logique que la participation à ces scrutins suppose un temps de résidence de plus en plus long : trois ans par exemple pour les premières, cinq ans pour les deuxièmes, sept ans – durée sacrée – pour les troisièmes? Quel tabou! Quelle idée sacrilège, penseront par réflexe la plupart! Les réactions viscérales de refus sont certaines. Encore faut-il en mesurer la signification. Ceci veut dire par exemple que Christine Ockrent peut, par son métier, exercer une influence sur l'opinion française mais, partie elle-même de cette opinion, n'a pas le droit de s'exprimer. Ceci veut dire qu'un cadre supérieur italien, installé depuis quinze ans en France, a tous les droits fiscaux et sociaux d'un Français : payer des impôts et des cotisations, recevoir des prestations, et aucun des droits politiques. Ceci veut dire enfin que le droit de vote et le service militaire – l' « impôt du sang » – témoignent d'une conception de la citoyenneté plus proche du xixᵉ siècle que du xxiᵉ siècle. Le débat n'a surgi dans aucun des États membres de la Communauté; les hommes politiques se gardent bien de l'ouvrir, car l'opinion y est indifférente. Ce silence appelle deux explications, l'une et l'autre détestables : soit les Européens croient à l'Europe mais considèrent les droits politiques comme des droits subalternes, sans importance; soit ils voient dans la citoyenneté politique une essence supérieure mais, dans ce cas-là, ils admettent que l'identité européenne est, elle, seconde et subalterne. Il devrait en théorie exister deux conceptions de l'Europe politique. L'une, traditionnelle, serait de bâtir un système politique européen : son degré d'avancement est bien connu... L'autre serait de mettre en route une citoyenneté politique : elle est hors de l'épure. Dans un cas ce serait tabler sur un hypothétique État; dans l'autre, sur une éventuelle société politique – au sens classique du terme. La seconde semble encore plus irréelle : elle est iconoclaste même en pensée, alors que le premier existe au moins en rêve!

La citoyenneté civile n'est pas plus avancée que la citoyenneté politique. Le droit du sol, là aussi, prévaut : mariés en France, deux citoyens de la Communauté ne pourront divorcer que devant les tribunaux français. Ayant adopté un enfant en Allemagne, ils devront suivre les règles allemandes de l'adoption. Et ainsi de suite... C'est certes une vision française, marquée par des siècles d'État unitaire, de penser que les droits civils doivent être les mêmes à l'intérieur d'un pays. Les États-Unis sont là pour rappeler qu'au sein d'une fédération certains droits peuvent varier d'un État à l'autre. Mais le débat n'en est pas là en Europe, entre les droits qui relèveraient d'une définition communautaire et ceux qui demeureraient l'apanage des États membres. En réalité, la définition d'une citoyenneté civile ne met pas en jeu les mêmes tabous que la citoyenneté politique; elle s'apparente davantage à la citoyenneté économique. Elle n'est pas à l'ordre du jour pour des raisons plus triviales : aucun traité communautaire ne la prévoit; aucune technocratie européenne n'est en charge de la réaliser; aucune pression collective ne la réclame; aucune juridiction européenne n'est en état de la faire progresser de jurisprudence en jurisprudence. C'est un non-sujet.

Il n'en va pas de même de l'Europe judiciaire, c'est-à-dire – pour autant que cette expression n'apparaisse pas contradictoire dans ses termes! – de la citoyenneté pénale. Le problème est à l'ordre du jour et avait même pris une certaine acuité au moment des vagues terroristes et du débat sur l'extradition. Deux thèses sont en présence, au nom l'une et l'autre de l'Europe judiciaire. La première postule que l'Europe est tellement unie que les crimes et délits peuvent être jugés dans le pays de l'arrestation; la seconde affirme, au nom du même sentiment européen, l'inverse : l'extradition doit être automatique, de la même manière qu'un criminel ayant commis son forfait à Rennes et arrêté à Nice sera jugé par la cour d'assises d'Ille-et-Vilaine. Le débat n'a jamais été tranché, et les extraditions continuent pour les crimes politiques de susciter de violents affrontements. Qui ne se souvient de l'extradition de Klaus Croissant? Si la République fédérale n'était pas une démocratie et si son appareil judiciaire inquiétait nos avocats les plus sourcilleux, comment ces mêmes personnalités pouvaient-elles, en tant que militants européens, plaider pour une Europe intégrée? Une démocratie ne peut convoler en justes noces qu'avec une démocratie. Qui ne se rappelle l'affrontement franco-espagnol en 1981 et 1982, à propos des terroristes basques? Comment les mêmes responsables politiques pouvaient-ils refuser d'un côté l'extradition, au nom du respect des droits individuels, et de l'autre proclamer que, devenue une démocratie, l'Espagne devait rejoindre au plus vite la CEE? La pratique a peu à peu adouci le problème et la solidarité commune face au terrorisme a conduit les opinions judiciaires des principaux États membres à ne plus s'excommunier. Mais si l'Europe judiciaire s'est partiellement mise en place face aux crimes terroristes, elle n'a guère progressé sur les autres fronts. Dans une Europe économiquement unie, les forfaits économiques se jugent toujours dans un cadre exclusivement national. Ainsi un fraudeur aux yeux du fisc français qui poursuit ses activités à Luxembourg y sera considéré comme un citoyen impeccable. Étonnant paradoxe, dans un espace homogène où l'industrie de la fraude est promise, nous l'avons vu, à une expansion sans pareille!

Face à ces réalités, que pèsent les proclamations sympathiques sur notre double citoyenneté, européenne et nationale? Sans doute chacun de nous ressent-il le caractère étriqué dans la société contemporaine d'une citoyenneté nationale et se reconnaît-il un peu « citoyen du monde », suivant l'expression charmante, dans les années cinquante, de Gary Davis. Mais de quel monde? La Communauté des douze, la grande Europe de l'Atlantique à l'Oural, l'univers anglo-saxon, le système occidental? L'adhésion à l'Europe n'est pas un acte en principe de même nature. Elle devrait correspondre à des droits qui aujourd'hui n'existent pas. L'Europe des droits se construira-t-elle un jour, si les États membres ne mettent pas en route le même processus que pour l'économie? C'est-à-dire des textes fondateurs et une bureaucratie dont l'activité, même à faible productivité, finit par faire avancer les choses puisque tels sont sa nature, sa raison d'être, son fonds de commerce. Les domaines sans « eurocrates » bougent moins que ceux qui en sont pourvus :

existe-t-il meilleure réhabilitation de la lourde machinerie
bruxelloise?

Une opinion publique ambiguë

La société européenne suppose une opinion publique européenne. Celle-ci est ambiguë et floue : elle est à la fois nationale, européenne, occidentale. A-t-elle des convictions, un
élan, une identité? Rien n'est moins sûr.

A mesurer le pouls de l'opinion aux battements des sondages, la France est aujourd'hui plus européenne que la
Grande-Bretagne et l'Allemagne fédérale : mille et une
enquêtes montrent les Français passionnés par 1992, prêts à
offrir leur garantie nucléaire aux Allemands, désireux de
voir s'édifier un État européen, aussi zélés en un mot
aujourd'hui que la double pesanteur, gaulliste et communiste, les avait empêchés de l'être pendant des décennies.
Sans doute ces vagues pétitions de principe n'engagent-elles
à rien. Le sondeur se garde bien d'expliquer aux sondés ce
que Hambourg = Strasbourg signifie. Mais il reste de cette
kyrielle de chiffres une impression, une humeur, un état
d'esprit. Ce ne sont d'ailleurs pas les mêmes qui prévalent au
Royaume-Uni : une prédilection toujours aussi marquée pour
les États-Unis, un reste de défiance à l'égard des partenaires
du continent, et en particulier de la France, le goût des spécificités les plus britanniques, autant de traits que n'atténuent
guère quelques sentiments européanophiles.

Quant aux sondages sur l'opinion allemande, ils collent
exactement au mouvement stratégique de l'Allemagne. De
là à croire que l'opinion y exerce une dictature sur les décideurs encore plus forte qu'ailleurs? La défiance à l'égard des
Américains augmente d'année en année : effet ou non du
gorbatchévisme, les courbes de confiance à l'égard des États-
Unis et de l'Union soviétique se sont croisées, les secondes
rassurant désormais davantage que les premiers. La moitié
des Allemands de l'Ouest souhaitent la neutralisation de leur
pays, indépendamment d'une hypothétique réunification, et
80 % sont en faveur de la dénucléarisation complète de leur
territoire! Les signes européens ne manquent pas par ailleurs, en particulier la profondeur et la sincérité de l'amitié à
l'égard de la France. L'opinion allemande s'est déjà placée

dans un climat continental : elle rejette les États-Unis, hier meilleur allié, grand frère et tuteur adoré; elle balance entre des sentiments à l'Ouest et à l'Est; elle se sent une vocation de trait d'union ou de *no man's land.*

Les trois opinions prennent en charge les choix stratégiques de leur pays; elles expriment clairement les divergences d'intérêt et le glissement du continent. Leur addition ne constitue pas à l'évidence une opinion européenne. Certes, les thèmes d'inspiration européenne suscitent l'adhésion, mais elle est inégale dans les trois pays, sans doute moins forte qu'elle ne le serait chez les autres États membres, Italie ou Espagne par exemple. Elle se teinte de surcroît de vagues réflexes occidentaux, d'un internationalisme un peu flou, de sympathiques sentiments de solidarité qui font paraître un Polonais aussi voisin qu'un autre ressortissant de la Communauté, un Américain plus proche, pour les Français, qu'un Anglais, un Africain plus près du cœur d'un Danois qu'un Grec... Ce ne sont pas là les éléments constitutifs d'une conscience européenne.

L'opinion – c'est un constat presque tautologique – est en phase avec la société : elle est plus occidentale qu'européenne, plus nationale que communautaire. Elle n'est pas disposée à de grands élans qui s'imposeraient aux pouvoirs politiques comme autant de contraintes : jamais elle n'exercera, par exemple en faveur de la construction européenne, la pression que l'opinion allemande a su manifester, à l'égard de son propre gouvernement, en matière de défense de l'environnement. L'Europe n'est pas une idée neuve en Europe : du moins pour l'opinion publique.

A la recherche d'une élite européenne

L'Europe n'existe pas davantage au niveau des élites. Ce n'est pas céder aux vieilles antiennes de Pareto que de reconnaître leur rôle moteur. L'Europe ne se fera pas contre elles; elle ne se fera pas sans elles; elle peut éventuellement se faire grâce à elles. Aujourd'hui, les élites des États membres demeurent étroitement nationales : dans leur recrutement, dans leur mentalité, dans leurs intérêts. Elles se sont évidemment ouvertes au monde, mais c'est davantage au grand large qu'à l'Europe des douze. Il existe pour elles un modèle américain, un fantasme japonais, mais guère une identité européenne.

Le système français est peut-être le plus archaïque : constat insupportable pour une technostructure qui a fini, sous l'admiration du monde entier, par se croire le sel de la terre. Tous les pays développés jalousent nos fonctionnaires, mais l'avenir appartient-il encore aux fonctionnaires dans un univers de plus en plus erratique, une économie de plus en plus mobile, une société de plus en plus complexe? Les qualités requises s'appellent la souplesse, l'art de la décision, la capacité de changer de pied, l'adaptabilité, la rapidité, le sens du commandement non hiérarchique, une certaine forme de charisme et de convivialité. Que produisent, face à cette définition de fonction – comme disent les chasseurs de têtes –, nos usines à fabriquer l'élite? Des jeunes gens brillants, conceptuels, disposés au commandement militaire, pétris de la conviction que la France est une grande puissance, que l'administration est à l'origine de cette puissance, qu'ils seront les instruments de cette influence administrative.

Nantie de ce viatique et d'un « brevet d'officier » qui, comme sous l'Ancien Régime, vaut pour la vie, cette noblesse d'adolescence, qui s'est substituée à la noblesse de naissance, part à l'assaut du pouvoir. D'un pouvoir évidemment multiple puisqu'il a gagné le droit d'accéder aux sommets de la politique, de l'administration et des affaires. D'où une concentration des responsabilités aux mains de quelques centaines de brahmanes, assurés de leur pérennité, de leur ascendant et de leur savoir-faire. L'importance des privilèges et des droits est-elle à la mesure des services rendus? Hier, à coup sûr : cette élite a forcé la modernisation de la France, au XIXᵉ siècle comme dans l'après-guerre; elle l'a assumée; elle en a pris la responsabilité; elle l'a imposée aux dirigeants politiques. Mais aujourd'hui? Elle subit l'évolution plus qu'elle ne la conduit. Cette noblesse n'est évidemment pas sourde aux bruits du monde : ses membres choisissent, plus jeunes, des fonctions dans l'économie active; ils se pénètrent des réalités internationales; ils cèdent au vertige du marché; ils apprennent que rien n'est irréversible. Mais que d'arthritismes et de préjugés encore en place! Quant à l'Europe, elle apparaît moins comme une nouvelle frontière que comme un nouvel espace à construire à la française. La technostructure bruxelloise a beaucoup gagné à cette transfusion de savoir-faire. Mais la nomenklatura française, à trop voir l'Europe avec des besicles napoléoniennes, n'est pas la quintessence d'une élite européenne en voie de constitution.

Ailleurs, le phénomène n'est pas très différent. Dans les pays très marqués par l'existence d'une bourgeoisie adminis-trative, comme l'Espagne, l'ouverture au monde se fait via les États-Unis. Ainsi une génération de « socialistes harvar-diens » s'est-elle installée au pouvoir. C'est aux États-Unis qu'ils ont appris le goût du marché, le sens de la technologie et un réflexe international, tous ces ingrédients d'un socia-lisme fin de siècle qui fait de l'Espagne le même modèle à gauche que la social-démocratie suédoise il y a vingt ans. Ces responsables sont évidemment tous proeuropéens et 1992 constitue leur horizon naturel, mais dans leur formation et leur réflexion, la dominante européenne a été moins impor-tante que l'influence américaine. Les élites britanniques et allemandes sont, elles, conformes à leurs traditions histo-riques : l'horizon européen a tenu peu de place dans leur édu-cation et ne modèle pas leur comportement. Le grand large atlantique pour les premières, les habitudes continentales pour les secondes n'ont perdu ni en intensité, ni en per-manence. Ce sont sans doute les Italiens qui préfigurent le mieux l'élite européenne. D'abord parce que leur creuset a été le marché, et non l'État. Ensuite par une pesanteur histo-rique et culturelle. Enfin grâce à des qualités d'adaptation et de souplesse qui leur permettent de faire leur, immédiate-ment, le nouvel environnement. Eux pensent, vivent et réflé-chissent « européen », aussi à l'aise à Paris qu'à Milan, à Londres qu'à Madrid.

Ces élites demeurent de toute façon strictement natio-nales. Ce sont les contingents, État membre par État membre, d'une nomenklatura européenne. Mais celle-ci n'existe pas par elle-même. Ni grandes écoles européennes dont les diplômes donneraient partout accès aux filières pri-vilégiées. Ni brassage des responsables qui ferait un jour d'un Anglais le directeur du Trésor français, sans que cette nomination paraisse plus exotique que celle d'un Gallois à la tête de L'Oréal. Ni institutions de réflexion, clubs, « Siècle 1 » à l'européenne ou « fellows » d'Oxford modèle

---

1. Nom d'un cercle qui réunit à Paris une fois par mois l'essen-tiel de l'establishment.

communautaire, susceptibles de créer les solidarités et les habitudes de clan nécessaires au bon fonctionnement de la nomenklatura. Ni organisation des carrières qui fasse d'une expérience dans un autre pays de la Communauté un instrument de promotion. L'establishment européen n'a pas engendré ses propres structures : preuve par l'absurde qu'il n'existe pas, car l'organisation et les réseaux sont aussi vitaux pour un establishment que l'eau pour un saurien. Les responsables publics n'ont pas mis en place de leur côté les institutions universitaires communautaires qui auraient pu commencer à accoucher d'une élite européenne.

L'Europe demeure dans les mains de la catégorie professionnelle la plus étroitement nationale, le monde politique, et d'une espèce à peine plus extravertie, les bureaucraties d'État. Ils sont tous devenus européens, mais c'est un acte de raison qui les gouverne, non un réflexe naturel. D'où la contradiction apparente de voir que ces hommes pensent en Européens, mais que ce ne sont pas des Européens. L'Europe est pour eux une belle idée; ce n'est pas une seconde nature. Le temps pourrait faire son œuvre et, si l'Europe finissait par exister, une élite authentiquement européenne se formerait. Mais la question ne se pose pas malheureusement dans ces termes-là : ce n'est pas à l'Europe de fabriquer son élite; ce serait à cette élite de faire l'Europe. Le compte à rebours se poursuit : un glissement du terrain continental rend chaque année plus aléatoire l'identité européenne, telle du moins qu'elle se formule aujourd'hui, c'est-à-dire à l'échelle des douze.

*   *
*

Le troisième cercle, celui de la société, ne se ferme pas, en effet, en suivant les frontières des douze. Ni institutions civiles, ni citoyenneté en voie d'élaboration, ni opinion publique, ni élite pour poser les bases d'une société civile européenne. L'Occident a davantage de substance, en termes de société, que l'Europe. De sorte que celle-ci est une idée à géométrie variable, avec des cercles stratégique, économique, sociétal qui se recouvrent à l'occasion, mais en aucun cas ne s'emboîtent. L'écart ne cesse de s'accroître entre une réalité de plus en plus désarticulée et un rêve auquel 1992 a donné de l'épaisseur. Il se perpétue une dernière illusion :

qu'à défaut de constituer une société civile, l'Europe soit au moins une communauté culturelle! Pour nous Français, qui attribuons avec naïveté à la culture une capacité à modeler le réel et qui y voyons une infrastructure à la mode marxiste, ce serait un formidable instrument d'identité. « Si c'était à refaire, je commencerais par la culture », disait Jean Monnet à la fin de sa vie, faisant sienne cette hiérarchie qui placerait la culture plus haut que l'économie comme levier de transformation, comme forceps de l'avenir. Mais trêve de fantasme, elle ne fermera pas, elle non plus, ce diable de troisième cercle.

2.

« *Si c'était à refaire,*
je commencerais par la culture »

Et si Jean Monnet avait en 1950 mis en route ce qu'il a
regretté plus tard de ne pas avoir fait? S'il avait commencé
par la culture? Si à la place de la CECA, Communauté européenne charbon-acier, et de la CEE, Communauté économique européenne, il avait créé une CCE, Communauté
culturelle européenne? Si l'enseignement croisé des langues
s'était généralisé entre les pays membres? Si les programmes
scolaires avaient partout comporté des matières européennes : histoire, géographie, institutions? Si des investissements culturels communautaires s'étaient développés? Si les
premières télévisions étaient nées multinationales et non
étroitement nationales? Si les universités s'étaient regrou-
pées en réseaux européens? Si une scolarité accomplie en un
pays valait depuis vingt ans pour tous les autres? Si, si, si...
Personne ne peut dire que l'Europe serait aujourd'hui plus
avancée. Chaque époque invente sa propre hiérarchie des
structures : le Jean Monnet de 1950 avait commencé par
l'économie parce que l'urgence de la reconstruction, l'appétit
de consommation, l'ombre portée du marxisme, le culte des
infrastructures faisaient de celle-ci un ordre supérieur. Le
Jean Monnet qui, à la fin de sa vie, regrettait de ne pas avoir
parié sur la culture vivait dans un autre monde : la culture –
terme vague s'il en est – semblait être devenue à ce
moment-là la matrice de toutes choses, une réalité supérieure
en surplomb de toutes les autres, politique, économique, juridique, nationale... Si l'Europe s'était forgé une identité

culturelle, comme le souhaitait Monnet au soir de sa vie, le reste aurait peut-être suivi, l'économie au premier chef. L'inverse n'est en revanche pas vrai : la CEE n'a jamais provoqué de mouvement culturel et 1992 n'a pas de ce point de vue la moindre signification pour la culture. Au moment où l'Europe est écartelée entre plusieurs identités, stratégique, économique, sociétale, ce n'est pas de ce côté-là qu'il faut chercher son épine dorsale. Cette absence se fait sentir sur un large spectre : la culture traditionnelle évidemment, mais aussi l'enseignement, la langue et, *last but not least*, l'audiovisuel. Sur aucun de ces fronts, l'Europe n'a trouvé la moindre identité. Rien n'est jamais perdu mais l'Histoire, là non plus, ne repasse pas les plats : les positions se figent, les granits se solidifient, les règles se fixent, les acteurs s'installent. C'est particulièrement vrai de l'audiovisuel. Le terrain est aujourd'hui en pleine recomposition. Si l'Europe ne se glisse pas par le chas de l'aiguille, elle aura encore plus de difficultés à le faire demain : à l'instar de l'éducation... Faute pour la culture de boucler le troisième cercle, quelle identité reste-t-il à l'Europe des douze pour devenir un acteur de l'Histoire, entre un séisme stratégique qui bouscule ses fondements et le culte d'un marché pur et parfait qui ne peut donner davantage que des progrès de productivité?

L'Europe n'est pas une communauté culturelle

Face au monde complexe de la culture, à cet univers irréductible à tout autre, face aux gardiens du temple, aux épigones doués, aux prophètes de leur propre talent, l'humilité est de règle. Elle conduit à quelques vérités d'évidence – sept, en l'occurrence, pour céder à la dictature du nombre d'or – qui traduisent un diagnostic en forme de point de départ : l'Europe des douze est interdite d'identité culturelle.

Première vérité : l'Europe est faite d'espaces culturels disjoints et ses frontières actuelles n'ont en la matière aucune signification : le vieux cercle européen est brisé qui rimait avec la Mittel Europa. Derrière la résurgence du mythe viennois, le Vienne de 1850 à 1917, commémoré, fêté, décliné à travers expositions, colloques, livres, c'est la nostalgie de cette Europe culturelle là qui se manifeste : un territoire sacré, borné par Munich, Berlin, Vienne, Prague, Varsovie, Trieste, Venise... Cette Europe de l'esprit est morte : le rideau de fer l'a rendue hémiplégique; le destin de l'Allemagne lui a interdit toute influence culturelle; Vienne est une bourgade de province, Berlin un être à part, Prague une ville morte... La lente réappropriation par l'Europe du Centre de son identité entrebâille certes la porte pour une renaissance culturelle. Ce n'est pas un hasard si les signes d'une Mittel Europa ont bien souvent pris la forme de prétextes culturels : commémorations, expositions, colloques... La culture bat dans ce monde-là à l'unisson de la dérive stratégique du continent : elle a tout à y gagner, se plaît à la précéder et en rythme l'avancée. A ce mouvement-là ne participe guère le cercle latin : France, Espagne, Italie. Eux aussi redécouvrent leur identité culturelle et le mythe d'une culture méditerranéenne a refait jour, comme si ces pays avaient inconsciemment besoin de se démarquer d'une Europe centrale en pleine recomposition. Cette réalité latine est une telle évidence quotidienne qu'elle ne devrait pas éprouver le besoin de « s'autoproclamer ». Enfin, au-delà de ces deux cercles se profile l'immense monde culturel anglo-saxon, partout présent, mobile, régénérateur, actif. Trêve de naïvetés sur l'impérialisme culturel américain et de jugements de valeur! L'ombre portée des États-Unis est certainement plus prégnante dans l'ordre culturel qu'elle ne l'est désormais dans tout autre ordre. Les États-Unis ne sont plus la puissance économique dominante, leur repli stratégique est visible à l'œil nu, mais leur expansionnisme culturel est plus réel que jamais. Que les Gilbert Comte, Régis Debray, Philippe de Saint-Robert, Claude Jullien en prennent leur parti : ce n'est pas une hégémonie voulue; c'est une dynamique naturelle! Inutile de la critiquer ou de l'encenser : elle est là... pour les siècles des siècles, peut-être! Soumise à de telles pesanteurs, l'Europe des douze n'a aucune identité culturelle : espace découpé artificiellement, mordant sur d'authentiques territoires culturels, plongé dans l'atmosphère occidentale, sans substance ni identité.

Deuxième vérité : l'essor culturel des dernières décennies témoigne de l'opulence de l'Occident; l'Europe n'y joue aucun rôle spécifique. La multiplicité des concerts, les foules dans les expositions, l'essor du tourisme de masse se manifestent au Japon comme en France, en Australie comme en

Italie, aux États-Unis comme en Espagne, et le monde communiste vit, à sa manière et à son rythme, la même révolution. Pour la classe moyenne, synonyme du mode de vie occidental, la consommation culturelle est devenue un instrument d'identification. Elle s'y complaît, s'y reconnaît, s'y mire. L'Europe n'a que faire là-dedans; elle est simplement devenue un des grands exportateurs de signes culturels.

Troisième vérité : ce sont d'ailleurs ses signes passés qu'offre l'Europe. Elle n'exerce plus d'influence mondiale. Ni dans les arts plastiques : l'impulsion vient des États-Unis. Ni en musique, ni en littérature, ni en philosophie, discipline exclusivement européenne, ni dans les sciences humaines. On a répété à satiété qu'avec Sartre disparaissait le dernier intellectuel dominant. C'est pourtant vrai. A l'image d'une société sans centre, délocalisée, spontanée, en mouvement perpétuel, le monde des idées a perdu lui aussi ses vieilles marques. Le temps n'est plus à une philosophie allemande omniprésente, à un existentialisme porté aux quatre coins du monde, à un structuralisme qui a bousculé partout et au même moment les sciences humaines, à une histoire des *Annales* qui a écrasé pendant quelques décennies la recherche historique traditionnelle. Quel est le Heidegger, le D'Annunzio, le Gide, le Sartre des années quatre-vingt? L'Europe avait inventé un formidable produit pour sociétés riches : le magistère intellectuel. Elle n'arrive pas, comme diraient des exportateurs chevronnés, à renouveler la gamme : non parce que les produits sont plus mauvais mais parce que « le marché n'en veut plus ». Ce n'est pas l'expression d'un déclin, mais d'une transformation de l'univers culturel. N'en déplaise aux Spengler de quartier qui prophétisent toujours avec la même conviction le déclin de l'Europe, sans doute est-elle plus cultivée, plus active, plus vive qu'autrefois. On peut désormais dire de la culture ce que Foucault pensait du pouvoir : elle est partout et nulle part, insidieuse et exclusive. Mais vue d'ailleurs, l'Europe n'y gagne aucune identité, à la différence de l'époque où, alignant Picasso, Sartre, Malraux, Moravia, Russell comme une armée à la parade, elle occupait la scène du monde et semblait de ce seul fait exister.

Quatrième vérité : la culture est devenue à sa façon une gigantesque industrie, servant de prétexte à un tourisme de masse qui suffit – on l'oublie trop souvent – à rééquilibrer ou déstabiliser des balances des paiements! Monuments, musées, expositions, événements culturels exceptionnels : autant d'armes pour faire entrer les visiteurs, les devises et les capitaux! A ce jeu-là, les pays européens sont concurrents. L'Espagne a-t-elle tellement envie que le cinq centième anniversaire de 1492 se fête en Europe ailleurs que chez elle? La France souhaite-t-elle exporter le bicentenaire de la Révolution? Madrid se bat pour obtenir le musée Thyssen-Bornemisza à coups de milliards, comme en leur temps les usines Ford et General Motors; Paris promeut à satiété ses grands travaux; Rome accélère sa réhabilitation. Certes, au nom des valeurs culturelles, de l'éthique et des grands principes, personne n'avoue son égoïsme, mais nécessité fait loi. Il faut solder les comptes extérieurs et la culture a de ce point de vue une plus grande efficacité que les machines-outils ou l'automobile.

Cinquième vérité : qui dit politique culturelle européenne dit action étatique. Or les États en ce domaine ne se ressemblent guère. Ni la Grande-Bretagne, ni l'Allemagne fédérale ne disposent d'une administration centrale; apanage pour l'essentiel des collectivités locales ou des Länder, la culture n'est pas une affaire de gouvernement. En Italie, les initiatives sont elles aussi décentralisées et le ministère s'assimile avant tout à une surintendance des Beaux-Arts, en charge du patrimoine. L'Espagne se rapproche davantage de la France. Ce n'est pas un hasard car, dans ces deux pays, la culture est apparue de longue date comme un instrument d'influence internationale. D'une certaine façon l' « hispanidad » et la francophonie représentent des ambitions parallèles. Mais nulle part ailleurs n'existe un ministère de la Culture à la française. Étrange alchimie où jouent l'efficacité technocratique, la vieille habitude de l'État tuteur et de l'État protecteur des arts et des lettres, le mystère du verbe et cette « transsubstantiation » contemporaine qu'offrent désormais les médias. Il est de tradition pour les militants les plus libéraux de rappeler que seules l'URSS et la France ont mis en place des ministères de la Culture puissants. Erreur! L'institution soviétique n'a ni le prestige, ni l'importance du ministère français! Au moment où l'État perd année après année une partie de ses attributions, il s'ancre davantage encore dans la tradition d'un État bâtisseur et mécène : là au moins il est libre de ses mouvements. Dans un pays qui a

encore l'audace de grands travaux, l'État demeure d'une certaine façon le premier acteur culturel. Quel dialogue imaginer entre un ministre français, fort de ce lustre, son collègue italien en mal de crédits de restauration, les
responsables anglais ou allemands sans le moindre poids politique, lorsque les uns et les autres s'assoient à la même table
européenne? Ils n'ont ni langue, ni vision, ni projet
commun. Comment attendre d'un aréopage aussi hétéro-
clite des actions qui supposent volonté politique, détermination et crédits?

Sixième vérité : même si les conditions politiques étaient
par miracle réunies, l'idée même d'une communauté culturelle européenne n'a pas de sens. De quoi s'agirait-il? D'additionner les systèmes d'aide? D'assurer une péréquation des
crédits? D'aider les pays les plus démunis au regard de patrimoines gigantesques à entretenir? De faciliter les échanges
de troupes de théâtre? De subventionner des œuvres mar-
quées de la sorte du sceau européen? De bâtir des musées ou
des espaces « européens »? Qu'offriraient-ils de particulier,
sauf à être les mausolées du rêve européen? Le réflexe national se conçoit en matière culturelle; le réflexe européen est
un artifice.

Septième vérité : face à un monde de plus en plus perméable, la culture demeure un des derniers vestiges de
l'identité nationale. De même que les terroirs redécouvraient
leurs dialectes face à l'urbanisation accélérée, les États-
nations, ces terroirs du XXIᵉ siècle, s'accrocheront davantage
à leur « ego culturel ». Débordés par l'audiovisuel, la
musique, les modes, la valse des signes et des symboles, ils
auront tendance à survaloriser leur culture nationale, comme
s'il s'agissait de la preuve ultime de leur identité. Face au
déferlement de culture occidentale ou mondiale, l'Europe
communautaire n'est pas un espace pertinent. Elle ne l'était
pas au titre du passé; elle ne l'est pas en termes d'action
publique; elle le sera en fait de moins en moins. Si Monnet
rêvait, a posteriori, de commencer par la culture prise au
sens classique, il se trompait d'objet. Mais peut-être pen-
sait-il à l'enseignement.

Le levier éducatif, formidable et oublié!

L'Europe a fait, avec l'équivalence des diplômes, un grand
pas en avant. En assurant, en premier lieu, la libre circula-

tion des personnes et la concurrence des compétences. En permettant, ensuite, des cursus plus facilement alternés, réalisés pour partie dans un pays, pour partie dans un autre. En plaçant, enfin, l'aiguillon de la compétition internationale sur le monde universitaire. Ainsi le système français, qui refuse la concurrence entre universités, devra-t-il accepter, *nolens, volens*, la compétition avec leurs consœurs européennes. Ce sera un instrument essentiel de transformation. Comme dans tout autre domaine, la concurrence étrangère sonne le glas des monopoles intérieurs. Une goutte d'acide est mise qui rongera lentement les rouages unificateurs et centralisateurs. Sans doute le système ne pouvait-il être mis en mouvement que de l'extérieur, dès lors que le prix politique d'une réforme menée de l'intérieur était devenu exorbitant : les plans Savary et Devaquet en ont, à leur manière, témoigné. Ainsi l'équivalence des diplômes est-elle une onde de choc dont l'effet va très au-delà de son objectif affiché : elle va remettre en branle, dans chaque État membre, les systèmes étato-corporatistes les plus rigides. L'Europe rejoue dans ce secteur ses effets « 1958 » et « 1992 » : elle met en cause les habitudes et les rentes. Mais ce bienfait ne suffit pas à constituer une hypothétique Europe de l'éducation, surtout au sens où Monnet l'entendait dans sa parabole culturelle. Une culture commune peut naître d'un enseignement commun; sans enseignement commun, elle n'a aucune chance d'exister. D'où l'exigence d'une matrice pédagogique européenne. Celle-ci suppose, entre autres, de mêmes programmes, des échanges systématiques, les prémices d'un système universitaire européen. Cette Europe-là n'a pas depuis trente ans progressé d'un iota.

Une identité c'est d'abord une mémoire : Pierre Nora nous l'a magnifiquement rappelé [1]. A cette aune-là, la lecture des manuels scolaires convaincrait à jamais de l'inexistence de l'Europe. L'Histoire résonne, en France, de triomphes militaires et d'un État omniprésent et conquérant, en Allemagne de nostalgies de l'unité et de la réaffirmation qu'une nation se perpétue à travers une pluralité d'États, en Grande-Bretagne du goût fané de l'empire victorien, en Espagne du souvenir des grandes conquêtes... L'exercice de lecture est ahurissant! Si les traits les plus exacerbés du nationalisme et

1. *Les Lieux de mémoire*, sous la direction de Pierre Nora, Gallimard, 1984.

de la xénophobie ont été gommés, l'atmosphère, elle, n'a pas changé : textes, illustrations, légendes, tout bat à l'unisson du sentiment national. L'Europe entre par effraction dans certaines pages, telle une pièce rapportée et artificielle. Jamais tel ou tel de ces grands pays n'a essayé de substituer à sa propre Histoire une Histoire de l'Europe, vue de plusieurs côtés, moins manichéenne, où le bien n'est pas l'apanage d'un seul pays. Quand les jeunes Européens considéreront 14-18 comme une guerre civile, ainsi que les Espagnols font de leur propre guerre civile, l'Europe aura davantage progressé qu'en cinq ans de grand marché! Ce n'est pas demain la veille. Ni harmonisation des programmes, ni coordination des points de vue, ni renouvellement de la méthode : l'Europe n'existe pas. Au débat si français – faut-il enseigner la nouvelle histoire ou l'histoire événementielle? – ne s'est jamais substituée une discussion autrement plus essentielle : doit-on apprendre à nos enfants l'Histoire de France ou l'Histoire de l'Europe? L'une est-elle d'ailleurs exclusive de l'autre?

La géographie n'est évidemment pas mieux lotie : le territoire national constitue la matrice de base et l'espace européen ne constitue qu'un vague environnement. Le mont Gerbier-de-Jonc semble encore un élément de savoir plus essentiel que les capitales de la Communauté, les ressources géologiques françaises une donnée plus décisive que la carte économique de l'Europe des douze. Quant à l'instruction civique, cet enseignement des institutions à l'intitulé suranné, elle est naturellement centrée sur la France et sa pyramide de pouvoirs, de l'État à la commune. Ne serait-il pas plus important pour un jeune Français de connaître quelques rudiments sur les régimes politiques de la RFA, de la Grande-Bretagne ou de l'Italie, que d'être initié à tout prix aux subtilités des « régions de programme »?

La littérature est évidemment logée à la même enseigne. Il n'existe de littérature que française, et le monument de conformisme intellectuel que représente l'inusable Lagarde et Michard fleure bon le nationalisme culturel. Shakespeare, Goethe, Kafka et Joyce ne pèsent rien auprès de Racine, Beaumarchais, Anatole France ou Gide. Que *le Roi Lear* apprenne davantage sur les méandres de l'âme humaine qu'un *Cid* à l'eau de rose est secondaire! Il existe une hiérarchie des littératures, des cultures et des besoins de l'élève. Le procès serait évidemment le même, mené de Londres : Proust n'est qu'un métèque continental et Flaubert un écrivain normand. L'ethnocentrisme, cette maladie typiquement européenne, ne s'applique même plus, quand il s'agit de pédagogie, aux frontières de l'Europe; elle redevient bornée, nationale, villageoise. Dès l'école maternelle, l'ordre du monde est fixé et le cadre national place les limites de la culture et du savoir. Que ces évidences n'aient pas frappé les pères de l'Europe, ceux d'hier comme ceux d'aujourd'hui, demeure confondant!

Le conservatisme des programmes scolaires n'est pas un choix de caractère exclusivement idéologique. Il porte la marque de traditions, du passé, de procédures techniques et de l'immobilité inhérente à ces monstres bureaucratiques que représente dans chaque pays le système éducatif. Mais ne tirons pas sur le pianiste : en l'occurrence les enseignants. Ils ont vécu par exemple en France des révolutions dans les programmes : la dictature soudaine des mathématiques contemporaines, l'invasion de la nouvelle histoire; ils s'y sont pliés sans difficulté. Au moins l'apparition de la dimension européenne en appellerait-elle à des motivations plus riches que la transcription dans les programmes scolaires de l'affrontement classique dans le monde enseignant entre les Anciens et les Modernes. Mais cette action n'a évidemment de sens qu'européenne. Les ministres de l'Éducation de la Communauté s'en sont-ils préoccupés? Quels obstacles dirimants les ont bloqués? Quelles montagnes fallait-il soulever? Un tel projet serait-il plus difficile à mettre en route que le grand marché de 1992?

L' « européanisation des programmes » augure mal des autres exigences d'une éducation européenne. Ainsi les échanges scolaires demeurent-ils limités et accidentels. Jamais n'a été imaginée la généralisation d'une année d'études à l'étranger dans le cursus de base : ni au niveau du secondaire, ni dans le supérieur. Jamais des stages en cours d'année scolaire n'ont été envisagés dans un autre pays membre : est-ce moins vital que les rituelles classes de nature ou de neige? Jamais les séjours estivaux à l'étranger n'ont été rendus obligatoires. Les difficultés techniques sont considérables, qu'il s'agisse du financement, de l'organisation d'un tel brassage, des contraintes imposées aux enseignants. Mais de grâce! Ce n'est pas un projet plus lourd que la gestion de la politique agricole commune ou de la création d'une chambre de compensation sur les recettes de la TVA! Quand, au lieu d'élaborer sa mille et unième réforme scolaire, le ministère de l'Éducation a-t-il abordé haut et fort ce sujet? Quand la Fédération de l'éducation nationale s'est-elle emparée pour une fois de ce thème d'avant-garde? Quand Bruxelles s'est-elle sentie une vocation en la matière? Depuis l'Office franco-allemand de la jeunesse, construction originale mais limitée, il y a vingt-cinq ans, rien n'a été fait : ni à l'instigation de la France, ni sur l'initiative d'un autre État membre. Quitte à fournir un contenu au « philo-européanisme » des opinions publiques, les échanges scolaires auraient une autre résonance que l'harmonisation de la fiscalité sur les plus-values.

Le désert couvre aussi l'enseignement supérieur. Le procès ne se limite pas à la pusillanimité des États. Les universitaires sont les premiers en cause. L'initiative aurait pu venir, au niveau de l'enseignement supérieur, des universités elles-mêmes. Le lycée d'Abbeville ne peut avoir de son propre chef une politique européenne; Paris-IV, oui. Oxford a une autre latitude qu'un collège du Kent et Heidelberg qu'une école technique de Hambourg. Focalisant leur vision extravertie du monde sur les seuls États-Unis, les universitaires ne se sont préoccupés ni d'échanges intensifs entre universités européennes, ni d'associations, ni de fusions. Après trente ans d'Europe, la carte universitaire du continent n'a pas changé : elle demeure irréductiblement nationale. Les seuls effets de l'équivalence des diplômes ne suffiront pas à inverser le mouvement; ils ont tout juste l'effet d'une goutte d'acide. Il faudrait une action d'une autre ampleur et cette fois-ci à l'initiative des acteurs eux-mêmes : ou alors leurs aspirations à l'autonomie universitaire ne sont que des effets de manche corporatistes.

L'inanité de la politique éducative européenne ne résulte pas d'un manque d'idées : il n'existe jamais, de ce point de vue, de pénurie. L'absence en revanche d'une institution communautaire en charge du sujet se fait dramatiquement sentir : c'est la meilleure justification a contrario de la bureaucratie de Bruxelles. Sans machine ayant l'Europe pour fonds de commerce, rien n'est possible : les pesanteurs nationales ne connaissent pas de contrepoids; les responsables politiques ne sont ni harcelés, ni sollicités. Or en

matière pédagogique, la Communauté économique européenne ne peut agir que par effraction, mener quelques raids
telle l'équivalence des diplômes, puis faire machine arrière
et laisser en friche l'intégralité du domaine. En réalité, l'éducation est le trou noir de la Communauté, situation d'autant
plus paradoxale qu'elle est devenue dans chaque pays une
préoccupation essentielle. Certes l'Europe ne peut en ce
domaine s'offrir les charmes d'une fuite en avant, d'un coup
de baguette magique qui résoudrait de l'extérieur les problèmes internes de chaque État membre. Mais un tel « degré
zéro » est incompatible avec la moindre ambition communautaire : sans éducation, l'identité est hors d'atteinte; avec
elle, elle est incertaine. Cette évidence peut-elle déboucher
un jour sur une utopie à la Monnet, le couple indissociable
d'un projet à accomplir et d'une institution pour le réaliser :
une « communauté éducative européenne » ? Les Européens
ont-ils la force non seulement d'achever les plus anciens
chantiers, en l'occurrence la réalisation du grand marché,
mais aussi d'en ouvrir de nouveaux ? Sont-ils prêts à créer de
nouvelles instances : une communauté éducative européenne
est-elle plus révolutionnaire aujourd'hui que la CECA en
1950 ? Le temps est compté : sans identité culturelle,
l'Europe est définitivement écartelée entre l'espace stratégique et l'espace économique; sans projet éducatif, l'identité
culturelle est mort-née.

La seule contribution anglaise : sa langue

La langue a en général accompagné, voire précédé, les
processus d'unification. Combien d'empires se sont-ils constitués par l'épée et le verbe ? Jamais des entités n'ont survécu
à une pluralité de langues : les tours de Babel ne durent
guère. Comparaison n'est pas raison. L'Europe ne se
compare à aucun autre ensemble; son unité suivra un cheminement sans précédent; elle ne connaît pas l'affrontement
d'une langue et de plusieurs dialectes, mais la cohabitation
de langues toutes majeures; les techniques modernes de traduction permettent de maîtriser un problème hier insoluble...
La ritournelle est bien connue qui permet, à coups de pétitions de principe, d'éluder la question. Celle-ci demeure
vitale : existe-t-il une Europe sans langue européenne ?
Existe-t-il une autre langue européenne que l'anglais ?

L'affirmation est insupportable pour les pays, France et Espagne, dont la langue constitue un des derniers instruments internationaux d'influence. Que signifierait la francophonie si, au sein de la Communauté européenne, le français devenait une langue secondaire ? Au nom de ce principe se poursuit, à l'intérieur de la CEE, une guerre linguistique aux allures picrocholines. Plusieurs langues officielles; des armées d'interprètes; des textes écrits pour être sans cesse traduits et retraduits au point d'y perdre toute saveur, comme un mets cuit et recuit; des batailles lilliputiennes; des mouvements d'humeur; des principes brandis comme des gourdins... Énorme artifice pour nier la réalité : il existe un seul espéranto européen, l'anglais, et la langue est peut-être la seule contribution majeure apportée par la Grande-Bretagne à l'Europe. Les entreprises l'ont depuis des lustres reconnu, qui fonctionnent toutes avec ce sabir des affaires, supposé ressembler à l'anglais. C'est d'ailleurs souvent ainsi qu'une entreprise hollandaise, allemande ou italienne communique avec ses filiales étrangères, et non dans la langue de la société mère.

Dans le monde par essence pratique des affaires, l'impérialisme linguistique a fait long feu. Certains pays l'ont compris depuis longtemps. Les Italiens, multilingues, avec la génération des moins de quarante ans tous anglophones et leurs aînés plutôt francophones; les Hollandais; les Danois; mais aussi les Allemands qui ont abdiqué toute ambition linguistique et se font sans le dire à l'idée que leur langue devienne un second latin, à moitié morte mais forte de vertus pédagogiques et culturelles. Hispanidad ou non, les Espagnols ont admis l'obligation d'une langue véhiculaire. Restent les Français, avec leurs étranges arthritismes : des responsables industriels âgés qui ne pratiquent pas l'anglais, quitte à prétendre qu'ils peuvent ainsi se protéger, à l'instar des Japonais, derrière la barrière linguistique dans les discussions d'affaires; un enseignement de l'anglais qui n'est pas obligatoire; des générations qui atteignent l'âge adulte à peine capables d'émettre quelques borborygmes en anglais; un sentiment diffus que le français permet encore de faire le tour du monde et a fortiori celui de l'Europe.

L'Europe n'existera que le jour où, de droit ou de fait, l'anglais sera vraiment sa langue et où les Européens vivront avec deux langues naturelles, la leur et l'anglais. Cette unité-là, l'Inde l'a réalisée au profit de l'hindi. L'Europe en serait-elle incapable ? Les États membres n'oseraient-ils pas reconnaître cette réalité ? Serait-il plus difficile d'accepter le fait acquis de l'anglais que d'accorder l'indépendance à l'Algérie ? Les Français comprendront-ils que leur utopie francophone n'est pas incompatible avec un minimum de réalisme européen ? L'omniprésence de l'anglais aura de toute façon lieu : le choix est comme toujours, face à un phénomène inexorable, de le subir ou de l'anticiper. Le subir, c'est mener une bataille d'arrière-garde et se fabriquer à l'intérieur de la Communauté d'innombrables handicaps. L'anticiper, c'est s'adapter à marches forcées : rendre l'enseignement de l'anglais obligatoire dès le primaire; n'admettre le choix d'une autre première langue qu'une fois vérifiée la parfaite maîtrise de l'anglais; renforcer les moyens pédagogiques; faire de la connaissance de cette langue européenne un préalable dans les études au même titre que les mathématiques ou l'orthographe... C'est accepter l'idée qu'un Européen doit maîtriser deux langues, la sienne et l'anglais.

Le sujet n'est pas mineur. Une Europe sans langue unificatrice a encore moins de chances de parvenir à une identité. Les nationalistes de la langue, en particulier en France – étrange armée qui traverse de l'extrême gauche à l'extrême droite l'intégralité du spectre politique –, assèneront leur contre-argument massue : favoriser l'anglais, c'est privilégier l'identité occidentale aux dépens de l'identité européenne. Les plus extrémistes franchiront même un pas supplémentaire : pour se distinguer du monde anglo-saxon, la communauté linguistique européenne ne peut se faire que par le français ! CQFD ! Ils avancent dans l'Histoire sur le même pas que le comte de Chambord ratant son retour sur le trône en 1870, par attachement au drapeau blanc... Avec ou sans Europe, l'anglais est vital dans un monde de plus en plus international. Sans l'anglais devenu sa langue naturelle, l'Europe ne sera qu'une étrange tour de Babel; avec l'anglais, elle met de son côté un atout. Il ne sera pas de trop dans l'inlassable tentative de fermer le troisième cercle, celui de l'hypothétique société européenne.

L'Europe de l'audiovisuel est-elle déjà morte ?

Pas d'Europe sans identité culturelle; pas d'identité culturelle sans audiovisuel : le principe est incontestable. Mais dans la quête inlassable des facteurs d'intégration, l'audiovisuel risque le destin de l'éducation : une occasion manquée; un impératif oublié. La partie se joue maintenant et tout retard se paiera évidemment au quintuple. Le problème est certes d'une effroyable difficulté. Qu'est-ce que l'Europe de l'audiovisuel ? Le public ? Les diffuseurs ? Les créateurs ? Les instances de régulation ? La dimension européenne vient alourdir de surcroît des enjeux qui, dans chaque pays, sont rendus complexes par l'enchevêtrement de trois phénomènes : le marché fait simultanément irruption à l'échelon national et au niveau international; l'impératif de qualité, essentiel et insaisissable, doit interférer avec les règles du jeu les plus classiquement économiques; la caisse de résonance sociopolitique conditionne le moindre mouvement des États et des acteurs.

Les grands secteurs ont, en général, la chance de connaître successivement deux dérégulations : l'une à frontières fermées, qui leur permet de retrouver une stabilité après le premier choc de la concurrence; l'autre à frontières ouvertes, qui s'impose à des entreprises déjà habituées aux règles premières de la compétition. Quand 1992 s'annonce pour la banque, l'assurance, les marchés publics, le choc se produit dans ce contexte-là avec des entreprises nationales habituées à se battre, au moins entre elles. Rien de tel dans le domaine audiovisuel : les deux séismes se produisent à quelques années d'intervalle. D'où l'impressionnante décomposition de l'ordre suranné des années soixante, fondé sur la pénurie des chaînes et des produits. Une tornade est à l'œuvre, qui conduit à la mise en place de nouvelles positions de forces. Comme il se doit, face à une éruption sans frein du marché, l'oligopole ou le monopole pointent à l'horizon. Oligopole vertical, de l'amont vers l'aval, oligopole horizontal verrouillant les parts de marché : tout se passe à la parade, comme dans un cours de micro-économie de première année. Ce fut d'abord l'oligopole horizontal : Berlusconi contrôlant toutes les chaînes privées italiennes avec pour seul concurrent la RAI; TF1 se taillant une part exorbitante du marché français. Ce sont désormais les oligopoles verticaux qui s'installent : les centrales d'achat contrôlant la publicité, la publicité contrôlant la diffusion, la diffusion contrôlant la production. Le secteur multiplie les abus de positions dominantes. De là l'urgence d'institutions susceptibles de faire

respecter les règles élémentaires de la libre concurrence, au
stade communautaire comme au niveau national. A ce premier impératif de saine économie de marché s'ajoutent des
exigences qui tiennent, elles, à la spécificité de l'audiovisuel :
le refus d'une concentration du capital, qui serait une
menace pour le pluralisme; l'impératif de préserver un minimum de qualité dans un univers à résonance culturelle.
Autant de devoirs qui s'apparentent à la quadrature du
cercle : ils conditionnent la place relative du secteur public
et du secteur privé, les pouvoirs de régulation, les quotas de
marché à ne pas dépasser, le degré de concentration capitaliste à ne pas transgresser, les systèmes d'aide à la création...
    Et l'Europe, dans ce tremblement de terre ? Elle est
absente et décisive. Absente, car le réflexe premier des gouvernements est de traiter le sujet dans un cadre national : ils
l'imaginent plus aisément maîtrisable. Double erreur : l'évolution de la technologie et des marchés débordera en quelques années les équilibres nationaux, aussi sûrement que la
dérégulation des années 1980 a fait voler en éclats l'ordre
ancien; des règles communautaires peuvent seules servir de
recours à des gouvernements qui, comme en Italie, ont laissé
s'installer de telles positions dominantes qu'ils n'ont plus une
force politique suffisante pour les dompter. Décisive car,
sans action ni cadres communautaires, le marché européen
est un simple déversoir pour les produits américains et l'identité culturelle européenne finira par devenir aussi manifeste
à l'égard des États-Unis que l'identité culturelle canadienne.
La stratégie des acteurs les plus importants est de ce point
de vue éloquente, qui agissent dans le cadre d'un marché
occidental unique, homogène et régi depuis le territoire américain. Pour les Maxwell, Murdoch, Berlusconi et autres Ber-
telsmann, Hachette ou Canal Plus, l'Occident est le seul
horizon. C'est à cette échelle-là que peuvent s'amortir des
produits existants, de plus en plus chers à acquérir – en
témoigne l'inflation des droits de diffusion –, et des produits
nouveaux de plus en plus coûteux à réaliser.
    Si l'Europe sort du jeu, elle aura une fois de plus entériné
le fait qu'elle n'est pas un espace significatif dans un
domaine qui engage au plus profond la société. Qu'on le
veuille ou non, le sujet est d'une autre importance que l'harmonisation, à l'échelle de la Communauté, des droits
d'accises. A la différence de l'éducation, toute initiative

communautaire ne dépend pas d'une hypothétique nouvelle institution européenne, ce qui ajouterait au risque que rien ne se passe. Les problèmes de nature strictement économique pourraient, d'ores et déjà, se traiter dans le cadre communautaire : le dispositif anticoncentration trouverait largement de quoi s'appliquer. Pourquoi la commission est-elle à ce point passive ? Mystère. Peut-être la mutation accélérée du secteur a-t-elle empêché jusqu'à présent une vue d'ensemble. Peut-être les victimes des concentrations n'ont-elles pas encore la maturité qui permet de faire du contentieux une arme. Peut-être les instances communautaires ont-elles inconsciemment craint de toucher à une matière aussi explosive qui met en jeu la politique, la culture et des fantasmes inassouvis. Ce qui est possible au titre des règles économiques en vigueur n'épuiserait pas la matière. La protection du pluralisme deviendra bientôt un problème non plus national mais européen, du fait de la raréfaction des acteurs. Le soutien à la création ne se concevra, compte tenu de l'internationalisation de la production, qu'à l'échelle communautaire : tant pour les quotas de fictions originales que pour le soutien financier, tel qu'il a pu fonctionner en France, à travers un jeu sophistiqué de taxes parafiscales. L'attribution même des concessions de diffusion n'aura de sens qu'européenne, une fois nos pays équipés en antennes pour capter les satellites de télédiffusion.

L'Europe a une fois encore une décennie de retard; les pouvoirs publics n'osent guère transférer à l'échelle communautaire des problèmes qu'ils ne savent pas résoudre à domicile; les vraies puissances s'installent, décidées à quadriller le terrain avant que ne se réveille l'envie de réglementer; la culture télévisuelle américaine devient le modèle de référence. Ainsi les jeunes Européens auront-ils vu, comme les jeunes Américains, quinze mille meurtres avant d'atteindre l'âge de quinze ans. Ainsi seront-ils les enfants des mêmes téléfilms et séries que s'ils étaient nés dans le Nebraska. Ainsi le « prime time » dictera-t-il sa loi. Ainsi se généralisera ce cocktail de jeux, publicités et films de bas étage qui exprime aujourd'hui – paraît-il – les aspirations du marché. Sauf un sursaut à brève échéance, l'Europe de la culture se fera encore moins grâce à l'audiovisuel que grâce à l'éducation. Peut-être, dans vingt ans, un père du grand marché dira-t-il à son tour : « Si c'était à refaire, je commencerais par l'audiovisuel. » Lui sera moins excusable que Monnet : l'Histoire se sera en effet contentée de bégayer.

*_**

L'Europe n'a pas davantage d'identité culturelle que sociétale. La Communauté des douze n'existe pas, vue dans cette troisième dimension : c'est un territoire parmi d'autres à l'intérieur d'un Occident qui, lui, a une identité, et dont l'influence ne cesse de s'étendre sur des sociétés et des cultures qui étaient en principe rétives à son égard. Il n'y a pas de troisième cercle... ou du moins ne se ferme-t-il pas sur les frontières de 1992. Diagnostic décisif : une Europe avec une société naissante, à défaut d'être déjà affirmée, aurait peut-être trouvé son identité stratégique. La stratégie n'est pas – on l'oublie trop souvent – une fabrication des stratèges. Elle est déterminée, conditionnée, surplombée par le mouvement des sociétés : l'isolationnisme croissant des États-Unis ne traduit pas mécaniquement une modification du rapport de forces militaires; il va de pair avec le basculement d'Est en Ouest, l'indifférence à l'Europe, la montée des minorités ethniques, le pacifisme et les humeurs de l'opinion. C'est parce que l'Allemagne bouge dans ses tréfonds que la stratégie allemande a naturellement repris le vieux sillon de la Mittel Europa. Le glissement stratégique qui déplace tel un mouvement géologique l'Europe résulte bien davantage de l'évolution des sociétés que d'une vision sortie tout armée du cerveau de tel ou tel dirigeant. C'est pourquoi le meilleur frein à cette dérive aurait été dans l'émergence d'une société civile européenne suffisamment dynamique pour transcender l'évolution de telle ou telle société nationale. Le grand marché ne donne pas naissance à une telle société; la culture, l'éducation, l'audiovisuel non plus. Il n'existe pas de frein naturel, dans ces conditions, à ce glissement. L'Europe est bien à l'intersection de trois cercles : l'un stratégique, de plus en plus continental, l'autre exclusivement économique, marqué aux bornes de la Communauté, le dernier culturel et sociétal qui se perd dans un Occident aux frontières de plus en plus floues. Ainsi désarticulée, l'Europe est condamnée à la dérive continentale, de loin la plus décisive : sa portée est à long terme d'une autre nature que les vertus productivistes du grand marché. A moins que les États ne redeviennent des acteurs majeurs, à contre-courant du mouvement de leurs sociétés civiles. Un « happy end » qui soulève quelques questions vitales...

3.

Questions...

L'Europe de l'après-guerre est en train de se décomposer. Mais avec la paix, le temps des grands craquements a heureusement disparu : le nucléaire a interdit ces séismes et ces spasmes qui produisent, au terme d'une guerre terrible, un nouvel ordre du monde. Désormais, le phénomène est naturel, lent, insidieux, irrésistible, mais pour partie insaisissable et invisible. Les jours n'apportent pas leur lot de décisions, toutes aussi éclatantes les unes que les autres; les gouvernements ne proclament pas leurs aspirations contradictoires; les sociétés ne manifestent ni élan, ni enthousiasme. Rien ne paraît bouger : ni l'action, ni les intentions, ni les arrière-pensées. La carte de l'Europe est immobile et paisible : elle semble dessinée pour les siècles. Un peu d'air à l'Est; un zeste d'Europe en plus à l'Ouest : ce seraient presque des épiphénomènes. Une nouvelle loi de la pesanteur est pourtant à l'œuvre et en contrecarrer les effets semble désormais une tâche impossible. Quitte à s'y risquer, encore faut-il baliser le paysage. Cela soulève des questions de temps, des questions de fait, des questions de principe qui constituent autant d'interpellations à l'égard de chacune des puissances européennes.

Questions de temps!

Face à l'évolution de l'Europe, il n'est plus temps de donner du temps au temps! Absurde, dira-t-on : la France ne s'est pas unifiée en un demi-siècle; l'Allemagne a attendu plusieurs centaines d'années son unité, comme l'Italie. L'Europe se fait à son rythme et, compte tenu de la complexité du processus, celui-ci bat son plein. Un rapprochement entre des pays adultes, avec pour seuls instruments la négociation et le contrat, ne peut se comparer à ces redécoupages de carte par le fer et le sang comme l'Europe en a tant connu dans le passé. Le temps est, dans l'affaire, à la mesure de l'ambition et de ses difficultés : il apaise, arrange, aide et circonvient. Cette vision paisible nourrit depuis des décennies le rêve européen : chaque étape franchie s'inscrit dans un calendrier indéfini. Cet optimisme séculaire s'affranchit des réalités. Deux conceptions de l'Europe s'affrontent : une Europe continentale, une Europe de l'Ouest. Le temps est en réalité en train de trancher entre les deux : il semble choisir par son simple mouvement la première, sauf formidable ressaisissement.

Le temps est en effet la quatrième dimension de la stratégie à l'époque du nucléaire. Il tient de ce point de vue le même rôle que l'espace dans les affrontements militaires classiques. L'Union soviétique en joue aujourd'hui, comme elle avait toujours joué dans le passé de son territoire. Les fusées ont aboli la distance mais le temps s'est substitué à elle comme variable stratégique clef. Or entre l'Est et l'Ouest le temps n'est pas le même.

C'est d'abord le temps d'une société froide contre celui d'une société chaude, au sens où Lévi-Strauss définissait ainsi les sociétés primitives. D'un côté une relative immobilité, des structures sociales à évolution lente, un pouvoir sans sanction électorale, ne connaissant que des renouvellements internes, une profondeur historique, quelques restes de messianisme idéologique. De l'autre, un monde trépidant, soumis à une opinion publique versatile, avide de réalités immédiates, imposant à un système politique sous perpétuelle tension ses humeurs, ses énervements, ses foucades. C'est aussi le temps totalitaire contre le temps démocratique. Toujours du même côté la conviction, parfois erronée, du pouvoir d'avoir l'éternité pour lui; de l'autre, le sentiment d'un avenir scandé par les élections et la difficulté d'imposer le long terme, face aux sollicitations incessantes de l'instant. La réalité ne colle pas toujours à l'illusion et les démocraties ont en général un avenir plus établi que les dictatures, mais les acteurs ne se comportent pas avec cette évidence en tête : ils ne vivent pas les mêmes échéances. C'est de surcroît le temps militaire contre le temps civil. D'une part une société qui consacre 15 % de son produit interne à la défense, dont l'armée constitue le secteur économique le plus efficace, où les militaires exercent une vraie pression sur l'appareil politique, et dont la vision à long terme porte l'empreinte militaire avec ses certitudes, son indifférence à l'instant et son millénarisme stratégique et technologique. De l'autre, un monde dont le budget militaire atteint au plus 5 % du PIB, où la défense est en période normale une préoccupation secondaire, où l'armée est un corps à la remorque de la société et non à sa pointe, et dont l'essence est civile. C'est enfin le temps de la bureaucratie contre le temps du marché. A l'Est un pouvoir bureaucratique sans régulation externe, lent, pataud, et étant à lui-même une fin ultime; à l'Ouest la pression lancinante du marché, de ses virevoltes, de sa dictature de l'instant, de son aveuglement à long terme et de son refus des efforts de longue haleine. Ainsi le monde de l'Est a-t-il seul la maîtrise de cette quatrième dimension : il en joue depuis la guerre; il en a, en Europe, engrangé les premiers bénéfices; il continuera à en tirer le parti maximal. La stratégie soviétique à l'égard de l'Ouest ne diffère guère de celle de Koutouzov, dès lors que la durée se substitue à l'espace : l'enlisement de l'adversaire est l'objectif, son énervement le moyen, sa fatigue le ressort.

Le temps donne donc le primat à l'Europe continentale sur l'Europe occidentale. Mais même mesuré pour cette dernière au rythme de l'union économique, il n'est pas un allié. Si dans les prochaines années rien n'est fait pour transformer le grand marché en véritable espace économique, avec une politique macro-économique, un budget, un État-providence et une monnaie, celui-ci deviendra les Balkans du monde industriel, une gigantesque zone franche où entre qui veut, s'installe qui veut : formidable bouffée d'oxygène pour les autres puissances économiques qui s'y tailleront empires, concessions et parts de marché. L'unification n'en sera que plus difficile ultérieurement; elle supposera des mesures d'autorité et une volonté protectionniste aux frontières des douze, que des années de zone franche auront émoussées.

Le temps a depuis trente ans exercé ses ravages. Trois photos instantanées suffisent à esquisser le film. La plus jau-

nie, à la fin des années cinquante, avec une Europe blottie
sous l'aile américaine, une France épuisée, une Allemagne
honteuse. La suivante, en noir et blanc, aux débuts des
années soixante-dix, avec des États-Unis plus distants, une
France arc-boutée sur son nationalisme, une Allemagne dont
l'Ostpolitik est la version sirupeuse du « Drang nach Osten »
du XIXe siècle. La troisième, en couleurs, prise aujourd'hui
avec un allié américain de moins en moins tourné vers
l'Atlantique, une Europe occidentale qui attend son identité,
tel un miracle né du grand marché, et une République fédérale en train de retisser, très naturellement, les fils de la Mittel Europa. A chacun d'imaginer la quatrième ou la cinquième, en instantané...
    Chaque époque croit que l'Histoire frappe à sa porte.
Mais ne censurons pas, par peur du ridicule, une conviction :
le temps a fait plus de la moitié de son œuvre; le passage à
l'Europe continentale est plus qu'entamé; la République
fédérale ne peut qu'accélérer légitimement le pas; les
échéances sonnent pour la doctrine stratégique française. La
carte européenne de l'an 2000 se dessine sous nos yeux : il
suffit d'une accoutumance visuelle, qui peut prendre quelques années, pour en saisir les contours, les traits et les couleurs. Ou nous l'acceptons : c'est un choix; il peut se justifier
mais il mérite d'être élucidé. Ou nous menons une ultime
bataille pour donner vie à l'Europe communautaire, mais
l'urgence exigerait de l'irrationalité, de l'imagination et cette
once de poésie sans laquelle il n'existe pas de grande politique. La question du temps résolue, elle mettrait en jeu de
sacrées questions de fait.

Questions de fait...

Elles sont, sans compter toutes les autres, au nombre de
quatre : pourquoi l'équilibre continental est-il pervers? Pourquoi 1992 est-il une bonne réponse à une question qui n'est
pas posée? Pourquoi, dans un monde de plus en plus ouvert,
faut-il rêver d'une Europe comme d'un acteur? Pourquoi sortir, au prix de grands risques, de l'ambiguïté actuelle?
    La vieille antienne de Raymond Aron sur la convergence
des systèmes industriels était fausse; ce sont au contraire les
espaces stratégiques qui convergent en premier et le rap-

prochement des économies en est simplement une conséquence. Mais le postulat établi, la perspective d'une Europe
continentale est-elle si inquiétante? Elle signifiera la paix sur
le continent, une perméabilité sans commune mesure avec
celle qui prévaut aujourd'hui entre l'Europe de l'Ouest et
l'Europe de l'Est; elle ira de pair avec la volonté de réduire
les frictions et les conflits; elle multipliera les échanges
économiques pour le profit conjoint de l'Ouest fournisseur et
de l'Est consommateur; elle permettra aux échanges culturels de reprendre; elle sera, en un mot, synonyme d'apaise-
ments. Cette vision irénique nous sera de plus en plus régulièrement assenée par les Soviétiques; adossée à une URSS
elle-même plus avenante, elle apparaîtra plausible. En effet
le système continental peut avoir en apparence de l'agrément, et le repousser d'un revers de la main a d'absurdes
relents de guerre froide. Mais là aussi l'image instantanée est
trompeuse; elle fait abstraction de l'arrière-plan, des arrière-
pensées, de l'arrière-cour. Il n'existe pas d'équilibre durable
entre des partenaires de force et surtout de nature différentes. La simple surpuissance militaire de l'Union soviétique suffit à le rendre aléatoire, même après avoir réduit le
nombre astronomique de bombes, avions, chars, fusils et
autres quincailleries en l'affectant d'un coefficient tradui-
sant l'incurie et l'inefficacité du système. Mais l'obstacle
principal n'est même pas là. Il tient au fait que l'Union soviétique n'est pas une puissance de même nature que les autres :
ses ressorts, ses ambitions, sa dynamique ne répondent pas
aux mêmes règles. Ce n'est pas affaire de morale, au nom
des rengaines éculées sur l'empire du bien et l'empire du
mal. C'est un simple constat sociologique : un peu comme
lorsqu'un zoologue distingue une espèce d'une autre. De là
une évidence : nul ne peut exclure que l'URSS décide, pour
des motifs qui lui sont propres, d'aller au-delà du pseudo-
équilibre continental et de matérialiser son avantage. C'est
peu probable mais qui peut, en conscience, démontrer que
cette hypothèse est totalement en dehors de l'épure? Or, les
démocraties fonctionnent avec des effets cliquets : une fois
une évolution accomplie, il n'est plus possible de revenir en
arrière. Retirés d'Europe, les Américains ne reviendraient
pas aisément; habitués aux charmes de l'équilibre continental, les pays européens n'auraient plus le ressort de s'opposer
à une telle modification des règles du jeu. Il ne s'agit ni de

capacité militaire, ni de temps de mobilisation et autres fari-
boles techniques, mais d'un comportement et d'un esprit.
Les postures fermes ne viennent pas naturellement aux
démocraties; elles ont besoin d'y être contraintes et encore
les hommes d'État n'y parviennent-ils pas toujours. Aussi,
dans l'équilibre continental, la dissymétrie est-elle consub-
stantielle à ce que sont les uns et les autres : elle signifie que
le risque, fût-il hypothétique, est unilatéral. Autant que nous
le sachions!

A ce fait-là 1992 n'apporte aucune réponse, mais la
mythologie qui entoure désormais l'événement donne le sentiment contraire. L'Europe est en train de se faire; aussi est-
elle désormais prête à passer de l'équilibre atlantique à un
équilibre continental qui lui est plus naturel. Telle est la
conviction commune, explicite ou implicite, de l'opinion, de
ses responsables, et d'acteurs économiques d'autant plus
motivés que le monde de l'Est constitue un débouché. Cette
vulgate a toutes les vertus : elle permet de concilier Europe
communautaire et Europe continentale, grand marché et
ouverture à l'Est, solidarité des douze et Mittel Europa.
Merveilleux alibi collectif qui nous rassure : achever 1992
nous met bien dans le vent de l'Histoire. La réalité n'a évidemment rien à voir avec de telles naïvetés. Le grand marché est un formidable instrument de productivité, nimbé –
l'expérience le montrera – de sérieuses zones d'ombre; il
n'est en train d'accoucher ni d'une vraie entité économique,
ni d'une société, ni a fortiori d'une identité stratégique. C'est
d'une certaine façon un leurre : à concentrer toute l'atten-
tion, toute l'énergie, tout le dynamisme européen des États
membres, il laisse dans l'ombre les phénomènes souterrains
et majeurs qui s'accomplissent au fil du temps. Les Soviétiques ne sont évidemment pour rien dans ce leurre inventé
par les seuls Européens, mais ils en ont vu les avantages : les
voilà désormais aussi proeuropéens qu'ils étaient autrefois
viscéralement hostiles.

Question de fond : l'ambition européenne a-t-elle un sens?
Elle a des vertus économiques : autant les capitaliser. Mais
l'Europe a-t-elle la moindre raison de se vouloir par surcroît
un acteur mondial? Dans un monde de plus en plus indépendant, où les positions de force sont vite fragiles, on peut être
prospère, paisible et insignifiant. « Pour vivre heureux,
vivons cachés » n'énonce pas le plus absurde des choix straté-

giques. Vu sous cet angle, le système continental a, à l'évidence, des qualités que n'apportait pas le système atlantique : une plus grande décontraction, la disparition de tensions si désagréables, les retrouvailles avec des nations amies artificiellement éloignées par le rideau de fer. A ces tentations en camaïeu ne répond aucune démonstration, mais une conviction : les pays ne sortent pas impunément de l'Histoire. Elle se venge et, ne pouvant plus le faire sur le théâtre extérieur, elle le fait sur le plan intérieur. Les Français savent mieux que quiconque combien la lâcheté internationale va de pair avec une mise en cause intérieure de la démocratie. Il vaut mieux ne pas considérer le pétainisme comme un accident statistique : affaire de principe et de prudence! Comment imaginer en l'an 2000 les plus vieux pays européens devenus de gigantesques Suisse ou Autriche? Comment penser que la prospérité constitue l'épine dorsale exclusive de la société? Comment croire qu'un tel effacement ira sans tension ni drame? Comment voir le Royaume-Uni, l'Allemagne fédérale, la France ressembler à une énorme Finlande, mais sans les qualités finlandaises, c'est-à-dire la capacité de sauvegarder l'essentiel dans une situation subie et non voulue, à la différence de celle que connaîtraient nos ex-puissances? La réponse dans ce contexte-là n'est guère originale : pessimisme de l'intelligence, optimisme de la volonté. C'est pourtant la seule.

Mais toutes ces réalités prises en compte, faut-il sortir de l'ambiguïté? N'en sort-on pas, comme dit le moraliste, toujours à ses dépens? La tentation est aujourd'hui inverse. Chacun se garde bien d'afficher ses craintes ou ses arrière-pensées, voire de se les formuler à soi-même. La République fédérale gère ses adhérences multiples, convaincue – ou faisant semblant de l'être – qu'elles ne sont pas contradictoires et qu'elles ne portent en elles aucun conflit potentiel. La France agit comme si elle ne voyait pas la dérive allemande, ou au contraire étreint davantage encore l'Allemagne, quitte à l'accompagner un peu dans son mouvement. Les États-Unis martèlent d'autant plus fort leur engagement en Europe qu'ils n'ont qu'une seule envie : le réduire. Déchirer le voile comporte toujours des risques : on joue sans le vouloir à qui perd gagne. La France a-t-elle tellement envie d'entendre la République fédérale hiérarchiser ses vraies priorités? Cette dernière souhaite-t-elle abaisser trop ostensiblement son jeu à l'égard de l'Est? Au désir naturel et iconoclaste de lever les ambiguïtés, les professionnels répondent par l'énoncé des dangers du « parler vrai stratégique ». Ils iraient même jusqu'à appeler Talleyrand à la rescousse pour formuler à nouveau le *b-a ba*, et nous rappeler en l'occurrence qu'un traité n'est pas un accord entre des pensées mais entre des arrière-pensées. Trancher les nœuds gordiens est un jeu téméraire auquel on a, selon les experts, plus à perdre qu'à gagner. Ils ont bien sûr raison, sauf en des moments exceptionnels. C'est, malgré les apparences, le cas aujourd'hui : non sur l'instant mais dans les plus proches années. L'évolution du continent risque en effet d'atteindre ou de dépasser le point de non-retour. Or le choix de l'ambiguïté en est désormais le gage. Elle interdit toute action spectaculaire pour infléchir le cours des choses; elle conduit les acteurs les plus importants à rester en deçà de leur main; elle laisse le temps achever son œuvre. Il faudra un jour qu'un des grands joueurs européens sorte du bois, qu'il abatte ses cartes, qu'il oblige les autres à se découvrir. Ce n'est certainement pas la République fédérale : elle est le principal bénéficiaire d'une ambiguïté qui sert de voile à ses aspirations contradictoires. Ce ne peut être la Grande-Bretagne : à force de rester sur les marges de l'Europe, elle exerce un poids très inférieur à la réalité de sa puissance. C'est donc à la France d'interpeller les autres et, pour y donner crédit, de s'interpeller elle-même. Hors de toute contingence, dans un exercice à blanc comme le pratiquent sur le terrain les militaires, sans autocensure ni réflexe professionnel, donc avec inconscience et naïveté, quelles questions de principe à soulever!

Quelques questions de principe pour l'Allemagne fédérale...

Hommage une fois rendu à l'Allemagne, la question européenne se résume, nous l'avons vu, à la question allemande. Aussi multiplie-t-on à son endroit les interrogations. Sur ses arrière-pensées au premier chef : la réunification, aspiration inscrite dans la Loi fondamentale de 1949, se perpétue-t-elle? Relève-t-elle du vieux principe : y penser toujours, n'en parler jamais? Que les Allemands aient définitivement renoncé à la réunification est une absurdité. Mais ils peuvent vivre cette aspiration naturelle sur trois modes : le premier messianique, à la manière du rêve sioniste à la fin du XIXe siècle, avant que le traumatisme inimaginable, à l'époque, de 1940-1945 ne lui donne corps; le deuxième cynique, prêt à un troc explicite le moment venu entre la neutralisation et la réunification; le troisième empirique, désireux de recomposer par petits pas le paysage européen avec à l'esprit l'espoir que l'Allemagne redevienne, comme dans le passé, une nation avec une pluralité d'États, préalable à une hypothétique occasion de les voir un jour se rapprocher.

Sur son diagnostic ensuite : son effondrement démographique ne l'oblige-t-elle pas à rechercher, dans une imbrication toujours plus grande des sociétés de l'Est et de l'Ouest, une réponse à sa propre dénatalité? Il n'existe pas en Europe de précédent, en temps de paix, d'une telle diminution de population : même lorsque la France a connu au XIXe siècle un recul démographique qui a joué un rôle non négligeable dans la disparition de son leadership, elle l'a vécu, par comparaison, sur un mode mineur. Passer en trente ans de soixante à quarante millions d'habitants est un traumatisme sans équivalent. Nul n'en mesure les conséquences économiques, sociologiques, culturelles. D'où l'urgence légitime de multiplier les palliatifs : l'ouverture vers le pays frère de l'Est n'est-il pas le plus naturel et le plus facile?

Sur son action internationale aussi : la République fédérale recherche-t-elle sans le dire une politique d'équidistance entre l'Ouest et l'Est? D'un côté, sans essayer de modifier les principes officiels de l'alliance atlantique, elle perpétue les actes de la foi, une fois celle-ci disparue; sous l'angle de la construction européenne, elle accompagne le mouvement sans chercher à le forcer. De l'autre côté, vers l'Est, elle mène une politique aussi dynamique que possible, partant de relations au départ plus ténues pour parvenir empiriquement à l'équidistance. Cette analyse ne tombe pas du ciel : c'est une grille de lecture, même si elle n'est pas la seule, de la diplomatie allemande actuelle. La martingale dans cette partie consiste évidemment à obtenir le soutien français pour cette nouvelle Ostpolitik : c'est un gage de plus grande efficacité, la certitude d'être lavé de toute suspicion occidentale, la possibilité de rendre compatibles, comme elles le sont dans l'esprit allemand, la dimension continentale et la réalité communautaire.

Sur son choix stratégique, de surcroît : la République fédérale souhaite-t-elle la dénucléarisation de l'Europe du Centre? Fait-elle semblant de croire au parapluie nucléaire américain? Rêve-t-elle d'une garantie française? L'opinion publique pousse à la première hypothèse : elle veut à l'évidence une triple option zéro qui mettrait fin au risque, pour l'Allemagne de l'Ouest, mais aussi de l'Est, de constituer le seul territoire nucléaire en Europe. La classe politique ou du moins les forces de droite miment la deuxième hypothèse : elles veulent éviter par des gestes inconsidérés que les États-Unis ne mettent trop rapidement le droit en rapport avec le fait et ne reconnaissent officiellement le découplage. Quant à la troisième possibilité, mobilise-t-elle d'autres forces qu'Helmut Schmidt, quelques intellectuels, des francophiles zélés et des militants européens?

Sur son engagement européen enfin : 1992 est-il pour la RFA, pilier de l'Europe des douze, un quasi-achèvement ou une étape? Dans le premier cas, ceci signifie que la République fédérale veut suffisamment d'Europe, mais point trop. Suffisamment par fidélité à sa démarche européenne traditionnelle, par intérêt pour le grand marché, par volonté de maintenir la Communauté en état de marche. Point trop, pour ne pas obérer sa liberté d'action, son désir implicite d'équidistance, par des adhérences irrésistibles à l'Ouest. Dans le second cas, il lui faudra accepter de franchir des pas que jusqu'à présent elle n'apprécie guère : une politique macro-économique unique, une monnaie commune, un effort budgétaire massif. La République fédérale devra payer un surplus d'Europe communautaire de deux manières qui ne lui sont pas familières : un peu de laxisme monétaire, un excès de dépense budgétaire.

Ce sont ces hypothèques qui surplombent aujourd'hui la position de la République fédérale. Nous avons la conviction qu'elle a plus ou moins inconsciemment tranché : une aspiration empirique à la réunification, un besoin démographique de l'Est, une équidistance diplomatique, un désir de dénucléarisation et un zèle communautaire modéré. Mais la charge de la preuve n'a jamais été apportée. Elle ne viendra qu'en réponse à la France : non à des interrogations verbales et gratuites, mais à des propositions concrètes et pour certaines bouleversantes [1].

1. Cf. chapitre suivant.

Pour la Grande-Bretagne

La Grande-Bretagne ne peut échapper au jeu de la vérité. Aussi longtemps que le système atlantique s'est survécu à lui-même, la réponse a toujours été limpide : le grand large contre le continent. Sans tergiversation, ambiguïté ou remords inconscient. Mais aujourd'hui, au moment où le système continental prend l'ascendant, la Grande-Bretagne ne pourra se contenter éternellement de ses positions traditionnelles : Mme Thatcher finirait par commander les réalités stratégiques autant que le Petit Prince de Saint-Exupéry les étoiles. De là quelques questions de principe, que la rhétorique atlantique de la Grande-Bretagne ne pourra davantage masquer que la ligne Maginot bis de la France ne peut occulter ses propres incertitudes stratégiques.

Les Anglais ont sur le plan stratégique une alternative. Le premier terme consiste à s'accrocher au statu quo, c'est-à-dire à ce rôle de force supplétive des États-Unis que tient depuis trente ans la force de frappe britannique. Le second terme supposerait, au contraire, de mettre l'arme nucléaire au service de l'Europe des douze. Avec l'accord des États-Unis, évidemment, qui détiennent un veto mi-juridique mi-technologique sur son emploi. Les Américains pourraient trouver de l'intérêt à une telle hypothèse. Ce serait pour eux le moyen de demeurer dans le jeu nucléaire européen, à mi-distance entre un découplage lourd de conséquences diplomatiques et un engagement direct qui va désormais à rebours de leur opinion publique. De ce choix britannique découlent tous les autres. A ne pas se poser brutalement la question, les Anglais sont évidemment en train de la trancher au profit d'un illusoire statu quo. Ses conséquences sont multiples : il n'assure pas, à long terme, la sécurité de la Grande-Bretagne; il l'évacue du jeu européen; il la condamne à un rôle périphérique tant vis-à-vis des États-Unis qu'au regard de l'équilibre continental en train de se mettre en place. Sans un tel aggiornamento stratégique, les hypothétiques gestes européens du Royaume-Uni ne se feront qu'à contrecœur.

Cela vaut pour l'économie : l'Angleterre est déjà en retard sur le peloton, avec son sterling à l'écart du système monétaire européen et son mécanisme de restitution budgétaire qui, quoique accepté par les autres États membres, demeure une entorse à la solidarité communautaire. 1992 est bien accueilli : comme aubaine pour la City? Ce n'est ni un mythe, ni une étape, et Mme Thatcher prend les devants en tonnant contre tout renforcement, monétaire ou budgétaire, de l'Europe : elle craint la contamination du continent, de la social-démocratie ou de l'humanisme... Seules une vision stratégique transfigurée et une compréhension du monde inverse de celle qui prévaut aujourd'hui créeraient le contexte pour une participation active et non plus subie à la Communauté. Il faudrait aussi un tel bouleversement pour que la Grande-Bretagne accepte de suivre les nouveaux chemins que pourrait explorer l'Europe des douze : des progrès vers une citoyenneté qui l'obligeraient à mettre fin à la règle qui, faisant de tout habitant du Commonwealth un citoyen britannique, le naturaliserait immédiatement citoyen européen; des pas en avant vers une Europe judiciaire qui contraindrait le troisième pouvoir anglais, le plus isolationniste, à s'aligner sur une jurisprudence et des textes communs; des étapes, fussent-elles symboliques, franchies dans le sens d'une supranationalité politique qui irait à rebours d'un gaullisme qui semble avoir émigré de France en franchissant la Manche d'un côté, le Rhin de l'autre.

Sans doute est-ce une illusion d'imaginer de la sorte la Grande-Bretagne virant bord sur bord. Son enthousiasme européen serait bienvenu; ses réticences sont-elles dirimantes? La réponse aurait été, il y a quinze ans encore, affirmative : n'est-ce pas à cause du besoin vital de voir l'Angleterre rejoindre la Communauté que ses cinq partenaires ont mené si longtemps un combat sans relâche pour imposer à la France de De Gaulle l'adhésion britannique? Le recul de la Grande-Bretagne, mais surtout son statut de marginal de l'Europe, pratiquant le « dedans-dehors » cher aux psychanalystes, l'ont éloignée du continent : elle s'est rapetissée aux yeux des autres États membres, presque effacée... Une Europe sans la Grande-Bretagne est une déception : ce n'est plus une idée folle...

Pour les autres...

L'Italie, la Hollande et quelques autres n'échappent pas au jeu de la vérité, même s'ils subissent l'Histoire plus qu'ils ne la façonnent. Seuls les nouveaux membres, et en particulier l'Espagne, ne se posent pas de question de principe. Avec le prosélytisme d'un converti de fraîche date, l'Espagne de Juan Carlos et de González est européenne de vocation, atlantique d'occasion, internationaliste suivant les circonstances. A chacun l'Europe de sa propre géographie : le même tropisme qui pousse l'Allemagne vers l'Europe continentale pousse l'Espagne vers l'Europe occidentale. Il risque malheureusement d'être moins décisif au-delà des Pyrénées...

L'Italie et la Hollande sont des pays « multicartes », comme il existe des voyageurs de commerce « multicartes » : ce n'est d'ailleurs pas un hasard si ce comportement est l'apanage des sociétés les plus extraverties et les plus marchandes. Une fidélité atlantique : l'une et l'autre ont accepté, à l'époque, les Pershing et les Cruise, la première sans rechigner à l'instigation d'un gouvernement socialiste qui a gagné ainsi son brevet de bon et fidèle allié vis-à-vis de Washington, la seconde malgré les pressions pacifistes d'une opinion publique qui affichait, à l'instar de la société allemande : « Plutôt rouge que mort. » Un militantisme européen : de tout temps partisans de la Communauté, elles ont joué 1992 comme elles joueront la monnaie commune, de nouvelles institutions communautaires, un champ d'action élargi. Un goût naturel de la détente : sous la férule de Giulio Andreotti, ouvert à l'Est comme pouvait l'être en France Edgar Faure, l'Italie a développé ses relations avec l'URSS et les démocraties populaires aux moments les plus ternes du brejnévisme. C'est dire qu'elle est une « pasionaria » du gorbatchévisme. Ajoutez à cela, même en dehors de l'Europe, une politique arabe, de bonnes relations dans le tiers monde, un commerce de bon aloi avec la Chine, l'Italie et la Hollande sont vraiment les « bons camarades » de la classe. Ceci n'appelle ni grief, ni questions de principe. Sauf une : à force de ne pas hiérarchiser leurs propres aspirations, ces pays apportent leur pierre à l'ambiguïté ambiante. Ils s'y plaisent, y valorisent leurs bons sentiments, y trouvent un rôle. Ce sont des cautions sages et morales pour cet état d'esprit. Sans doute seraient-ils parmi les plus réticents, face à un gigantesque exercice de clarification : ils craindraient d'y perdre le petit espace de liberté où ils se meuvent avec talent.

Ce type de position fait des envieux. La Suède, peut-être; l'Autriche, certainement. Celle-ci vient d'ailleurs de se porter candidate pour adhérer à la Communauté européenne. Vienne n'est plus le centre du monde, et l'affaire Waldheim a épuisé l'intérêt des étrangers, de sorte que cet acte est passé inaperçu, telle une banale démarche diplomatique. Quel formidable symbole, au contraire, derrière un fait en apparence insignifiant, venant d'un pays secondaire! C'est oublier que depuis 1955 l'Autriche est un pays avec trois caractéristiques : un régime démocratique, une économie de marché tempérée par une solide social-démocratie, et une neutralité garantie par un traité d'État signé entre les quatre vainqueurs de la guerre. Personne ne s'est offusqué d'imaginer un État membre neutre à l'intérieur de la Communauté. La démocratie et le marché seraient-ils les seules exigences pour participer à cet ensemble? La neutralité serait-elle compatible avec 1992? L'équidistance entre les deux blocs ferait-elle donc bon ménage avec le grand marché? Les États-Unis n'ont guère réagi, la République fédérale non plus, et l'Union soviétique moins encore, qui aurait bondi, il y a quelques années, devant ce qu'elle aurait considéré comme une violation de l'ordre de l'après-guerre. L'Autriche ne serait-elle pas davantage qu'un hypothétique treizième membre de la Communauté? Une préfiguration de ce que plusieurs États membres rêvent de devenir; une maquette de ce que sera la République fédérale? Une Autriche neutre et communautaire, avant-garde d'une Allemagne de l'Ouest revenue au cœur de la Mittel Europa : cet « Anschluss » à l'envers ne manque pas d'ironie.

Et la France?

Gare au narcissisme collectif qui prendrait prétexte du basculement vers un équilibre continental pour donner à la France l'illusion d'être encore une grande puissance! Le jeu continental a, en effet, un parfum familier : les Français s'y sont livrés, avec des fortunes diverses, pendant quelques siècles. Et céder à ce vertige serait pire que ridicule. Ce serait une faute : se croyant acteur majeur, la France finirait par penser qu'elle assure, par son rôle, le contrepoids à l'Ouest et que le prétendu équilibre en est un. Elle jouerait exactement le rôle que lui assignent les Soviétiques : alibi d'un déséquilibre camouflé en système stable. Mais sans se surestimer, la France occupe néanmoins une position clef, plus importante que depuis quarante ans. Ironie de l'Histoire : de Gaulle mimait dans les années soixante un rôle historique; Mitterrand, lui, a les moyens de l'exercer. La France n'a pas bougé sur la carte du monde, mais le monde, lui, a glissé d'ouest en est : la voilà aux premières loges!

Il lui faut pour jouer sa partie lever trois préalables : l'un stratégique, le deuxième économique, le troisième politique. C'est presque chose faite pour les deux derniers.

Le préalable stratégique, lui, pose problème. Il suppose de se défaire une fois pour toutes du syndrome Maginot, donc d'accepter que la frontière de défense de la France soit réellement l'Elbe et non plus le Rhin. Pour l'emploi des forces conventionnelles, c'est désormais le cas; pour les armes nucléaires tactiques, les premiers pas sont franchis; pour le nucléaire stratégique, l'essentiel reste à accomplir. Ce tabou levé, le jeu s'ouvrirait, avec un éventail d'initiatives plus ou moins téméraires. Un tabou collectif ne meurt pas plus aisément qu'un complexe individuel : que d'arrière-pensées à éliminer! Que de non-dit à refouler! Que de porcelaine à casser! C'est accepter d'abord l'idée que l'arme nucléaire stratégique puisse servir, alors que la doctrine repose très astucieusement jusqu'à présent sur le principe du non-emploi. C'est mettre fin ensuite à l'identification sacrée et inconsciente qui s'était établie entre le sanctuaire national – les mots ne sont jamais innocents –, le feu nucléaire et la responsabilité démiurgique du président de la République. C'est assumer enfin la solidarité franco-allemande jusqu'à l'ultime sacrifice. Un tel choix n'est pas un geste naturel : aucun acte politique n'est plus décisif. Il requiert des années pour mûrir, mais le moment est venu : c'est maintenant, c'est-à-dire dans les toutes prochaines années, ou jamais.

Au regard de cette question de principe là, le reste apparaît dérisoire. L'acceptation de la supranationalité politique : l'opinion l'a depuis longtemps entérinée; la classe politique, plus récemment, à l'exception – dernière connivence dans l'archaïsme – des communistes et de quelques paléo-gaullistes. Les contraintes d'une Europe économique réellement unie : le prix à payer pour le grand marché est modeste sur le plan micro-économique à côté de celui, macro-économique, à régler pour une monnaie et un État-providence communs. Mais les Français ont réalisé, depuis 1980, une telle révolution de leur comportement économique que ces efforts paraissent secondaires, comparés à ceux qu'ils ont déjà accomplis. La volonté d'étendre l'Europe au droit, à l'éducation, à l'audiovisuel : la France n'est jamais aussi à l'aise que pour inventer de nouvelles constructions; l'imagination technocratique se donne libre cours et elle a l'immense satisfaction de venir au secours des bons sentiments.

A jour avec son inconscient et ses motivations, la France pourrait jouer. A la fois par volonté d'exister, par goût de l'action et par un sens pascalien du pari : qu'a-t-elle à perdre en essayant? En état d'apesanteur, dégagée d'a priori et de préjugés, elle pourrait prendre l'initiative.

4.

Un décalogue

Cédons, le temps d'un soupir, à un vieux principe de 1968 et laissons l'imagination prendre le pouvoir. Le rêve, l'excès, l'exagération ont une vertu cathartique. S'affranchir un instant des contraintes et des pesanteurs permet de dessiner le point oméga d'une politique, son horizon souvent indicible, jamais atteint, toujours désiré : la réalité se chargera ultérieurement de lui rendre ses véritables proportions. Que les professionnels ferment les yeux! Que les diplomates détournent le regard! Que les sceptiques s'éloignent! Que les cyniques ricanent! Que les réalistes s'effacent! Que le pouvoir d'imagination mette un instant l'imagination au pouvoir : sans censure, ni autocensure!

Dans ce monde éthéré, la France jouerait sa partie : elle miserait sur l'Europe communautaire comme substitut à l'Europe continentale; elle irait au bout de ses atouts, avec une seule conviction : mieux vaut essayer, même en vain, de forcer le destin que l'attendre, passif et résigné. Ses initiatives seraient, telles les Tables de la Loi, au nombre de dix. Ce décalogue se fonderait sur une philosophie des relations avec l'Est; il mettrait en jeu une autre conception nucléaire; il irait, dans le même esprit, jusqu'à la solidarité la plus complète avec la République fédérale mais il disposerait aussi d'hypothèses de repli, pour le cas où celle-ci se déroberait. Le reste viendrait presque par surcroît. Il chercherait à mettre fin au totalitarisme qu'exerce l'économie sur l'idée européenne, ouvrirait d'autres chantiers et en tirerait les conséquences intérieures. Merveilleux programme en dix rêves qui apaise la conscience, à défaut, pour une fois, de peser sur le réel. Décalogue, tu proclameras en dix vérités!

1. Raison garderas!

Hans Dietrich Genscher, le ministre allemand des Affaires étrangères, a raison, qui a suggéré le premier de prendre Gorbatchev au mot. Mais les mots ne sont que des mots : ils ne sauraient se monnayer en concessions définitives, compte tenu de la difficulté pour les démocraties de revenir en arrière. D'où un jeu complexe à trois dimensions. Première dimension : ne pas faire de gestes irréversibles, appuyer tout ce qui pousse au changement à l'Est mais ne pas en rajouter! Deuxième dimension : ne pas laisser les Allemands mener seuls ce jeu, compte tenu du risque de les voir aller trop loin. Troisième dimension : ne pas se laisser tirer, dans le coude à coude avec l'Allemagne, au-delà du raisonnable. Derrière ces idées simples se profile une vraie partie de bonneteau.

Dans le champ militaire, en premier lieu : il s'agit de refuser tout ce qui conduit à une dénucléarisation de l'Europe centrale, et donc, pour les Français, de ne retirer en aucun cas leurs armes nucléaires tactiques, même si le territoire allemand est leur champ d'action. La logique du retrait restaurerait la doctrine du tout ou rien qui, nous l'avons vu, est synonyme de défense du sanctuaire national, aux dépens de l'espace européen. Mais le « pacifisme » de Gorbatchev s'applique aussi au domaine conventionnel : n'a-t-il pas proposé, usant cette fois-ci d'une ficelle trop grosse, une réduction de cet armement, même dissymétrique, mais discutée hors de la présence des Américains. L'astuce est évidente : l'URSS admet le principe d'une réduction plus significative de son côté, compte tenu du rapport de forces, mais en échange, elle veut que ce geste de paix se produise entre Européens, sous le toit de cette « maison commune » qui lui est si chère. A cette proposition en forme de tentation, les Allemands ne sont pas loin de répondre positivement. Il n'existe sur ce point qu'un principe possible et un seul : le désarmement conventionnel ne peut être que fortement dissymétrique et il ne peut se discuter que dans le cadre des forces en présence, donc Américains compris. Faute d'une telle attitude, ce seraient les Européens qui alimenteraient l'isolationnisme des États-Unis et favoriseraient leur retrait d'Europe, alors que cette diabolique idée progresse assez vite toute seule! Telle est d'ailleurs la position française : sa fermeté n'est pas étonnante de la part de celui qui, en 1983, a prononcé le discours du Bundestag. Reste que, dans le concubinage diplomatique avec les Allemands, elle peut perdre de sa netteté, d'inflexion formelle en inflexion moins formelle...

Vis-à-vis des pays de l'Est, ensuite : la perestroïka ne doit pas conduire à réhabiliter les gouvernements des démocraties populaires aux dépens des sociétés civiles. C'est évidemment le risque : les États ne dialoguent bien qu'entre eux et les Occidentaux seront tentés de croire que des relations suivies avec les communistes de l'Est amèneront plus facilement ces derniers à multiplier les concessions, tandis qu'un soutien trop marqué à la société aboutirait à l'effet inverse. C'est évidemment le piège qui nous est tendu : l'enthousiasme à l'égard de Solidarność se fait moins vif à l'Ouest, au nom de l'espoir qu'un pouvoir polonais plus raisonnable lèvera avec moins de risques le couvercle de la soupière sociale. Les pouvoirs publics se méfient toujours des mouvements sociaux : même chez les autres, même chez l'adversaire! La règle devrait être, au contraire, simple : plus les relations s'améliorent avec les États, plus elles devraient se renforcer avec les sociétés.

Dans le domaine économique, enfin. Les démocraties capitalistes résistent rarement à la tentation du débouché. Celui-ci s'assimile si facilement aux « armes de la paix », suivant l'expression ambiguë et perverse de Samuel Pisar. De là, au rythme de la perestroïka, et renforcée par l'instauration à l'Est de quelques succédanés du marché, une débauche d'enthousiasme de la part des Occidentaux. Crédits et fournitures vont pleuvoir, et les Allemands ont déjà pris une longueur d'avance, la Deutsche Bank en tête, désireuse de recycler sous forme de prêts à l'Est le surcroît de dépôts de l'Ouest. En réalité, une distinction devrait s'imposer. D'un côté, l'Europe doit accélérer ses livraisons et ses crédits relatifs aux biens de consommation : c'est à l'avantage des sociétés civiles de l'Est, et c'est aussi tabler sur la dynamique de la consommation comme moyen de pression en faveur de la démocratie. De l'autre, elle devrait être plus ferme que jamais sur les exportations à finalité militaire implicite. Se manifesterait de la sorte, sur le terrain commercial, un dosage subtil entre le soutien à la perestroïka et la méfiance de principe dans l'ordre militaire. Il est malheureusement à craindre que les digues soient de ce point de vue emportées par l'enthousiasme marchand de l'Europe.

Un tel vade-mecum, vis-à-vis de l'Est, ne ressemble ni à un point oméga, ni à un excès d'imagination : c'est un code diplomatique de bon sens. En effet les relations avec l'Union soviétique n'appellent, même dans une simulation en état d'apesanteur, aucune initiative spectaculaire. Car, par une pente naturelle, de tels gestes traduiraient des concessions unilatérales disproportionnées. A rebours de maints autres sujets, le rêve vis-à-vis de l'Est c'est, aujourd'hui plus que jamais, de parvenir à « raison garder » !

2. Allumette manieras !

S'émanciper du syndrome de la ligne Maginot bis [1] signifie, de la part de la France, une mise à jour publique et spectaculaire de sa doctrine de défense. Aussi longtemps que les évolutions de la pensée stratégique française seront progressives, modestes et secrètes, elles ne renforceront pas sa main européenne. La stratégie est un affrontement entre sociétés bien davantage qu'entre états-majors, en particulier dans un monde nucléaire qui exclut en principe le conflit. D'où la nécessité d'afficher haut et clair la couleur, surtout s'il s'agit de mettre à mal la doctrine du sanctuaire national, dont les Français aiment le confort douillet et illusoire. La force de frappe n'est désormais un instrument de puissance qu'à la condition de servir d' « allumette » à un embrasement général auquel les États-Unis ne pourraient pas se soustraire, sous peine de devenir une puissance régionale sans envergure. C'est, par un paradoxe inattendu, le pays qui, si longtemps le plus mauvais élève du monde atlantique, a le moyen de forcer la solidarité atlantique. De ce constat découlent quatre conséquences : l'affirmation que la frontière de défense française est sur l'Elbe ; l'importance à rendre aux armes nucléaires tactiques ; l'affichage d'un esprit irréductiblement

---

1. Cf. 1re partie, chapitre 4, « La ligne Maginot, bis ».

européen et atlantique; la proclamation de la nouvelle doctrine.

L'allumette ne peut jouer au seul profit de la France. Ce serait admettre que les États-Unis seraient obligés de défendre la France, fût-ce à leur corps défendant, et qu'ils pourraient être indifférents au destin de la République fédérale ou de la Hollande. Absurde! Si solidarité nucléaire forcée il y a, elle joue au profit de l'Europe occidentale entière. La ligne de défense française est dès lors fixée par la simple application de ce postulat : Hambourg = Strasbourg. Cet engagement va très au-delà des propos encore en demi-teinte sur l'espace commun de défense. Il met en jeu les forces stratégiques, les forces tactiques, les forces conventionnelles dans les mêmes termes que la protection, aujourd'hui, du territoire national à partir du Rhin.

Les armes nucléaires tactiques retrouvent, dans cette optique-là, toute leur importance : elles donnent au chef de l'État, démiurge nucléaire, un instrument de flexibilité au profit de l'Allemagne et lui évite le tout ou rien de l'anéantissement nucléaire et de l'embrasement mondial. Mais cette doctrine met simultanément en jeu une double solidarité, européenne et atlantique. C'est la négation absolue de la dérive continentale. Celle-ci se fonde sur la dissociation de fait entre le système de défense atlantique et l'évolution de l'Europe. Avec le principe de l'allumette, de même qu'Hambourg = Strasbourg, l'Europe occidentale = le monde atlantique. Ce sont ses équations constitutives. Face à la tentation de l'équilibre continental la France dispose, avec l'allumette, d'une carte majeure. Celle-ci est aujourd'hui soigneusement escamotée à l'arrière-plan : sans doute est-elle sous-jacente dans l'esprit des stratèges et des décideurs, mais son caractère provocateur les conduit au silence. Les États-Unis détesteraient être publiquement manipulés; l'Union soviétique y verrait une résurgence belliciste; la République fédérale aurait le sentiment d'être un pion ballotté au gré des humeurs de ses partenaires. L'affichage de cette nouvelle règle du jeu serait, dans de telles conditions, très perturbateur. Autant cette gesticulation aurait été malvenue dans une période de stabilité, autant elle prend de l'importance quand le terrain glisse. A moment exceptionnel, coup de tonnerre exceptionnel; à urgence absolue, nécessité absolue. On ne force pas à demi-voix le destin.

3. *Banco joueras sur l'Allemagne!*

L'allumette est la réaction stratégique; le banco franco-allemand est la réponse institutionnelle. Là aussi, face au glissement de la République fédérale au centre de la Mittel Europa, il n'existe pas de demi-mesures. L'empirisme a donné tout ce qu'il pouvait, de même que l'amitié des hommes, la pratique quotidienne des relations et la routine de la concertation. Le seul choix est institutionnel. C'est de proposer à la République fédérale une vraie union, voire la fusion dans une nouvelle entité. Idée en apparence ridicule dans un concert européen qui, malgré ses violons communautaires, porte l'empreinte de l'Europe des nations. La dernière initiative de ce genre augure évidemment mal du processus : ce fut le projet mort-né d'union franco-britannique proposé par Churchill en juin 1940 comme une tentative ultime pour dissuader les Français de signer l'armistice...

Cette folle hypothèse aurait trois vertus majeures. Si elle était suivie d'effet, la politique allemande vis-à-vis de l'Europe du Centre serait différente : un rapprochement interallemand ne pourrait trouver de traduction politique qu'à la condition d'être compatible avec la construction institutionnelle franco-allemande. Existerait-il un meilleur frein à la dérive continentale ou, à défaut, une meilleure assurance qu'elle ne pourrait franchir certaines bornes? Elle obligerait de surcroît notre partenaire à sortir de l'ambiguïté et à hiérarchiser ses aspirations. Ce serait le sérum de vérité pour les deux parties : la France pour la réalité de sa fibre européenne; la République fédérale pour l'authenticité de son attachement, en principe prioritaire, à l'Ouest. L'Europe communautaire y gagnerait enfin un formidable élan : une mécanique institutionnelle serait en route, qui s'imposerait progressivement aux autres. Le tabou de l'intégration serait transgressé de la seule manière qui vaille : par l'exemple.

Ce rapprochement institutionnel s'envisage suivant des formes plus ou moins tranchées, qui traduisent à leur manière le passage progressif du rêve à la réalité. Version rêve : une approche confédérale, avec des institutions issues des deux États ayant la main sur les domaines traditionnellement dévolus à ce genre de construction : la défense, la diplo-

matie, la monnaie, les règles de la citoyenneté. Version en
demi-teinte : une instance commune prenant en charge les
différentes attributions d'ici à l'an 2000 et jouant, pendant la
décennie à venir, l'harmonisation de préférence à la fusion,
avec l'engagement constitutionnel d'y procéder en tout état
de cause à l'échéance. Version réaliste : un Conseil des
ministres mensuel, du type des accords en 1963, avec une
communauté franco-allemande de défense, une diplomatie
unifiée. Version hyperréaliste : l'engagement juridique des
deux ministères des Affaires étrangères de n'agir que de
conserve, la décision des deux ministres, tels Dupont-
Dupond, de ne se déplacer qu'ensemble, et la création dans
les pays tiers de représentations diplomatiques uniques. Version hyper-hyperréaliste : l'activation du Conseil franco-
allemand de défense et la création d'un organisme diplomatique du même style. Brisons là : la version suivante ressemblerait étrangement au statu quo.

Le sérieux d'une telle initiative, y compris dans sa formulation la plus ambitieuse, dépend d'un pronostic sur le
rythme de la dérive continentale. C'est une fadaise pour
ceux qui y voient une éventualité à vingt ans. C'est une idée
dans une perspective à dix ans. C'est une urgence, dès lors
que le point de non-retour serait franchi dans les trois à cinq
ans : tel est – que le lecteur nous pardonne – notre refrain.

4. Sécurité forceras !

Au banco institutionnel, la République fédérale peut
répondre non. La charge de la preuve serait ainsi faite, mais
ses réticences répondraient, le cas échéant, à une hiérarchie
des refus. Le premier stade, le moins engageant, consisterait
pour elle à réaffirmer son attachement occidental, ses liens
communautaires, ses relations avec la France, mais à mar-
quer simultanément que la perspective, si lointaine soit-elle,
de la réunification lui interdit de préjuger de son avenir institutionnel. Ses partenaires, les Français en premier, ne pourraient lui en tenir grief. Ils n'ont jamais remis en cause le
dogme de la réunification, même si la plupart d'entre eux, à
l'instar de François Mauriac, aiment tellement l'Allemagne
qu'ils en préfèrent deux. Une telle réponse ne serait exempte
ni de bon sens ni d'arrière-pensées : le premier correspondant

à un état de fait, les secondes à la volonté habile de se référer aux principes affichés de l'après-guerre, afin de mieux s'en affranchir dans la réalité.

Cette réponse nuancée ne devrait pas repousser la France sur l'Aventin et en particulier lui donner le prétexte de céder à nouveau aux délices du syndrome Maginot. Elle pourrait encore jouer la carte de la sécurité « forcée ». Tenant pour acquise l'impossibilité pour la République fédérale de sanctifier leur alliance dans des institutions, elle se montrerait néanmoins empirique, en particulier sur le plan de la défense. D'un côté, en prenant des initiatives qui sont de son seul ressort, comme la détermination de sa frontière de sécurité : la théorie de l'allumette resterait valable, dès lors qu'elle est indépendante du contexte institutionnel franco-allemand. De l'autre, en cherchant à valoriser à fond la coopération militaire avec la République fédérale : intégration des unités, standardisation des équipements, partage de l'effort budgétaire – la France se consacrant en priorité au nucléaire, l'Allemagne au conventionnel –, création d'un état-major commun, fût-ce avec des pouvoirs opérationnels imprécis, voire instauration plus solennelle d'une communauté franco-allemande de défense.

Sur ce plan, la République fédérale ne pourrait arguer d'aucune objection historique ou institutionnelle : affirmant haut et clair que sa sécurité vient de l'Ouest, elle a toujours été un pilier des organisations communes de défense. Au jeu de la vérité, la carte de la « sécurité forcée » lèverait les dernières ambiguïtés. La refuser, ce serait choisir calmement la dénucléarisation, l'équidistance, voire la neutralisation. L'argument le plus fréquemment entendu en Allemagne ne serait plus recevable, qui part de l'hypothèse que, puisque les Américains ne sont pas prêts à la mort nucléaire pour défendre Hambourg, les Français le seraient encore moins. Leur dissuasion, évidemment modeste au regard de la puissance américaine, ne leur permettrait pas de prendre un tel risque. Même si cette suspicion est légitime, pourquoi devrait-elle conduire la République fédérale à refuser l'ombrelle française? Mieux vaut une protection hypothétique qu'une absence de protection. Mais ce principe-là appelle parfois, de l'autre côté du Rhin, un contre-argument : pourquoi la République fédérale se lierait-elle les mains en contrepartie d'une garantie nucléaire à laquelle elle ne croit pas? Les Français seraient dans cette hypothèse allés jusqu'au bout de la charge de la preuve. Affirmant en réponse sa volonté de conserver sa liberté d'action, l'Allemagne de l'Ouest aurait clairement affiché qu'elle a une stratégie à plusieurs dimensions, différente des autres pays occidentaux. Le temps de l'Europe continentale serait, dans ce cas, inéluctablement venu : il ne resterait plus qu'à en tirer les conséquences.

Manié de cette manière, le sérum de la vérité pourrait avoir des relents germanophobes. Entendons-nous bien : une France qui, pour pratiquer ce test, prendrait des initiatives aussi spectaculaires se serait d'abord appliqué ledit sérum à elle-même, afin de sortir de ses propres ambiguïtés. Aussi longtemps qu'elle cultive le clair-obscur stratégique – un peu d'atlantisme, un zeste d'attitude européenne, une forte dose de gaullisme –, elle n'a aucun droit à interpeller les autres : ses propres incertitudes alimentent les leurs. Dès qu'elle aura clarifié publiquement sa stratégie, elle aura non seulement le droit mais le devoir de susciter chez d'autres, et en particulier en République fédérale, la minute de vérité.

5. Repli prépareras!

Si, en se dérobant devant la « sécurité forcée », la République fédérale montre que l'Europe continentale s'est imposée aux dépens de l'Europe occidentale, la France devra adapter en conséquence sa stratégie. Le risque serait grand de la voir, si difficilement sortie de sa ligne Maginot, s'y blottir à nouveau : elle céderait de la sorte à la tentation de se croire solitaire et protégée. Ce serait la pire des hypothèses : elle signifierait que l'équilibre continental conduira dès lors à une finlandisation automatique de l'Europe. Avec une France recroquevillée derrière sa force de frappe, à laquelle l'Union soviétique fera l'aumône d'un dialogue au sommet entre puissances nucléaires continentales, les autres pays européens seront complètement sous l'ombre portée à l'Est : ils seront, de la sorte, neutralisés sans crier gare et l'URSS aura, cette fois-ci, définitivement atteint son objectif historique.

Dans ces conditions, face à la continentalisation de l'Europe, et pour limiter les dégâts, la France devrait garder

la stratégie la plus ouverte possible. Un rapprochement avec
la Grande-Bretagne serait évidemment la meilleure solution,
mais il est dans ce contexte-là hautement hypothétique. Si
les États-Unis laissent par isolationnisme une telle évolution
aller jusqu'à son terme, le Royaume-Uni se sentira davantage encore délié de ses liens continentaux qu'aujourd'hui. Il
se contentera de participer à une Europe économique, dont
le développement sera indépendant de ce jeu d'hypothèses,
puisque 1992 peut faire bon ménage avec la continentalisation de l'Europe, à défaut de l'empêcher. Mais il ne mettra
jamais en jeu sa propre sécurité : il deviendra de la sorte le
cinquante et unième État américain sur le plan stratégique
et la frontière de défense des États-Unis passera plus clairement encore qu'aujourd'hui du côté de Douvres.

De là, pour la France, l'alternative du repli sur le Sud,
c'est-à-dire le développement de liens si intimes avec l'Italie,
l'Espagne, ou même le Portugal, que les uns et les autres
finiraient par constituer une aire stratégique homogène. Sous
le choc, cette fois-ci incontestable, d'une Europe continentale triomphatrice de l'Europe occidentale, nos partenaires
du Sud y seraient sans doute disposés. Mais ce genre de stratégie ne s'échafaude pas en catastrophe, sous le coup de
déceptions communes. Il signifie la nécessité de jouer la solidarité méditerranéenne, à un moment où d'autres hypothèses
restent ouvertes. Nos partenaires méditerranéens se sentent
aujourd'hui exclus du duo franco-allemand et relégués dans
une position de seconde zone. Garder pour l'avenir une
liberté stratégique minimale vis-à-vis d'eux supposerait de
les cultiver avec assiduité. Une plus grande osmose entre les
États ne ferait d'ailleurs que mettre ceux-ci au diapason de
leurs sociétés civiles. Jamais les sociétés du Sud n'ont été
aussi proches que dans la perspective de 1992. Le même
court-circuit qui les conduit directement de l'âge préindus-
triel à l'âge postindustriel; une même mobilité, une même
souplesse qui les mettent mieux en phase avec les exigences
de l'économie contemporaine; une mitoyenneté culturelle de
plus en plus sensible. Autant de traits communs qui
expliquent à la fois pourquoi le moteur économique de la
Communauté est en train de glisser du nord vers le sud, et
pourquoi l'identité méditerranéenne refait surface après des
siècles de léthargie. Une fois de plus, la stratégie est un sous-
produit du mouvement de la société. Une société civile du

Sud en train de s'esquisser rend possible une identité stratégique. Aux États de la mettre en musique, et à celui qui dispose de l'arme nucléaire de jouer, au moins au début, le chef
d'orchestre.

6. *Totalitarisme de 1992 rejetteras!*

Si l'Europe communautaire n'est pas aujourd'hui une
réponse par elle-même à l'Europe continentale, il n'existe
évidemment pas de réponse sans son renforcement. A ces
mots, autrefois iconoclastes en France, répond aujourd'hui
une touchante unanimité. Mais ces bons sentiments ne suffisent pas : ils exercent, à l'occasion, d'étranges effets pervers, telle la conviction que l'Europe économique est une fin
en soi et que 1992 en constitue l'achèvement. Aux termes de
cette vulgate, les Européens pourront, le 1er janvier 1993,
poser leur sac pour se féliciter les uns les autres : l'Europe
sera faite! Il est temps de mettre fin à cette agréable opération d'autosuggestion! Les Français n'y ont pas joué un rôle
secondaire, qui sont de loin les plus enthousiastes et les plus
crédules à l'égard de 1992. Aussi mettre fin au « totalitarisme » de 1992 ne se limite-t-il pas à une invocation gra-
tuite, adressée aux pouvoirs publics : cela suppose une attitude moins naïve de la part de l'opinion, une pédagogie
active menée par les médias et une capacité d'initiative des
acteurs de la société civile que 1992 n'a pas jusqu'à présent
mobilisés. Le paradoxe de la situation tient au fait que seuls
les intervenants économiques sont concernés par le grand
marché, alors que toutes les autres parties prenantes au mouvement de la société font pour une fois chorus avec eux. Il
reste à souhaiter que ces deux messages, en forme de bou-
teilles à la mer, finissent par trouver leurs destinataires. Le
premier rappellerait au monde économique que l'Europe
économique n'existera pas le 1er janvier 1993 : elle disposera
de cet atout majeur que constitue un grand marché unifié,
mais il lui manquera ces attributs non négligeables qui ont
pour noms une monnaie commune, un budget commun, un
État-providence communautaire en gestation, des règles
claires de fonctionnement et des modalités de protection du
marché vis-à-vis de l'extérieur. Le second message s'adresse-
rait aux autres, à tous les autres, pour répéter jusqu'à l'épui-

sement cette évidence selon laquelle une Europe unie suppose une citoyenneté, une éducation, une société civile et,
last but not least, une identité stratégique et les prémices
d'une existence politique. A chacun, dans sa tête, de se
défaire d'un absolutisme, pour une fois si sympathique qu'il
s'y complaît : l'illusoire dictature de 1992.

7. *Nouveaux chantiers ouvriras!*

Les Européens se sont habitués depuis trente ans à croire
que l'union économique est le préalable naturel de l'union
institutionnelle. De là le serpent de mer politique qui rejaillit
de façon cyclique sous forme de rapports aussi sagaces les
uns que les autres, de motions sympathiques, de vœux pieux.
Les caves de la Commission doivent être pleines de ces
contributions décisives. Refuser le mythe de 1992 ne signifie
en aucun cas enfourcher ce cheval-là : ce serait le plus vain
des dérivatifs. C'est accepter le cheminement implicite à
l'œuvre derrière le grand marché : l'économie n'accouchera
pas d'un État, mais elle fera naître une société civile européenne. Au lieu de tenir pour sûre l'apparition d'une telle
société, il s'agit d'ajouter d'autres forceps à celui d'une
économie qui n'est pas – sauf à céder à un marxisme de
bazar – la matrice de toutes choses... La place existe, à côté
de la Communauté économique européenne, pour d'autres
communautés : la citoyenneté, l'éducation, l'audiovisuel [1].
Puisque dans notre rêve nous avons assigné à la France la
fonction prophétique, à elle d'énoncer les ambitions, les projets, les urgences!
    L'Europe communautaire ne sera pas un substitut à la
continentalisation de l'Europe si elle avance sur un seul
front. Le temps lui est compté : elle doit multiplier les chantiers, les secteurs, les sujets. S'il fallait, pour tempérer le
délire onirique, hiérarchiser les priorités [2], sans doute une
communauté éducative européenne serait-elle la première.
S'attaquant au tabou des programmes, elle aurait en effet
besoin de temps. L'élaboration d'une matrice pédagogique
commune, sa mise en place, l'apprentissage des enseignants,
la lente imprégnation de dizaines de millions d'élèves : quelle
longue marche! Ajoutez quelques rapprochements institu-

1. et 2. Cf. chapitres précédents.

tionnels, et cette autre CEE – Communauté éducative européenne – aurait devant elle une tâche immense. Viendrait ensuite une politique audiovisuelle commune : là aussi le temps serait l'argument principal. Mais cette fois-ci, c'est l'urgence d'une réglementation à application immédiate qui prévaudrait et non les exigences d'un lent processus : les positions sont en train de se définir, les places de s'acquérir, des habitudes définitives de se mettre en place. Si une Europe de l'audiovisuel doit un jour exister, c'est maintenant ou jamais. La pression n'est évidemment pas la même pour la citoyenneté. Rien d'irréversible ne menace : les Européens se sont accommodés, depuis bien longtemps, de l'état des choses actuel... Certes, une société civile sans citoyens n'existe guère; mais ne rêvons pas à l'intérieur même de notre rêve : tout n'y serait ni instantanément, ni simultanément possible. Droit civil, droit commercial, et un jour lointain droit politique : que de chantiers ultérieurs! A égrener ainsi les objectifs de l'Europe de demain, c'est-à-dire les lacunes de l'Europe d'aujourd'hui, on mesure combien les vrais Européens doivent garder leur optimisme chevillé au corps!

8. Hourra pour la Commission crieras!

Toute perspective nouvelle, tout chantier ouvert posent évidemment la question de l'administration communautaire qui en aurait la charge. Les pouvoirs de la Commission étant d'ordre économique, même si, munie de ce viatique, elle a conduit des incursions dans d'autres champs, rien ne permet de lui attribuer ces nouvelles responsabilités. Par un réflexe cynique d'autoprotection, nombre de gouvernements peuvent être tentés de ne pas accentuer le lustre d'un organisme qui leur semble, de temps à autre, envahissant. Les technocrates de Bruxelles irritent depuis longtemps ministres et hauts fonctionnaires : les premiers par crainte de voir ainsi se constituer un embryon de gouvernement européen; les seconds parce qu'ils voient s'échapper certaines de leurs responsabilités au profit de collègues apatrides, mieux payés et ne participant pas, s'ils sont d'une autre nationalité, aux rites du clan. D'où la tentation pour les États de cantonner la Commission dans ses compétences actuelles, afin qu'elle puisse pleinement les assumer, selon la formulation la plus classique d'une fin de non-recevoir. Ce serait absurde, improductif et contraire à l'idée que, le temps d'un rêve au moins, les États voudraient vraiment renforcer l'Europe communautaire.

La Commission est une gigantesque bureaucratie : exact! Elle ne rend de comptes à personne sur sa propre gestion : exact! Elle constitue une tour de Babel incontrôlable : exact! Elle s'identifie à une vision technocratique : exact! Que de griefs justifiés! Mais à l'inverse, la Commission incarne, *nolens, volens,* la légitimité européenne; comme toute administration, elle a besoin, tel un cheval fourbu, de coups d'éperon politiques; elle exige d'être, en un mot, gouvernée. Mais soumise à un collège de commissaires de qualité, réveillée par l'extraordinaire agitateur de bureaucraties que peut être Jacques Delors, elle a su retrouver confiance et efficacité. Le grand marché lui a redonné vie, et pour autant qu'il existe un indice de productivité des bureaucraties administratives, la Commission apparaîtrait comme une des meilleures, n'en déplaise aux préjugés des citadelles technocratiques françaises.

Elle est la seule administration possible pour gérer de nouvelles compétences, mais elle est aussi – vérité infiniment plus iconoclaste – le seul embryon envisageable pour un gouvernement européen. Toute autre idée, qui vise à créer un pouvoir politique supranational, traduit un réflexe corporatiste de défense à l'égard d'une entité hermaphrodite, mi-administrative, mi-politique, dont les gouvernements craignent qu'elle ne sache faire de son ambiguïté un levier. Le reste n'est que détails, préoccupations subalternes, réactions épidermiques. Avec la Commission, l'Europe communautaire est encore dans les limbes; hors de la Commission, elle est condamnée.

9. *Retards condamneras!*

La règle du jeu de notre rêve éveillé faisait de la France le promoteur de l'Europe communautaire. Encore faudrait-il, même pour un exercice en état d'apesanteur, qu'elle se déleste de quelques arthritismes familiers.

Son impérialisme linguistique en premier : la francophonie

est une réalité africaine, accidentellement américaine, en aucun cas européenne. Le français est une langue européenne; ce n'est plus la langue de l'Europe : contester cette évidence est aussi efficace qu'écluser la mer avec un dé à coudre. De ce point de vue, le combat quotidien pour maintenir au français les mêmes attributs qu'à l'anglais est contreproductif. Il fait sourire nos partenaires, les irrite et surtout témoigne de réminiscences légèrement impérialistes, en contradiction avec le rôle de « saint de l'Europe » attribué le temps d'un entracte à la France.

L'habitude des gadgets politiques en second : on entend parler exclusivement en France d'élection au suffrage universel d'un président de l'Europe, comme si seuls les hommes d'État français étaient en mal de reconversion. Face aux mouvements de fond qui bousculent la carte européenne, des initiatives institutionnelles gardent un sens vis-à-vis de l'Allemagne : au moins en théorie. Elles n'en ont aucun sur le plan communautaire. Trêve de cartésianisme! Un système de gouvernement ne se met pas en place comme un jardin à la française. C'est un processus empirique et progressif de germination et il n'existe aujourd'hui qu'une seule graine de bonne taille, la Commission.

L'illusion de la France puissance mondiale en troisième : pour jouer sa partie de grande puissance européenne, surtout dans un contexte de déséquilibre continental, la France a besoin de toute son énergie, en particulier dans le domaine de la défense. Elle n'a pas les moyens de singer les États-Unis et de disposer d'une arme nucléaire diversifiée et sans cesse modernisée, d'une armée conventionnelle puissante, de forces crédibles d'intervention outre-mer. Elle devra renoncer aux actions de police internationale, et le destin même des départements et territoires d'outre-mer est en question à longue échéance. Non parce qu'il consomme d'importants crédits militaires, mais parce que ces possessions exigent d'être défendues et que leur défense requiert un type d'instruments militaires coûteux, sans le moindre intérêt vis-à-vis du théâtre européen. Les DOM-TOM constituent un prétexte merveilleux pour les états-majors, qui leur permet de raisonner comme si les lignes de défense françaises étaient à l'échelle du monde.

L'exorbitante pression agricole en dernier : l'instauration d'un embryon d'État-providence communautaire, condition

de l'union économique, ne peut aller de pair avec la perpétuation, à son niveau actuel, de l'effort agricole. C'est bud-
gétairement impossible et politiquement indéfendable. La
France n'est plus aujourd'hui le seul défenseur de la politique agricole commune, comme dans les années 1970,
lorsque ses partenaires achetaient de la sorte son accord pour
d'autres avancées communautaires, incompatibles avec ses
réflexes gaullistes. Tout le monde tire désormais un profit de
cette immense partie de bonneteau budgétaire, les agriculteurs allemands au premier chef, de sorte que la République fédérale ne peut facilement entamer le refrain du cré-
diteur fatigué. De même l'idée ne prévaut-elle plus d'une
agriculture, secteur arriéré et corporatiste, dont l'effacement
serait nécessaire à un développement économique harmo-
nieux. Mais la Communauté ne pourra éternellement y
consacrer 90 % de ses ressources et les États membres, la
France en premier, y ajouter les milliards par brassées, si
d'autres dépenses sociales s'imposent à tous comme contre-
parties de 1992. Pas de grand marché sans politique sociale;
pas de politique sociale sans politique communautaire de
redistribution; pas de redistribution sans réduction des
dépenses agricoles. A cette logique en forme de fatalité ne
s'opposerait qu'une hypothétique manne fiscale. Mais
l'accroissement des impôts n'est ni au goût du jour, ni
cohérent avec le grand marché. Au choix entre le beurre et
les canons se substitue désormais celui entre le beurre et tout
le reste! La désescalade agricole n'est possible à l'échelle de
la Communauté que si la France l'a précédée dans cette
voie.

Les arthritismes dont les Français devraient se défaire
constituent autant de résidus historiques ou de traits ances-
traux. C'est dire que pour être le leader de la Communauté,
la France devrait s'être banalisée. Exigence somme toute
normale : on ne dirige bien que ce à quoi on ressemble. Dans
le monde d'aujourd'hui, ce n'est plus la grandeur mais la
banalité qui constitue la condition du leadership.

10. Enfin, le mouvement créeras!

Allumette nucléaire, banco institutionnel franco-allemand,
communauté éducative européenne, effacement de l'illusion

mondiale, dépréciation du mythe francophone, sacrifices agricoles... Le rêve tournerait-il au cauchemar? Le prix à payer ne serait-il pas exorbitant pour un pari hypothétique, ralentir la dérive du continent? Existerait-il, en France, une équation politique pour mettre à bas, en même temps, autant de colonnes du Temple? L'addition des oppositions sur chaque sujet conduit à une vision d'apocalypse. Outre le front du refus européen, convergence traditionnelle entre l'extrême gauche et l'extrême droite, s'inscriraient en faux les gaullistes traditionnels, hostiles à la théorie de l'allumette, les nationalistes de tous bords, conscients ou inconscients, prêts à aimer la République fédérale et non à l'épouser, les enseignants peu désireux de voir bouleverser sous couvert de l'Europe le système éducatif, le monde agricole guère soucieux de financer, contre son gré, l'émergence d'un État-providence communautaire... La liste serait presque infinie : elle concerne pour ainsi dire tous les Français, schizophrènes au fond d'eux-mêmes, partagés entre une vraie conviction européenne et un résidu nationaliste. Mais une équation politique n'est pas un processus arithmétique; elle relève bien davantage du vieux rêve baudelairien du « mouvement qui déplace les lignes ». Encore y faut-il un « mouvement » authentique.

L'Europe est le seul, surtout sous la forme la plus ambitieuse, qui met en jeu un aggiornamento de nos habitudes de pensée et de nos comportements. Sous cette forme, c'est un formidable levier qui souligne le seul réel clivage entre le parti de l'ordre et celui du mouvement. Ceux-ci survivent aux aller retour de la vie politique, mais leurs frontières, leurs contours bougent au rythme des interrogations les plus fondamentales. Ni les règles du jeu économique, ni le niveau de redistribution, ni les relations entre groupes sociaux ne constituent désormais de vrais clivages. L'Europe paradoxalement en est un. Non la bluette unanimiste qui accompagne le grand marché et le mythe de 1992, mais la volonté de faire triompher l'Europe communautaire aux dépens de la ligne de plus grande pente qui conduit à l'Europe continentale. Rien ne résiste à cette ambition : ni les tabous militaires, ni les préjugés institutionnels, ni les illusions de la grandeur, ni les corporatismes les plus « isolationnistes ».

La politique reprend sa plus fière allure : elle traduit une vision du monde, elle incarne un dessein, elle s'en donne les moyens. Parce qu'elle retrouve ses vraies vertus, elle seule a la capacité de dynamiter les habitudes politiciennes. Elle seule peut triompher d'elle-même. Sous une telle déflagration, le jeu se recompose enfin. Qui peut être l'artificier de cette explosion? Fort de sa légitimité désormais historique, le président de la République, évidemment. Quels peuvent en être les acteurs? Les plus mobiles, les moins inhibés des hommes d'État à l'intérieur du spectre qui, communistes et fascistes exclus, traduit en politique l'émergence de l'immense classe moyenne. Quels peuvent en être les bénéficiaires? Le parti du mouvement, à gauche; le parti du mouvement, à droite. Ils existent l'un et l'autre, davantage occupés à survivre, face au parti de l'ordre de leur propre camp, que de réaliser leur jonction. Quel est le prétexte à cette révolution? Le bon sens? Il n'a jamais gouverné le monde. Les exigences intérieures? Elles s'accommodent de nos clivages cantonaux. La volonté de certains? Elle ne se met pas spontanément en mouvement. Il n'existe en réalité que trois motivations. La première : l'urgence; la deuxième : l'urgence; la troisième : l'urgence...

**

La complexité du monde sert d'alibi à la pusillanimité. Face à l'enchevêtrement des objectifs, au poids des habitudes, au conservatisme des structures, la conduite des affaires publiques se fait désormais au millimètre. Mais une société complexe qui se régule elle-même n'a fait disparaître ni l'Histoire, ni les rapports de forces ni les évolutions silencieuses qui, subrepticement, les taraudent. Le doigté dans la gestion du quotidien devient de la passivité lorsque dérive un continent. A cet événement qui essaie de ne pas en être un, tant il s'étire dans le temps, il n'est de réponse que brutale. Dans le principe : essayer à toute force de promouvoir l'Europe communautaire aux dépens de l'Europe continentale. Dans la démarche : mettre vraiment l'imagination au pouvoir, sans s'interdire les jeux pour rire du pouvoir de l'imagination. Dans le choix éthique : tout faire pour éviter l'irréversible. On ne perd rien à échouer; on perd tout à renoncer. A l'aune de cette réalité-là, le décalogue n'est plus un fantasme; c'est à peine un programme; c'est une simple exigence. Y renoncer par négligence, laisser-aller ou duplicité n'est pas innocent. A chacun son choix. Plier sans s'opposer; s'opposer pour ne pas plier. Au casino de l'avenir, les jeux sont presque faits. Il ne reste, esthétisme ou lucidité, qu'à miser sur le moins probable : le sursaut. L'Europe revient en effet sur ses pas, étrange continent qui, pivotant sur lui-même, renoue le fil d'Ariane : l'Histoire ne se brisera-t-elle jamais?

TABLE

Cet ouvrage a été réalisé sur
Système Cameron
par la SOCIÉTÉ NOUVELLE FIRMIN-DIDOT
Mesnil-sur-l'Estrée
pour le compte des Éditions Grasset
le 22 décembre 1988

Imprimé en France
Dépôt légal : janvier 1989
N° d'édition : 7800 – N° d'impression : 10644

ISBN : 2-246-40531-9